珍妮‧利斯特（Jenny Lister）

以及貢獻人士

喬安娜‧阿葛曼‧羅斯（Johanna Agerman Ross）

碧翠絲‧貝倫（Beatrice Behlen）

蕾吉娜‧李‧布雷茲克（Regina Lee Blaszczyk）

蘇珊娜‧布朗（Susanna Brown）

伊莉莎白‧莫雷（Elizabeth Murray）

珍寧‧賽克斯（Janine Sykes）

史蒂芬妮‧伍德（Stephanie Wood）

MARY QUANT

Contents 目錄

贊助人前言

國王路（King's Road）是世上最知名的購物與生活風格地標之一。打從成為查理二世（King Charles II）的私人道路開始，它就在英國的文化與社會歷史上扮演了核心角色。它總是處於時尚趨勢的最前端：從摩德族（Mods）、龐克文化（Punks）、倫敦上流名媛到新浪漫主義（New Romantics）。它位於倫敦的藝術、時尚與音樂場域的中心。當然了，對瑪莉官（Mary Quant）與她的傑出店舖「芭札爾」（Bazaar）而言，此處也是關鍵地點與遊樂場。

如今它擁有大量獨立店家、藝廊與餐廳。我們與其它當地利害關係人緊密合作，確保它能在倫敦的豐富性格中，繼續扮演啟發人心的要角。零售業正在改變，國王路也得利用對創造力和新發展所抱持的開放態度，為它的經典傳承作出平衡。

儘管我們只是國王路上的地主之一，卻覺得應該領導核心願景，以便統合當地社群。由於線上購物的演進為零售業帶來地震般的變動，是時候該復甦國王路引領潮流時的名氣，將它置於最新零售業革命的前鋒，以確保它能繼續名列世上最知名高街（high street）之一了。

此時聚焦本地也相當貼切，因為維多利亞與亞伯特博物館（Victoria and Albert Museum／V&A）將舉行近50年來第一場瑪莉官國際回顧展。官是位對國王路來說相當重要的經典人物，也透過龐大的全球影響力為零售業帶來革新。

國王路很榮幸能贊助這場展覽、慶祝國王路豐富的精神傳承，同時觀望它的未來，使它成為下一批能夠定義時代的創作先鋒的家園。

休・西彭（Hugh Seaborn）
卡多根管理公司（Cadogan）執行長

館長前言

瑪莉官特展探索了瑪莉官女爵士非凡的職業生涯，以及她對時尚的貢獻。官象徵了1960年代熱情樂觀的精神，讓迷你裙成為流行，也成為英國最知名的設計師，和職業女性強大的模範。她掌控了高街消費主義與媒體（攝影、圖像、新聞業與廣告業），並推動形塑戰後英國外放且深富創意的特性。

這是長久以來第一場講述瑪莉官完整故事的國際展覽：從時尚的倫敦藝術學校學生，到國王路業餘店家老闆，再成為當紅時尚廠牌與第一個國際生活風格品牌的招牌，該品牌不只銷售衣服，也在全世界販賣從口紅到羽絨被套等產品。展覽聚焦於1955年到1975年之間，橫跨戰後陰鬱期，1960年代蓬勃發展的藝術與設計，和1960年代晚期與1970年代早期的政經挑戰。展覽透過120項關鍵衣物，加上配件、相片、雜誌與影片片段，回溯官的設計演變，描繪出當時的生活風格革新與時尚民主化。許多展品是來自英國各地女性捐贈或借出的珍貴衣物與相片，她們響應了V&A博物館在#WeWantQuant的相關報導與社群媒體中，對官的服飾作品與回憶發出的徵求活動。

官改變了時尚體系，扭轉了巴黎設計師宰制的局面，也讓和她一樣的年輕女子轉變為全新的風格領袖。多虧了海外製造業與數位科技，此後業界經歷了演變，但透過人們能立刻認出的雛菊商標產品，官與她兩位生意夥伴（丈夫亞歷山大‧普倫凱特‧格林〔Alexander Plunket Greene〕與朋友阿奇‧麥克奈爾〔Archie McNair〕）預期到品牌形象與行銷未來的主宰性。官的品牌影響了當今英國時尚的全球認同，使倫敦成為街頭風格、創造力與時尚教育的國際中心。

V&A博物館有幸能與瑪麗女爵士和她兒子奧蘭多‧普倫凱特‧格林（Orlando Plunket Greene）密切合作，他們慷慨地讓博物館使用自家私人資料庫裡的衣物、時裝攝影照片與行銷資料，此舉前所未見。我們對他們感到相當感激。這座資料庫左右了展覽方向，也讓我們能精細地描繪出官的事業，探索迷你裙與「搖擺倫敦（Swinging London）」傳奇後的現實。我們特別感謝海瑟‧提爾伯瑞‧菲利浦斯（Heather Tilbury Phillips），他於1970年代擔任瑪莉官有限公司（Mary Quant Ltd）的主管，曾在策展過程中給予建議，也使我們得以接觸由前僱員、製造商、模特兒、攝影師與記者構成的龐大國際網路。我們感激他們的細心貢獻，也感謝有機會能與瑪莉官有限公司合作。我們特別感激贊助方國王路所發揮的熱情與慷慨支援。我想不到更適合這場展覽的合作夥伴。我還要對GRoW@Annenberg充滿善意的支持獻上誠摯的感謝。

1973年，總是超前其時代的瑪麗女爵士說：「我沒時間等待女性解放。」（見第18頁）她添加了西裝背心與領帶的諷刺性洋裝、條紋套裝與色彩明亮、充滿活力的針織連身裙，搶在日後更廣泛的社會改變前先行登場。或許官最偉大的精神遺產，是她對時尚的願景：她將之視為傳達新態度與想法的方式。透過扭曲規範，想像出不同性別角色與身分，再用可負擔的衣物享受、強化並解放這些對象，她強而有力地闡述出未來世代的機會與自由。

杭立川（Tristram Hunt）
V&A博物館館長

序

我記得那天某位外表像官員的男子來到我家，調查我為何還沒註冊學校的那天；他穿著黑色鞋子，還帶了一塊龐大的筆記板。「他和我們一起旅行時，就得到很棒的教育了！」我母親抗議道，對無法理解她邏輯的官員感到困惑。直到英國政府終於逮到我前，我和瑪莉官團隊四處旅行，而我從和我父母共事的人那聽說的第一件事（到今天依舊如此），永遠是他們有多開心。每個人都拚命工作，因為他們覺得太好玩了。就算以當今的數位標準來看，步調也快得令人眼花撩亂。幾乎每個禮拜都會有新產品上市。

我不認為有人確實清楚自己的工作內容，但我母親對自己的目標有明確願景，而我父親亞歷山大則有種天生的能力，能讓一切變得極度刺激。多虧了阿奇·麥克奈爾的法律與商業技巧，才讓這馬戲團般的混亂狀況化為生意。

在切爾西（Chelsea）小辦公室的喧囂中，我會帶自己的蠟筆與玩具趴在地板上。我聽過一句話無數次：「但是瑪莉，妳不能那樣做。」母親那一閃而過的挑釁眼神，隨後會轉化為諂媚頑皮的「好啦，你能夠讓它實現……一定會很好玩！」無論是來自帝國化學工業集團（Imperial Chemical Industries／ICI）的終生員工，或是來自南法的第五代香水師，都會將他們的資產負債表與傳統智慧拋諸腦後，彷彿當下是學期最後一天。傳統智慧似乎不再睿智，而更重要的是，那也不怎麼好玩。

從戰後英國的灰暗氣氛中看來，「必要性」並非發明之母，趣味才是。英國的一個世代決定為此冒險；勇敢找尋樂趣，進行一場格局遠大於改變時尚的態度革命。

奧蘭多·普倫凱特·格林

偉大的時尚設計師，會提供人們從未想過自己需要的事物，當然，等到他們親眼目睹就明白了。那位來自倫敦大學金匠學院藝術系（Goldsmiths College of Art）的畢業生，於1957年和貴族亞歷山大·普倫凱特·格林結婚，並在那段戰後時期引爆一波年輕聲浪前，就成為1960年代的招牌女性。官與她丈夫所做的一切，加上與他們的朋友阿奇·麥克奈爾的合作關係，創造出了全新的社群。那代表將倫敦切爾西的國王路，徹底轉換為新咖啡廳與時尚店鋪的避風港，並佐以活潑的音樂。他們與志同道合的朋友們，一同打造了「搖擺60年代（Swinging Sixties）」。

但心理層面的改變更為深入，因為這位年輕設計師明白，她的同儕再也不想打扮得（或過得）跟他們的父母一樣。這股年輕人的文藝復興為年輕軀體套上吊帶裙等簡單衣物，褲緣則每過一季就越來越往大腿上方攀升。

性對時尚而言並非新鮮事。但瑪莉官風格不只奠定了混合肆意而行與純真這種年輕風格的概念，也反映出避孕藥發明後，女性行為所產生的反傳統轉變。這位設計師再度扮演了當下社會趨勢的先驅者，而非跟隨者。

我經歷過那段時代，而作為劍橋大學報紙《校隊報》（Varsity）的首位女性編輯，我抱持著年輕人的膽量與自信，在1960年代中期採訪了瑪莉官。我依然記得那場前往倫敦的旅程，我穿著漁網緊身襪、方跟鞋和自己所敢穿最短的裙子，去見那位知名設計師。我記得官是位瘦小的女子，謙稱自己的成功出於「運氣」和「機會」，大多時間都讓她丈夫負責開口。

更有經驗的記者或許會問她，是否覺得自己改變了社會，或只是順著時尚潮流前進。在21世紀考量這個問題時，即使過了半個世紀，官顯然還是仍洶湧前進的文化革命中的要角。

蘇西·曼克斯（Suzy Menkes）

致謝

透過許多人的慷慨與合作精神，這本書與展覽才有可能成真。我最想感謝瑪莉官女爵士和她兒子奧蘭多·普倫凱特·格林對V&A博物館的全心支持，也讓我們探索他們的私人資料庫。能與他們共事，並首度揭露鉅細靡遺描繪出瑪莉官事業早期故事的部分珍貴衣物、照片與行銷資料，是令人興奮的榮幸。

於1970年代擔任瑪莉官有限公司主管、並擔任展覽顧問的海瑟，提爾伯瑞·菲利浦斯，在促成此次展覽上相當重要，我非常感激她的協助，與她在過程中體現的善心、活力與敏感。瑪莉女爵士的私人助理珍奈·拜恩（Janey Bain），也持續提供同等的支持。透過他們的幫忙，我們發展出由數百人構成的獨特網路，成員都與瑪莉官和她的品牌有工作上與私人上的關聯。許多人都慷慨地花時間回應，以及提供細心又豐富的貢獻。（此處摘錄部分貢獻人士）這個網路人數眾多不及備載，其中包括記者、模特兒、攝影師、前任員工、商業人士與製造商，這些人都曾與瑪莉官共事。

我想對過去曾捐贈瑪莉官服飾給博物館的人們致謝，還有來自全英國、北美洲、澳洲與紐西蘭的數百位女性（大多是女性），她們呼應了#WeWantQuant活動；那是博物館對大眾的公開募集，徵求衣物與相片，還有與穿上最喜愛的官商品有關的回憶。這項活動為我們的永久館藏帶來40件重要服飾，所有展品都描繪出官的設計從1950年代以降所包含的社會情境與相關性，確實彰顯出她對時尚與生活風格帶來的衝擊。

英國國內與國際間各博物館的同僚們也慷慨地協助了研究。我特別想感謝倫敦博物館（Museum of London）的Beatrice Behlen，巴斯時尚博物館（Fashion Museum, Bath）的Rosemary Harden和Eleanor Summers，以及曼徹斯特城市藝廊（Manchester City Galleries）的Miles Lambert，他們提供了策展上的協助，也出借了關鍵服飾供展覽使用。我非常感激紐約市博物館（Museum of the City of New York）的Phyllis Magidson和皇家安大略博物館（Royal Ontario Museum）的Alexandra Palmer。我得對所有出借機構與私人出借者致謝，特別是Ruth Lowe和Jannette Flood，她們好心地分享自家收藏豐富的官資料庫中的物品。這些人的知識影響了本書與展覽的敘事方向。本計畫也大幅得益於本書撰稿者們的專業：碧翠絲·貝倫、蕾吉娜·李·布雷茲克和珍寧·賽克斯，以及我在V&A博物館的同事喬安娜·阿葛曼·羅斯、蘇珊娜·布朗、伊莉莎白·莫雷與史蒂芬妮·伍德。

其餘為展覽與本書的早期開發過程提供重要貢獻的同僚，還有 Christine Boydell、Chris Breward、David Gilbert、Alister O'Neill與Mark Eastment。許多寶貴志工投入了辛苦研究，這些人包括Camilla de Winton和Jennifer Roberts。由於下筆空間不足，我無法列出所有提供協助的志工，但他們共同的努力，打下了本書與展覽的基礎。Sonia Ashmore、Daniel Milford Cottam、Liz Eggleston與Liz Tregenza都以他們對那時代的深厚知識大力協助。

共同策展人史蒂芬妮·伍德對細節的嚴謹要求、獨特視覺觀點與融洽的合作精神，使研究、塑造和建構這項多層面計畫的工作，成為相當正面的經驗。伊莉莎白·莫雷提供了優秀的策展協助，其他策展同僚包括Victoria Bradley、Clare Browne、Amelia Cimino、Oriole Cullen、Edwina Ehrman、Sarah Medlam、Lesley Miller、Suzanne Smith、Sonnet Stanfill、Dani Trew、Claire Wilcox、Christopher Wilk與Maude Willaerts，他們極為慷慨地提供了令人感激的協助。本計畫也得益於織品保存部的Joanne Hackett、Frances Hartog、Gill MacGregor與Keira Miller，和紙料保存部的Clair Battison、Victoria Button與Jane Rutherston，還有攝影工作室的Richard Davis和Robert Auton，他們為本書中現存的服飾製作了優美的照片。我想感謝V&A博物館出版社的Tom Windross、Coralie Hepburn、Fred Caws和Emma Woodiwiss讓這本書順利出版，也特別感謝編輯Sophie Sheldrake、編審Rebeka Cohen和設計師Raymonde Watkins，和他們共事十分愉快。

V&A博物館許多其他的同事都提供了支援和專業技術，以便讓展覽順利進行；特別感謝Linda Lloyd Jones、Sarah Scott、Zoe Louizos和Lauren Papworth（展覽），Pip Simpson、Laura Middlehurst、Sam Brown與Heather Whitbread（設計），Nicola Breen（技術服務），Bryony Shepherd與Asha McCloughlin（口譯），Laura Mitchell、Jordan Lewis與Kate Morais（媒體辦公室）。展覽團隊的Maria Blyzinsky為展覽用文字提供了充滿耐心的編輯指引。

我也想將對Victoria Anthoni、Suryjit Cheeta、Rachel Long、Lister與Hurlston家族，特別是Jean、Peter、Katie與Susan Lister，Susan Hurlston、Freddie Hurlston、Poppy與Holly Hurlston等人的感謝記錄下來。

珍妮·利斯特

前言：
打造時尚歷史

瑪莉官女爵士革新了女性的穿衣方式。從1950年代起，她獨特的外型就表達了對時尚的新態度，和面對生命的不同方式，而一整個世代都亟欲體驗這種心態；她的創新店鋪，讓男女都覺得在高街購物成為令人興奮的活動。當年，官的衣物經常顯得激進。1950年代晚期，她以不尋常的方式使用傳統材料，而在1960年代，她則使用現代合成材料，為大眾帶來製造上的創新。包裝大膽的瑪莉官緊身褲襪、裁縫樣式與化妝品，使大眾負擔得起設計師風格，她的居家擺設，之後也為居家室內設計帶來風潮。不久後，她的形象、名字與雛菊商標，都代表了一種全球生活風格品牌[1]。

由於她「身為時尚設計師，以及對出口做出的貢獻」[2]，官於1966年獲頒大英帝國官佐勳章（OBE／Order of the British Empire），並於2015年獲頒女爵士，她一生中還得過其他許多獎項與榮譽。人們經常將許多時尚與零售業創新之舉歸功於她，特別是讓迷你裙蔚為風行。但作為設計師，她對自己直覺式的願景輕描淡寫，聲稱她的服飾只是反映了當代氛圍。她在1966年出版的首本自傳《官照自己》（Quant by Quant）中，承認自己能「抓住當代精神，並搶在其他設計師之前，用衣服詮釋這點」，但她認為展開自身事業的同時，「『當代精神』正開始攀上高點。」[3]「我製作的衣服，剛好完全符合青少年趨勢，與流行樂唱片、濃縮咖啡吧和爵士俱樂部一樣。」[1]。[4]

本書的目標，是運用大量的素材，追溯瑪莉官從1950年代到1980年代的風格發展，來揭露這位時尚傳奇背後的真實故事。V&A博物館首次得到獨家許可，能夠使用官私人資料庫中的資料。書中附有記錄V&A博物館精選館藏的相片，官設計的現存衣物與設計，搭配了呈現出服飾行銷過程的時尚照片，照片取自雜誌、報紙和資料庫（私人與公共資料庫皆有）。服飾原穿著者的人生故事，幫助展現出這些衣物的特殊社會情境，以及對時尚消費者的意義。

V&A博物館於2018年6月發起的#WeWantQuant活動，邀請大眾借出或捐贈由官設計的特定服飾，讓博物館得以呈現她更廣闊的設計範圍，永久館藏因此多出了40件新展品。每件服飾都加上原本穿著者的生平細節與她們的社會背景，以及當時特別選擇瑪莉官設計，和長期珍藏這些服飾的原因。有超過1000人回應，並捐出官的化妝品和其他紀念物，有些人則貢獻出當年穿著官服飾的照片。珍·史考特（Jean Scott）在1966年買下暗紅色版本的經典「Footer」針織洋裝，當時她在新堡（Newcastle）接受教師訓練；她描述那件洋裝為「百搭衣著，到哪都能穿」，當她1969年在南威爾斯（South Wales）的珀納斯（Penarth）和她叔叔一同拍照入鏡時，依然穿著同一件洋裝。〔2〕

官在《官照自己》中的說法，為1950年代晚期到1960年代初期打造國際成功品牌的經驗，提供了鮮明的觀點。為研究本書進行訪談時，她諸多同事與員工的說法，則增添了來自幹練勞工與技師人脈網的新觀點，所有時尚產業都仰賴他們；這些人屬於相關業界，包括製造業、配送業與時尚行銷業。為了評估官事業真正的重要性，這項更廣闊的框架十分重要。整本書中，研究時尚業、設計業與廣告歷史學者所提供的額外資料，則專注於官事業中的特定層面。這些層面在當時特別前衛，到了當今也依然重要。

1 | 瑪莉官羊毛針織洋裝搭配領帶，約1966年
V&A：T.28-2018

2 | 珍·史考特與她叔叔艾迪·阿姆斯壯（Eddie Armstrong），於珀納斯，1969年

　　如官所述，她丈夫亞歷山大‧普倫凱特‧格林的貢獻，鞏固了她時尚品牌的成功；亞歷山大‧普倫凱特‧格林對行銷與宣傳特別有一套。同樣的，他們的朋友與生意夥伴阿奇‧麥克奈爾提供了商業與法律專業，並「合理化空氣中的氛圍」[5]。兩人都明白官的設計才能，並協助用這種能力開發出廣大市場。

　　這支完美團隊的合夥關係，擁有能用於宣傳概念與理想的領導人物 [3]。官體現了她的品牌，如同職業模特兒般，擔任自身設計的模特兒。她上鏡的外型，加上深暗紅色的頭髮，為1960年帶來1920年代風格的鮑伯頭，以及強悍且立體的五官，都彰顯出經典造型，確保生意能從拓展中的媒體曝光機會中得利。另一項偶然的優點，是她不尋常卻不屬於任何階級的名字，短而有力，這也幫助驅使業餘的「芭札爾」的轉型，從位於西南部倫敦、販售配件與睡衣給朋友的熱鬧小店，變成國際時尚品牌。用她自己名字、而非夫家姓氏行銷自家服飾的決定，或許從行銷觀點看來具有策略性，或許也強調了她的年輕與獨立。但她不只是招牌女郎，最值得注目的部分或許在於，儘管她有時需要同事的鼓勵，才能壓下她天生的羞澀，官敏銳且挑釁地談論和書寫時尚，讓記者與電影製作者注意到她的能力。早在1960年，官就成了國際名人，不只是其時尚事業的門面，也成為倫敦與所謂「搖擺60年代」的代表人物。她為理想的「切爾西女孩（Chelsea Girl）」做出定義：年輕，纖瘦，自信，非傳統。她也如此展現了切爾西風格。

　　切爾西位於中倫敦的西南方，與泰晤士河接壤，當地長久以來都是藝術家的家園，也為上流階級提供了一處倫敦基地；到了1950年代，這塊區域吸引了年輕的專業人士與學生，但它也是深受中產階級家庭歡迎的地區，出版商亞歷山德拉‧普林格爾（Alexandra Pringle）曾在1988年回憶起她童年時的國王路，包括它「高大的法國

梧桐樹，綿延好幾英畝、建有白色門廊的房屋，與穿著紅衣的退休老人」，還有像「備有蓋上玻璃罩的餅乾罐的瓊斯雜貨店（Jones the Grocer），席德尼‧史密斯（Sidney Smith）的窗簾店，和櫃檯堆滿甜點的伍爾沃斯商店（Woolworths）」等尋常店鋪，以及「平靜的行程」，像是「去彼得‧瓊斯（Peter Jones）的店裡買服飾紙型或布料。」在家庭住宅中，也有內部分為坐臥兩用室和套房的房子，吸引了藝術家和演員。普林格爾進入青春期時，隨著瑪莉官與芭札爾的媒體名氣上漲，其他店鋪也迅速開張，讓國王路成為伸展台，年輕女子們穿著「鬆垮大帽，緊身羅紋毛衣，鑰匙孔式洋裝（keyhole dresses），寬版低腰腰帶……抹上白色唇膏的嘴唇，和又濃又黑的眼線，頭髮修剪的角度令人訝異，加上歐普藝術（譯按：op-art，利用光學技術呈現特殊藝術效果的二十世紀藝術風格。）耳環和及踝白靴。」[6]

　　如同官於1966年的觀察，「切爾西不再是倫敦的一小部分；它變得國際化，人們將它的名稱詮釋為一種生活和打扮方式，不僅僅只是地理位置。」在1960年代的緊湊發展與商業化後，國王路依然是倫敦知名時尚品牌的主要購物地點之一。

　　1959年的美國時尚業報紙《女裝日報》（*Women's Wear Daily*）中，官與切爾西風格開始受到關注[7]。到了1960年，美國雜誌《生活》（*Life*）的一篇文章講述了她造訪紐約的行程，文中將官與她丈夫視為「透過優雅方式，在服飾與行為上脫穎而出的能手」，也在注意到他們與阿姆斯壯‧瓊斯夫婦（Armstrong-Joneses）（瑪格麗特公主〔Princess Margaret〕與她的新丈夫安東尼〔Antony〕）時，說：「……其衣著似乎比他們本人更古怪，因為他們來自英格蘭，那座要塞屬於宮廷禮服、堅固耐用的粗花呢布料與收納起的雨傘。」[4]

官的衣著與它在媒體上的寫照，無疑顛覆了傳統英國充滿成規的刻板形象。主要圖片上的說明文字提到官「自己設計的格紋套裝，其中包括輕便上衣，和非常短的裙子。」這件套裝幾乎沒露出她的膝蓋，還加上一頂大帽子，對現代眼光而言很正式，但在1960年代的美國則激進無比。其中一件格紋套裝是巴斯時尚博物館的館藏，上頭有明亮的黃黑相間針織羊毛麥克勞德氏族（譯按：MacLeod，蘇格蘭高地氏族之一。）格紋[8]。更短的裙子花了幾年才廣為流傳，散播速度在1964年後才加快，而到了1966年，包括官等設計師都推崇露出大部分大腿的迷你裙。最終這件服飾宰制了這10年剩餘的時間，50年後也依然是傳統洋裝的一部分。[9]

1960年的《生活》特刊強調了官為紐約高檔百貨亨利・班德爾（Henri Bendel）製作的一系列設計。官在《官照自己》中描述，她為了鞏固這項合作而進行的出差行程，帶來了驚人突破，特別是體驗節奏飛快的美式工作態度，以及與執業女子見面，還目睹製作精準尺寸衣物的美式手法。她和普倫凱特・格林回國後，由於受到美式運動服與協作方式啟發，他們便開始進行大量生產。一批瑪莉官的批發系列商品於1961年秋季在英國發行，這同時也是與大型美國連鎖店傑西潘尼百貨（JC Penny）達成的交易，官設計的服飾由傑西潘尼製造與販售。[10]這項後期協議一直持續到1971年，並讓她的品牌進入國際市場。

英國的成衣或批發業已經有既存的出口產業，也擁有在戰後時期開發的基礎設施，大致上是由於模特兒屋集團（Model House Group），日後改名為時尚屋集團（Fashion House Group）的活動，該公司領導人是設計師弗雷德里克・史塔克（Frederick Starke）。戰後時期，集團內的公司們成功將成衣推廣為時裝的合理替代品，並說服了高端英國消費者。他們也把商品賣給國際

買家，對方要的服飾必須有好品質與好價值，還能表現出倫敦的傳統與聲望。諸如蘇珊・史莫（Susan Small）等品牌，和設計師史塔克與他在1959年發行的弗雷德里卡（Frederica）產品線，都呼應了瑪莉官所定義的年輕切爾西風格。於1946年因為政府援助而重新發行的貿易雜誌《大使》（The Ambassador），協助英國在戰後將自身地位提升為國際出口國。[11]其他計畫，像是於1958年展開的倫敦時裝週（London Fashion Week），則使倫敦成為能與巴黎和紐約分庭抗禮的競爭對手。[12]

官和她的時尚公司大膽利用國際上對英國時尚的需求所帶來的機會，並在1963年創立了另一家批發公司：瑪莉官激進派（Mary Quant's Ginger Group）。[13]英國百貨與獨立店鋪，以及澳洲、美國、加拿大與許多歐洲國家的同等零售店中都有販售此系列。歷史悠久的服飾製造商史坦伯格公司（Steinberg & Sons），透過激進派系列的授權，來生產官的設計品。商業、製造業、經銷商與設計師之間的重要關係，時尚史經常並未記錄，蕾吉娜・李・布雷茲克的文章〈跨大西洋時尚產業：瑪莉官的經驗〉（Doing Business in Transatlantic Fashion: The Experience of Mary Quant）卻相當強調這點（第110頁）。等到成功建立官品牌的授權商業模式後（製造商自行花費成本製作她的設計品，再向瑪莉官有限公司支付授權費），便明確展開大量生產，也變得更加多樣化。阿奇・麥克奈爾在早期就察覺這種商業模式的財務潛力，清楚只要透過瑪莉的設計天分和能力製造大量設計品，就不需要直接雇用裁縫，只需要生產樣本的小團隊。從1958年到1990年代晚期，瑪莉官有限公司一直坐落於艾佛斯街（Ives Street）3號的小辦公室，激進派分部則位於南莫爾頓街（South Molton Street）9號，隨時都約有30名員工在裡頭。[14]這無疑催生出了友善又正面的工作態度，公司雇員

4 | 「英國夫婦的古怪風格」，《生活》，1960年12月5日
照片由肯．黑曼（Ken Heyman）拍攝

的說詞中也不斷提起這點。

官、普倫凱特．格林與麥克奈爾所象徵的精確混合社會背景，則是該品牌另一項重要優勢。官的父母相當有學術頭腦，兩人都是出身自南威爾斯的文法學校老師，並在倫敦西南部工作，《官照自己》中曾詳細描述這點，本書隨後的章節也會對此進行深入討論。他們在自己的孩童心中種下了強烈的工作意識，堅持要瑪莉與她弟弟東尼（Tony）在長大時準備好自力更生。同時，官未來的丈夫亞歷山大．普倫凱特．格林則出生於英格蘭最古老、也最有影響力的貴族豪門，他母親伊莉莎白．羅素（Elizabeth Russell）是第11代貝德福德公爵（Duke of Bedford）何布蘭（Herbrand）的表親。貝德福德公爵的家族宅邸是位於貝德福德郡（Bedfordshire）的沃本修道院（Woburn Abbey），17世紀以來，這座帕拉第奧式宅邸就處於英國的社會與政治生活中心，並於1955年對外開放。在普倫凱特．格林家族諸多母系知名親戚中，還有哲學家伯特蘭．羅素（Bertrand Russell），他的父親理查則是知名歌手哈利．普倫凱特．格林的兒子。

阿奇．麥克奈爾的家族住在德文郡（Devon）的蒂弗頓（Tiverton）。他父親唐納（Donald）於1911年人口普查中，在埃克賽特（Exeter）擔任商家店員。他的外公湯瑪斯．朱爾丹（Thomas Jourdan）是鞋油工廠的共同擁有人，也透過修補汽車輪胎的工具組專利而致富。[15]他帶來強烈影響，不只成功買下不同公司的專利與共有權，也刺激了他兒子對商業與財務的興趣。麥克奈爾家族是嚴格的基督教教團「弟兄（Brethren）」的成員，外界則將之稱為普利茅斯弟兄會（Plymouth Brethren）。第二次世界大戰期間，當他未來的兩位朋友與生意夥伴還是小孩時，麥克奈爾就有了第一手的作戰經驗，當時他在泰晤士河上擔任輔助消防隊（Auxiliary Fire Service）的飛行

員，那是高度危險的職業。

　　同時，亞歷山大·普倫凱特·格林在布萊恩斯頓（Bryanston）就學，他在那裡與泰倫斯·康藍（Terence Conran）成為知交好友，而官（根據她的自傳）則因撤離到肯特（Kent），而享有極大的自由，後來則遷往威爾斯，由於身為遭撤離孩童們的老師，她父母得專注於諸多責任上。如官所注意到的，在戰爭時經歷的動盪不安，導致許多人得到了自由的童年，而他們的父母要不遠在外地，要不就忙著應付生死關頭。官的世代帶著他們的戰時經驗長大成人，將機智與冒險精神這類必要能力，轉化為正向優勢。

　　官的一生見證了英國從第二次世界大戰的艱苦時光，到轉變為全球化的後工業國家。她設計出為女性表達這些改變的衣物，有些女子能上文法學校，再去大學或秘書專科學校，或是受訓成為護士或老師，之後再發展事業，時常還同時得養家。當時有許多人投入時尚產業，儘管諸多身懷創意又知名的年輕設計師，像是約翰·史蒂芬（John Stephen）、琪琪·拜恩（Kiki Byrne）、約翰·貝茲（John Bates）與珍·謬爾（Jean Muir），也同樣逮住了1950年代消費熱潮帶來的機會，官卻成為搖擺倫敦的終極時尚象徵，就是因為她身為女性，也由於她是第一人。她的服飾，以及最後出現的迷你裙，都象徵了年輕、自由與享樂主義對抗建置派（the Establishment）上的勝利，他們是穿戴正式西裝與圓頂高帽的倫敦商人，塑造了英國傳統社會階級。英國百代新聞社（British Pathé）於1966年拍攝的影片《瑪莉（出口）官》（Mary（Export）Quant）片段中，將她描繪為強健又自信的影響者，在城市中與像是史坦伯格公司的里昂·拉普金（Leon Rapkin）等權貴會面。[16]作為設計來源與決策者，官運用了可觀的權力，為公司拉高了銷售量。1960年代前，成衣設計師的薪資低廉，也鮮少受到賞識，但

官在出版品與紀錄片中強烈的存在感，提高了設計與設計師的名聲；在當時，這對一名女性而言相當屬害。

　　儘管官鮮少提出任何將自身觀點直接連結政治性女性主義的話語（「我沒時間等待女性解放。」[17]），她確實提高了自身和其他女性的地位。她是個曝光率高且成功的職業婦女，設計出的衣著與鞋子，替代了1950年代收緊腰身、穿著高跟鞋的漏斗形輪廓，不只毫不設限，也相當自然，「適合正常生活中的動作。」[18]她1966年的自傳成了年輕女性的就業指南，特別是對想從事時尚業的女性而言［5］。設計顧問芭芭拉·佛克斯（Barbara Fowkes）曾描述過這本書是如何啟發了她：

> 我完成設計學校的學業時，它給了我需要的信心，讓我在普利頓時裝（Puritan Fashions）得到第一份業界工作，那家公司在美國生產瑪莉官商品系列。毫無疑問的是，她革新了女性時尚……要不是瑪莉官，我想女人們或許還只能在晃來晃去的吊襪帶和其他束帶上耗費時間；但對我而言，她對女性勞動力的影響，是我覺得最值得嘉許的事……有時當我覺得陷入困境時，就會翻閱我那本翻閱多次的《官照自己》，來提醒我一切都有可能。[19]

　　媒體宣傳了官的強大品牌與更廣闊的社會重要性，而當時的媒體本身就在經歷革命性變化，因為越來越多人使用電視與雜誌。相片畫質與彩色印刷的發展，代表通俗小報能呈現前所未見的影像畫面，使用的相片比插圖更多，也因此將與設計師時尚有關的資訊傳達給主流讀者。《Vogue》（Vogue）與《女王》（Queen）等傳統雜誌經歷了變革，並收錄特別為更年輕的消費者製作的時尚專欄，而新發行的雜誌則鎖定了勞動階級的女孩，像是《蜜糖》（Honey）（1960年）與

《襯裙》（Petticoat）（1966年）。諸如瑪莉官等設計師的新穎氛圍，提供了重要的名人故事，也補充了昂貴且吸引人的彩色頁面，上頭還有授權人提供的廣告。1965年起，這涵蓋了她的短吻鱷魚牌（Alligator）與青春線（Youthlines）內衣系列，隨後於1966年發行了瑪莉官化妝品。

官為自己與店家在雜誌頁面上取得知名度的能力，有部分多虧了普倫凱特‧格林天生的魅力。他的助理安娜貝爾‧麥凱（Annabel Mackay）（娘家姓為泰勒〔Taylor〕）回憶道，他「精於處理公共關係，時尚媒體的小姐們非常喜歡這點。」（參見麥凱於第3部中的說法）1950年代晚期起，瑪莉官就得到了資深時尚記者們的支持，包括凱特琳‧米利奈爾（Caterine Milinaire）（來自《女王》雜誌，也是貝德福德公爵的女兒，因此與普倫凱特‧格林有親戚關係）、《Vogue》的克蕾兒‧倫多夏姆（Clare Rendlesham）和《星期日泰晤士報》（Sunday Times）的恩尼斯汀‧卡特（Ernestine Carter）。梅利兒‧麥克庫依（Meriel McCooey）（同樣來自《星期日

泰晤士報》）、普魯登絲‧葛林（Prudence Glynn）（《泰晤士報》〔The Times〕）、瑪莉特‧艾倫（Marit Allen）（《女王》與《Vogue》）和費莉西蒂‧格林（Felicity Green）（《每日鏡報》〔Daily Mirror〕）等其他報紙記者，都經常報導官的時裝秀，將她別出心裁的設計傳達給更廣大的讀者群。蘇西‧曼克斯報導瑪莉官事蹟時，她還是劍橋大學（Cambridge University）的年輕記者，她在2013年拍賣的時尚收藏品中，也有官的設計品。[20]在以目標客群為年輕女性的新雜誌工作的記者與時尚編輯們，像是《柯夢波丹》（Cosmopolitan）的黛爾卓‧麥克夏利（Deirdre McSharry）和《新星》（Nova）的布里姬德‧基南（Brigid Keenan）（基南起初是在《泰晤士報》與《星期日泰晤士報》工作），都在雜誌中刊載了官的設計，留下大量令人驚豔的時尚圖片與文章，也記錄了瑪莉官設計的流行程度與目標客群。

打從一開始，官的團隊就位於新聞業、攝影業與模特兒業交疊世界的中心；麥克奈爾在國王路128號創立了自己的攝影工作室，等到他的咖啡吧開張後，就移到樓上。蘇珊娜‧布朗在她的文章（第80頁）中談論到與官合作過的時尚攝影師，而史蒂芬妮‧伍德揭露了某些模特兒的故事。她們曾出現在為了品牌宣傳使用的諸多經典照片中，時尚編輯也為了出版而創造出這些照片（第61頁）。

1966年盛會化妝品公司（Gala Cosmetics）在位於瑟比頓（Surbiton）的大型工廠製作的瑪莉官化妝品系列，透過「潔淨」（Come Clean）洗面乳和「赤裸」（Starkers）粉底等產品，成功捕捉官品牌桀驁不馴的態度。碧翠絲‧貝倫在她描述這項商業層面的文章中（第154頁），解釋了受過特訓的顧問們，是如何在百貨中銷售這些商品。特別是該化妝品透過仰賴瑪莉官品牌統一價值觀的獨特廣告，在全世界進行宣傳的方式；對官的外型與性格、和她象徵的幽

默感與心態所共有的認知。珍寧・賽克斯在本書第164頁，檢視了該品牌1980年代時的獨特宣傳策略。

1969年，芭札爾的分店們紛紛歇業[21]，象徵公司將專注於國際品牌與授權模式，而非直接販售商品給消費者，並從時裝跨足到其他領域。瑪莉官品牌的設計品與想法全都經由官本人核准，公司隨即販售給其他公司製造生產，從而催生出更多合作案，像是9英吋（23公分）高的雛菊娃娃（Daisy dolls），由香港的模型玩具公司（Model Toys）所製作，讓女孩們一週只要花10便士的零用錢，就能買到1970年代的時尚魅力。室內設計也引進了瑪莉官風格，包括多瑪公司（Dorma）製作的羽絨被單和成套室內布料裝飾品，它屬於卡林頓・維耶拉集團（Carrington Viyella group），製造商ICI（帝國化學工業集團）也會製作得利（Dulux）油漆。喬安娜・阿葛曼・羅斯以室內與商品設計史學家的角度，提供了她對這些商品和其他「生活風格」系列的觀點，並檢視了瑪莉官店鋪的創新室內裝潢（第194頁）。

1973年11月29日，倫敦博物館（原為London Museum，現名為Museum of London）舉辦了一場回顧展：《瑪莉官的倫敦》（*Mary Quant's London*）[6]。對博物館館長約翰・海斯（John Hayes）而言，選擇聚焦於時尚是創新之舉，不過賽西爾・比頓（Cecil Beaton）於1971年在V&A博物館策畫的展覽《時尚精選》（*Fashion: An Anthology*）所得到的迴響，已明確反映出大眾對博物館中的時尚館藏抱持的需求。[22]這兩場展覽都由麥可・海恩斯（Michael Haynes）設計。人們將《瑪莉官的倫敦》視為恰當且受歡迎的主題，因為它代表倫敦博物館在肯辛頓（Kensington）與切爾西區域內的最後一年（在它搬遷到東邊的巴比肯藝術中心〔Barbican Centre〕前），也因為它反映出

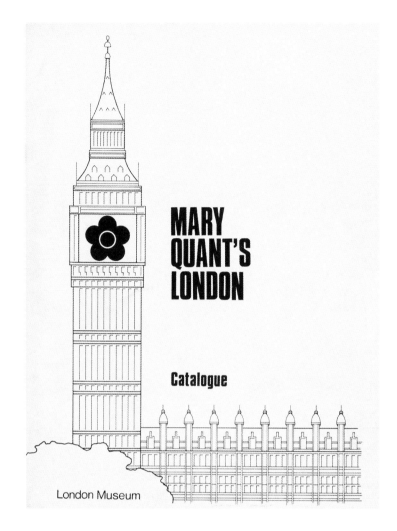

1955年到1965年之間的社會與文化變遷。當英國經歷著高通貨膨脹與經濟蕭條時，這場展覽或許也滿足了懷舊渴望，讓人們回首那段看似充滿樂觀與改變的時代。如布萊恩・莫里斯教授（Professor Bryan Morris）在1973年所說，商業主義與消費者文化當時正成為主流，而誕生8年後，「革命」已「失去了它的動力。有些流行偶像已宣告破產，咖啡吧不見蹤影，披頭四也解散了，但他們所代表的一切，都已深深滲入英國文化的骨子裡，至少10年的時間，全世界都稱羨著『搖擺倫敦』。」[23]原本的結束日期是1974年6月30日，但展期延長了2個月，足以顯示出展覽的成功。[24]

1963年到1973年這10年間，瑪莉官和她的團隊拓展了授權生意，包括長襪與緊身襪、內衣、太陽眼鏡、帽子與鞋子、居家裝飾和其他兼具功能與時尚的產品，也能以真

正的工業規模生產這一切。倫敦博物館的展覽讚美瑪莉官在時尚史上的特殊地位，不只是因為迷你裙、緊身襪或熱褲，而是她的非傳統態度，以及「在傳統高牆上打穿了一道開口，其他年輕人才們則從中一擁而入……她開啟了時尚業每塊封閉許久區域的窗口。」[25]她的品牌象徵了一種態度，或是一組想法；在當代生活中，這點成為她最無孔不入的影響力。無論在哪看到雛菊主題，它都象徵了樂趣與對生活造成正向影響的叛逆，諸如倫敦博物館的海報與型錄封面，以及用雛菊標誌取代大笨鐘（Big Ben）的鐘面，都是例證〔6〕。雛菊符號預見了象徵品牌的純粹視覺符號帶來的全球化力量，像是麥金塔（Macintosh）蘋果和Nike的「勾勾」。如凱文・羅伯茲（Kevin Roberts）（他在瑪莉官化妝品部門起步，日後成為上奇廣告〔Saatchi & Saatchi〕的董事長與執行長，也是《愛的印記：超越品牌的未來》〔Lovemarks, The Future Beyond Brands〕的作者）所說：「瑪莉官創造了比品牌更龐大的事物。她創造了一股運動，充滿自由、信心、樂趣與樂觀的運動，也是帶來希望與解放的運動。」[26]

隨著1970年代演進，瑪莉官繼續開發更多系列，更深入生活風格領域，包括葡萄酒與地毯，以及倫敦之光（London Pride）品牌和維耶拉集團（Viyella House）。她越來越常在日本工作，因為她的極簡風格和英國背景立刻與當地消費者產生連結。在此同時，歐洲時尚也反映出日本設計師的影響，像是川久保玲（Rei Kawakubo）與山本耀司（Yohji Yamamoto）首度在巴黎舉辦展覽，並用單色系與不對稱形體解構對於時尚骨幹的傳統想法。回到國王路，門牌號碼435號，薇薇安・魏斯伍德（Vivienne Westwood）和馬康・麥拉倫（Malcolm McLaren）的商店「性」（SEX）成為倫敦逐漸崛起的龐克運動的中心。它挾帶

著雙性性格與自發性，體現了下個世代對英國建置派發出的挑戰。約翰・加利亞諾（John Galliano）與其他在1980年代從英國藝術學校畢業的設計師，在諸如紀梵希（Givenchy）與迪奧（Dior）等高級時裝品牌中得到備受關注的職業生涯，並展現出英國藝術學校體系和倫敦知名時尚課程所承襲的創意精神，這一切都源自官本人的藝術學校訓練。

瑪莉官是在國際舞台上宣揚英國時尚的關鍵人物，她的事業也對西方風格普及化有很大的貢獻。她打造出自己的獨特品牌，也幫助定義了古怪多變、年輕且叛逆的英國風格，至今這依然是英國國家特性的一部分。她對於可負擔風格的大眾吸引力的前瞻性理解，推動了時尚體系的改變，使之成為更多人選擇享受的媒介。官在1966曾寫道：「時尚並不輕佻，它是當今生活的一部分。」[27]

過了50年後，這段陳述依然貼切。設計師們進行超越國界的工作。數位科技改變了時間與空間，使人們能即刻進行時尚交流。社群媒體將典型消費者轉化為街頭風格部落客與時尚權威，能與歷史悠久的雜誌媲美，每個人都能將自己塑造為線上品牌，成為理想的自己。這是種賦權行為，也是民主行動：反主流與反企業品牌。矛盾的是，瑪莉官的精神核心與品牌魅力，本身就帶有反品牌特質，象徵個體風格和自我表達，而非缺乏臉孔的企業特性；官理解並控制了風格與民主化時尚的商業潛力。

MATITA

Erik Hat

第一部

1919–1955
芭札爾創立前

瑪莉官有限公司的歷史，起始於1919年12月16日阿奇·麥克奈爾誕生。第一次世界大戰一年前才剛結束；他父親唐納在巴勒斯坦作戰，而她母親珍妮－葛蕾絲·朱爾丹（Janie-Grace Jourdan）已經生下了長子。[1]麥克奈爾是家中四個兄弟和兩個姊妹，六名手足中的老二。如先前所述，麥克奈爾的童年並不尋常，因為他家是普利茅斯弟兄會的成員，那是個棄世的基督教流派，不與團體外的人社交，家中也不允許擺設像是無線電組或留聲機等現代發明。儘管如此，麥克奈爾一家依然過著舒適的中產階級生活，住在位於德文郡蒂弗頓的安妮女王（Queen Anne）風格別墅中，裡頭有九間臥房和六名僕人，麥克奈爾通勤就讀於附近的布倫德爾學校（Blundell's School）。他日後對商業的興趣與資質，似乎都遺傳自他爺爺湯瑪斯·朱爾丹，湯瑪斯透過商業併購發了財，其中包括阿爾弗雷德·登喜路（Alfred Dunhill）的汽車輪胎修理組的專利。湯瑪斯擁有一台亮黃色的勞斯萊斯（Rolls Royce）敞篷旅行車，會讓司機駕車載他到處走。2008年由大英圖書館（British Library）策劃，與時尚史學者阿利斯特·歐尼爾的一連串訪談中，麥克奈爾形容這是他1920年代的童年時期最深刻的回憶之一。

離開學校後，麥克奈爾便在埃克賽特受訓成為律師，這是為了完成他父母的心願，而非他的選擇（他的脊椎創傷，使久坐工作帶來極大痛苦）。第二次世界大戰的爆發打斷

了這項訓練，而身為良心拒服兵役者（因個人良心或宗教信仰而拒絕履行軍事義務的人）的他，搬到倫敦並自願為輔助消防隊在泰晤士河上擔任飛行員，這是民間防禦部（Civil Defence Service）中風險最高的職務。戰後，為了繼續準備取得律師資格，他回到埃克賽特，但最後在1947年決定離開弟兄會，發展攝影事業。1950年他搬回倫敦，從肯辛頓與切爾西區議會手中，買下一棟徵用的店家，樓上還有座公寓，地址是國王路128號。他將此處改裝為攝影工作室，並將它命名為阿利斯特·朱爾丹（Alister Jourdan）。這個優秀地段位於國王路的向陽側，麥可奈爾用1750英鎊的便宜價格將之買下，等到麥可奈爾於1954年7月4日開設咖啡吧時，這裡就成了切爾西的焦點［8］。狂想咖啡吧（The Fantasie）擁有一台義大利帕沃尼（Pavoni）濃縮咖啡機（也是倫敦最早的濃縮咖啡機之一），並成為住在周圍街道和廣場上的房屋與坐臥兩用房中那些演員、藝術家與貴族的「某種交誼廳」［9］。麥克奈爾的特殊友人與鄰居包括安東尼·阿姆斯壯·瓊斯（日後的斯諾登伯爵〔Lord Snowdon〕）、可敬的羅伯特·厄斯肯（Hon. Robert Erskine）、布里斯托侯爵（Marquis of Bristol）和深具影響力的出版商馬克·柏克瑟（Mark Boxer），後來他到改組後的《女王》雜誌工作。麥克奈爾以狂想咖啡吧為中心，其周遭生動的社交與音樂活動，和他保守的成長過程出現了強烈的反差，這似乎令麥克奈爾所有的兄弟姊妹對生活抱持著「玩世不恭」的態度，來回應弟兄會「明顯神經質」的規範。許多經歷過戰爭的人，也和他一樣決心要享受生活。[2]

狂想咖啡吧於1954年8月7日開幕三週後，麥克奈爾與凱瑟琳·弗萊明（Catherine Fleming）在沙福郡（Suffolk）的拉文納姆（Lavenham）教堂結婚，夫妻倆於1953年在切爾西初識。

前頁

7 | 瑪蒂達（Matita）套裝與埃里克（Erik）所製帽子的廣告，《閒談者與旁觀者》（Tatler and Bystander），1950年6月7日

8 | 狂想咖啡吧，國王路128號，1955年。出自1959年上映的《臉紅者的食物》（Food for a Blush）劇照

9 | 阿奇・麥克奈爾和作家尼克・托馬林（Nick Tomalin）（遠方左側）在狂想咖啡吧，國王路128號，1954年

術教師文憑（Art Teachers' Diploma），在她父母拒絕讓她從事時尚工作的情況下，這是個適切的妥協。後來普倫凱特・格林入學學習繪畫，那時他剛離開布萊恩斯頓，這間位於多賽特郡（Dorset）的公立學校鼓勵自由與創意的價值觀，官則描述它為「某種仿伊頓中學（Eton）的機構，差別在於那裡的男孩們似乎享有極高的自由。」[5]出生於1932年6月17日的他，是家中的獨子，而他的父母理查・普倫凱特・格林（Richard Plunket Greene）與伊莉莎白・羅素是「光彩青年」（Bright Young Things）的核心分子，那是伊夫林・沃（Evelyn Waugh）在《邪惡身軀》（Vile Bodies）（1930年）和《慾望莊園》（Brideshead Revisited）（1945年）等小說中虛構的時尚年輕菁英。沃與普倫凱特・格林一家在牛津（Oxford）見面後，就與他們成為朋友，當理查和伊莉莎白於1926年12月21日在斯隆廣場（Sloane Square）的聖三一堂（Holy Trinity）舉辦婚禮時，沃也擔任伴郎。[6]根據官的說法，理查・普倫凱特・格林、他弟弟大衛與妹妹奧莉薇亞（Olivia）有時會前往紐約，去哈林區（Harlem）的爵士俱樂部，並在那訂製長褲，預示了瑪莉官創業之後與美國建立起的連結。沃如此描述理查：

> 外型宛如海盜，有時佩戴耳環，擅長划船，熱愛抽又黑又濃的煙草，和他的手足一樣都有些憂鬱，同時也充滿一連串狂野又執著的興趣。他如同收藏家般購買煙斗或領帶。[7]

理查與伊莉莎白的婚姻結合了兩個家族，兩方都曾催生出知名且打破傳統的社會人物，其中包括了音樂家與作家：理查是知名男中音歌手哈利・普倫凱特・格林（Harry Plunket Greene）與關多琳・帕里（Gwendoline Parry）的兒子，母親則是作曲家休伯特・帕里（Hubert Parry）的女兒。亞歷山大的母親伊莉莎白・羅素的祖先

弗萊明曾在皇家海軍（Royal Navy）擔任護士，當時則是陶藝老師。此時，麥克奈爾處於切爾西圈（Chelsea set）的中心，充滿精力、創造力與企業家精神，正好適合開發房地產。

麥克奈爾的商業與法律頭腦，是奠定未來瑪莉官設計品成功的基礎，但其實是亞歷山大・普倫凱特・格林的機智、幽默與社交手腕，讓團隊登上報刊頭條與時尚報導，並向倫敦的時尚媒體與他們的讀者宣傳這些消息。普倫凱特・格林與官這兩位風格領袖在金匠學院偶然間認識時，隨即迸出了化學反應，這也是官品牌真正的起點。在《官照自己》中，這位設計師用前幾頁的篇幅描述她未來丈夫對衣著的獨特看法，以及他對周遭人士的影響。他將絲質睡衣上衣當作襯衫，還穿著顯然是跟他母親借來的窄短合身長褲，切爾西靴子上頭則露出了白色小腿。[4]

官或許是在1949年左右就讀金匠學院，也可能稍早一點。沒有紀錄能確認這點，但她可能讀過兩年的國家設計職業文憑（National Diploma in Design），隨後則念了一年的美

是貝德福德公爵，哲學家伯特蘭·羅素是她的親戚，她的姑媽則是芙蘿拉（Flora）和黛安娜·羅素（Diana Russell）（兩人年輕時，曾是維多利亞時代晚期倫敦藝術圈核心人物）。官曾在《官照自己》中指出，當亞歷山大進入「業界」並經營店家時，他的家族大吃一驚。他的姨婆們「準備好忍受他從事軍職或神職，甚至是農夫……或只是散漫地擔任公爵。但賣衣服已超出她們的容忍極限了。」[8]儘管如此，芙蘿拉姑媽依然在遺囑中，將她位於薩里郡（Surrey）的家留給姪孫亞歷山大，隨著瑪莉官的事業逐漸成長，那棟房子便成為一家人的重要休憩處。

理查與伊莉莎白·普倫凱特·格林很喜歡賽車，也共同出版了兩本偵探小說：《無知是福》（*Where Ignorance is Bless*）（1932年）和《午夜前11點半》（*Eleven-Thirty Till Twelve*）（1934年），不過夫婦倆在亞歷山大8歲時離婚。[9]照官所敘述，他回憶中的父親，「是個令人興奮的陌生人。高大又英俊，像個穿著海軍制服的海盜，偶爾會忽然出現，並帶來刺激的故事。」戰時的亞歷山大與奶奶維多利亞·羅素夫人（Lady Victoria Russell）和其餘16名撤離女孩同住，地點在靠近基爾福（Guildford）謝爾村（Shere）的里奇韋（The Ridgeway）。他的表親瑞秋（Rachel）和卡洛琳·布雷基斯頓（Caroline Blakiston）住在附近的克蘭頓府（Clandon House），她們的父親諾爾·布雷基斯頓（Noel Blakiston）則是暫時搬遷的國家檔案局（Public Record Office）首長。

亞歷山大的諸多親戚與他們豐富的文化生活，為他帶來強烈影響。優雅的波希米亞主義，混合了智慧性與政治性活動後，便在切爾西的咖啡吧中自然流露而出，也成為瑪莉官品牌的背景之一。普倫凱特·格林家族平等對待每個人，親友、顧客和芭札爾員工從店鋪草創初期就這麼說。[10]同樣的包容、機智與樂趣在時尚相片中出現，日後的瑪莉

官產品廣告中也看得到這些特質。瑪莉官在1960年代初期的設計，確實回溯了來自上一世代的光彩青年。官經常在她的設計中重新詮釋了男孩子氣的時髦風格，甚至還在1960年將頭髮剪成1920年代風格的鮑伯頭。

在《官照自己》中，官熟練地描述她自身家庭背景與夫家背景的差異。她父親是約翰·官（John Quant），人們則稱她父母為傑克（Jack）和米爾翠德·瓊斯（Mildred Jones），[11]他們分別出生於格拉摩根（Glamorgan）的湯尼潘帝（Tonypandy），與卡馬森郡（Carmathenshire）的基德韋利（Kidwelly）；兩地都是南威爾斯的貧困礦區。1911年的人口普查記錄瑪莉官的爺爺亨利·官（Henry Quant）在保誠（Prudential）擔任保險代理人，並和他妻子卡洛琳、兩個女兒和一個兒子住在龐特普里斯（Pontypridd）：那位兒子就是瑪莉的父親傑克（正式名字是約翰）。瑪莉的母親米爾翠德·瓊斯是湯瑪斯（Thomas）與艾美－瑪莉（Amy-Mary）的女兒，兩人都是小學老師，並雇用了一名同住的僕人。沒人知道傑克·官和米爾翠德·瓊斯兩人是何時相遇的，但兩人都去了同一間文法學校，接著就讀卡迪夫大學（Cardiff University），取得了優等成績，並致力於在文法學校體系中教導學生。[12]到了1925年，他們搬到倫敦，並在伍利奇（Woolwich）結婚[13]，住在靠近布萊克希斯（Blackheath）的普拉姆斯特德（Plumstead）的伊格斯費爾德路（Eaglesfield Road）43號，他們的小孩也在該處出生：芭芭拉（瑪莉）出生於1930年2月11日，約翰·安東尼（John Anthony）（人稱東尼）則出生於1933年。根據她弟弟的說法，官小時候拒絕回應別人喊她芭芭拉。[14]孩子們長大過程中，一直被灌輸要注重勤勞工作與學術成功；在家時，「無所事事是種罪過……」。因此，由於缺乏普倫凱特·格林家族祖傳的社交優勢，他們女兒在美術學校新結交的朋友群表現出的生活風格——將「追

求享樂與放縱」擺在工作之前，使得傑克與米爾翠德‧官感到不知所措。夫婦倆覺得普倫凱特‧格林「放蕩不羈的用語和行為」令人費解。[15]

　　第二次世界大戰的爆發，打斷了瑪莉官的早期教育，1940年左右，全家人撤離到肯特的西莫林（West Malling），傑克與米爾翠德‧官負責看顧一大群布萊克希斯的學生。瑪莉和她弟弟東尼享受著鄉間的自由，也經常發現自己主持了不同遊戲，並和其他孩童們一同「搗蛋」。持續不斷的戰爭令他們感到刺激，特別是他們就位於敵機飛向倫敦時的航道下方，這些人格發展時期的經驗，可能培養出了韌性與企業家精神。在肯特換了不下四次學校後，一家人和傑克‧官與撤離學生們搬到威爾斯的滕比（Tenby），假日時，瑪莉與東尼會安排清理船隻和教導孩童划船等能賺進收入的服務。儘管在某些狀況下，瑪莉官似乎展現出叛逆與信心，她的回憶錄卻也揭露了自己個性中的羞赧與拘謹，以及早期對時尚的興趣與覺察，和對縫紉的熱愛。家族保存了她其中一本1944年留存至今的素描簿，儘管她是以英國插畫家

與漫畫家梅布兒‧露西‧阿特威爾（Mabel Lucie Atwell）的風格畫了孩童，仍然顯示出她繪畫人像上的資質〔10〕。

　　在1966年的回憶錄中，官描述自己孩提時代對衣著總是感到困窘，特別是被迫穿上表親的「華麗」洋裝時。官已經能想像出她自己的設計。一位上踢踏舞課的朋友所穿的舞蹈制服啟發了她：極度緊身的黑毛衣、黑色短褶裙、黑色緊身長褲、白色踝襪與及踝的黑色漆皮繫帶鞋。女孩有種「髮型大師維達‧沙宣（Vidal Sassoon）現在偏好的瀏海。我真羨慕她！」[16]

　　全家搬回倫敦後，早期的另一項影響則來自她父親的妹妹：法蘭西絲姑媽（Aunt Frances），她經常為了購物而來訪，並待在官家。根據《官照自己》，法蘭西絲姑媽是位職業靈媒，曾對青少年時的官詳述過她未來的丈夫與事業，細節精確地不可思議。或許官也從她姑媽身上繼承了某種直覺，能感受到人們接下來想要的事物。

　　離開學校後，官便到金匠學院唸書，山姆‧拉賓（Sam Rabin）教導她畫人物素描，當時拉賓也是歐普藝術畫家布里奇特‧萊利（Bridget Riley）的導師。[17]官製作時尚素描的能力顯然是在此培養出來的。儘管學校並沒有特別教授時尚，她的課程（可能是國家設計職業文憑）涵蓋了廣泛的領域。2014年，她在金匠學院時使用的素描簿在拍賣會上售出。其中包括一系列時尚素描，像是諸多曲線明顯的黑色晚禮服，配上對比鮮明的女用馬甲，上頭的寬闊肩線帶有1940年代風格〔11〕。[18]在校長克萊夫‧加德納（Clive Gardiner）的主導下，金匠學院在美術進階指導上發展出名聲，教師訓練（美術與其他主題都是）則是該校另一個強項。這座學院是倫敦大學的一部分，卻擁有獨特

自我特色與強烈自主權，地點也很方便，離
伊格斯費爾德路只有5英哩。[19]就讀大學的
最後一年，官與普倫凱特‧格林將他們所有
空暇時間花在中倫敦或切爾西，這代表最後
一班從查令十字車站（Charing Cross）出
發的火車離開前，她都會待在外頭，不過她
跟父親有協議，得在晚間11點前到家。《官
照自己》鮮明地詳描了她和普倫凱特‧格林
與朋友們的惡作劇、與出外玩耍的夜晚，
她也描述了普倫凱特‧格林浪蕩骯髒的住
處，地點位於他母親在切爾西博福特花園
（Beaufort Gardens）的房子，以及在他
得到零用錢的日子裡，去聖詹姆士街（St
James's）的奎格利諾餐廳（Quaglino's）
享用豪奢餐點與香檳。

　　官決定在取得美術教師文憑前，就離
開金匠學院；她決定不顧父母的心願，永遠
不從事教職。依然住在家中的她，找到了一
份工作，在埃里克店裡的工作室擔任初級學
徒。「埃里克」是某位丹麥伯爵的兒子，同
時身兼設計師與一家高級女帽店的店主，地

點在布魯克街（Brook Street）的克拉里奇
酒店（Claridge's Hotel）旁，位於倫敦的時
裝區中心。在埃里克擔任客製員（copyist）
（她是位經驗老道的女帽匠，負責複製埃里
克的原始設計，再將它們改製成適合個別客
人的產品）的派崔希雅‧史戴西（Patricia
Stacey，娘家姓為奇爾頓〔Chilton〕）的印
象中，官是個「瘦小且弱不經風的女孩」，
有著「褐色長髮，通常往後綁成馬尾……
輕聲細語且非常害羞……但她是個好聆聽
者，只需要指導她一次就好，這讓她學得很
快。」[20]1950年代早期，帽子是必要的日常
配件，並不單只為了倫敦時裝季活動，而史
戴西的完整說法則描述了忙碌的工作環境，
在戰後轉向大量生產的非正式服裝帶來全面
衝擊前，業界就已相當繁榮，這導致女性
捨棄了正式衣著〔12〕。她想起服飾配額制
（clothes rationing）在1949年結束後，女
性小帽重新成為風潮的時期，接著描述官工
作的房間：

所有裁剪、蒸熨、模裁與縫紉過程，都在我們的小工作室中進行。這是座大型地下室房間，坐落於店鋪一樓底下，也存放了旅館鍋爐。裡頭很溫暖，聞起來有用來黏貼裝飾的老牌膠水牛膠的氣味。數條布料、好幾罐鈕扣、大量緞帶和數盒絲線擠在僅剩的空間中。每時地面都灑滿了布樣和名稱標籤，還有不少別針。[21]

在埃里克的店裡時，官會帶著一位搭配師（matcher）造訪倫敦的雜貨商，搭配師的工作是收集樣本，「幾片蕾絲、絲網和羽毛……簡單的一捲棉線，或是一塊特殊的毛皮……搭配師得有傑出的眼光……〔官〕自己天生就擁有良好的眼光，也成為了傑出的縫紉師，並引進了彎曲縫衣針，她從在蓋伊醫院（Guy's Hospital）攻讀牙科的弟弟那借來了這種針。」[22]史戴西為官在埃里克店裡的日子做出結論：

　　……黯淡無比，並不是瑪莉想依附的世界。她還年輕，想讓和自己一樣的人享受有趣又負擔得起的時尚。我認為當瑪莉為埃里克工作時（她無疑在當時養成了性格），她學會的不只是製帽技巧，也理解優秀的櫥窗展示、簡單卻令人印象深刻的商標或良好時裝秀的重要

性。也許，還有混合與搭配不同配件和嘗試新合成材料的能力，或許還有（也是最重要的一點）關係緊密的開心團隊帶來的好處。[23]

史戴西經常觀察到官與普倫凱特‧格林在克拉里奇酒店的酒吧吃午餐或喝酒，也聽說他們同居：「在那個年代，年紀這麼小就做這種事，是相當前衛的事情。」這點可能屬實，不過1955年的選民名冊，將瑪莉和東尼登記在他們父母位於普拉姆斯特德的住址。[24]此時，官與普倫凱特‧格林大部分時間都在切爾西社交，特別是位於富勒姆路（Fulham Road）（國王路北邊，一條高街或說是通往中倫敦的輻射道路）上的芬奇酒吧（Finch's）。他們在這裡遇見了許多充滿創意的人：「……非常聰明的年輕建築師、畫家、音樂家、雕刻師，電影導演與閒人們聚在那裡」，那些人「正面又積極」，對自己的工作抱持熱情，並在不經意間創造出日後人稱的切爾西圈。[25]

1954年，有人在芬奇酒吧向他們引薦了阿奇‧麥克奈爾。官精準的定義了他在開設當地咖啡吧、餐廳甚至是「芭札爾」時扮演的角色，不過他穿著西裝、還拿著雨傘的外表，使他看起來格格不入。[26]三人決定共同開店，麥克奈爾與普倫凱特‧格林各投資5000英鎊（普倫凱特‧格林從他奶奶維多利亞‧羅素夫人那繼承了一筆遺產，羅素夫人於1953年2月11日過世，當天是官的23歲生日）。當馬坎宅（Markham House）（那是位於國王路138號a的街頭店鋪，還建有地下室）成為空屋時，經過一番交涉後，他們用8000英鎊買下了房地產終身擁有權，官則於1955年初辭去了埃里克商店的工作。[27]

第二部

1955–1962

店鋪到批發

《官照自己》生動敘述了芭札爾的故事，以及它從業餘人士在1955年晚期經營的小店舖，到1962年轉變成蓬勃發展的設計師品牌，在美國還擁有成長中的批發產線與出口市場之間的經歷。[1]從一開始，官與兩名伙伴對自己期望的店家外觀就抱有明確想法，他們打算用簡單的玻璃展示窗，取代原有的前廊窗口，並拆除柵欄，留下偌大的前院。倫敦郡委員會（London County Council）計畫處和切爾西協會（Chelsea Society）大力反對這些改建，工程耗時六個月，這段期間，官從她父母家搬到附近歐克利街（Oakley Street）上一間坐臥兩用室。麥克奈爾和普倫凱特‧格林一週付官5英鎊（比她在埃里克店裡工作時的薪水多上兩倍），她則為了開幕帶來存貨，也結識了批發商，還去藝術學校購買學生做的珠寶。「芭札爾（Bazaar）」這名字是個聰明選擇，這代表他

們的店鋪販賣古怪又有趣（怪異〔bizarre〕）的東西，也讓人想起市場或教會義賣時會出現的類型廣泛商品。芭札爾在零售業歷史中十分重要，一路可追溯回18世紀，最初的芭札爾是設有棚蓋的走道，展覽與攤位都鼓勵人們將購物當作休閒活動。[2]這種為見多識廣的消費者們創造瀏覽選擇的手法，在今日相當成功，像是巴黎的科萊特（Colette）（1997年至2017年）、或川久保玲在倫敦的多佛街市場（Dover Street Market）開的店鋪（開幕於2004年）等獨立商店。

起初，官並未為店裡設計衣物，而是進行採購：將店裡堆滿「五花八門的服飾與配件……毛衣、圍巾、直筒連衣裙、帽子、珠寶和奇特的零碎雜物」。價位在「2先令6便士」的黑色彈力緊身襪和白色塑膠小項鍊，賣出了「幾千個」。[3]她在1959年回想道：「我們開幕時，從義大利和奧地利進口商品，充

前頁
13 | 瑪莉官在騎士橋（Knights-bridge）的芭札爾窗口中，1962年
照片由夏羅喀‧哈塔米（Shahrokh Hatami）拍攝

左圖
14 | 國王路的芭札爾，約1960年

Nightshirts
for the
New Year

Photographed by
BERT HARDY

Grandpapa's nightshirt is
back with a difference—
and what a difference! But
one feels that grand-
papa, who was used
to having even the legs
of his chair draped for
propriety's sake, would
secretly have approved
of this borrowed fashion.

Here are the details (from left
to right):
Striped and spotted shirt in
non-iron cotton, made like a
cami-knicker. (Fenwick 29s. 6d.)
Short nightshirt in non-iron
cotton. (Fenwick 29s. 6d.)
Long nightshirt in fine flannel,
also in royal blue. (Bazaar,
King's Road, Chelsea £5 9s. 6d.)
Short nylon nightshirt and
bloomers. (Fenwick £5 5s. 6d.)
Ankle-length cotton night-
shirt, which can also be worn
as a housecoat. (Woollands,
Knightsbridge, 75s. 9d.)

15 |〈新年睡衣〉（Nightshirts for the New Year），《圖畫郵報》，1955年12月24日

照片由伯特・哈迪拍攝

滿了話題性……前幾週都不斷賣光。下一步則是讓倫敦的批發店製作我的設計，最後我就能成立自己的工作室。」[4]似乎花了一年左右，才抵達此階段。從一開始，包羅萬象的衣著中就包含了睡衣，包括1955年《圖畫郵報》（Picture Post）聖誕節特刊中描繪的一件亮紅色女用睡袍〔15〕。伯特・哈迪（Bert Hardy）的相片現在看來充滿了當代對性別與種族懷抱的態度，拍出孩童般的模特兒，以及包括一只黑人洋娃娃在內的兒童玩具。

官描述說，店鋪比餐廳晚開張，這點與阿奇・麥克奈爾的說法有些不同，外頭的遮蓬下還舉辦了一場派對〔14〕。無論如何，九月的《哈潑時尚》（Harper's Bazaar）指出，開幕日辦得比預期晚。[5]來自芬奇酒吧的老朋友們，和時尚雜誌的初級助理打成一片；從此之後，每晚都會重燃派對氣氛，亞歷山大宛如酒吧的餐廳，提高了樓上商店的銷售成績。

工作與社交生活之間的界線變得模糊，意味著雖然當時許多店家週六中午就關門了，芭札爾卻總會延長營業時間。一位商店法（Shop Act）督察來訪後[6]，芭札爾便得在週六晚間關門，這也成為官與普倫凱特・格林更改店鋪櫥窗展示品的時間。起初，這裡只是他們把女用襯衫和帽子釘在木板上的地方，後來成了一種震驚四座的藝術形式，和傑出的行銷方式：「我們想娛樂人們，連帶販售商品給他們。」官如此寫道。有時他們會作出某種「龐大、誇張的手法，純粹博君一笑」，想讓「不想買東西的老婦們停下來看……當時我們得表現得目中無人。一開始我們得作出令人震驚的宣言，才能引人注意。」[7]芭札爾的櫥窗和整體精神，和新的劇場、電視與出版物擁有同樣玩世不恭又諷刺的精神。

《超越邊緣》（*Beyond the Fringe*）於1961年在倫敦開幕，《私家偵探》（*Private Eye*）於同年首度出版，而《就是那週》（*That Was the Week That Was*）則於1962年在英國廣播公司電視台（BBC television）播映。

有時展示主題會刻意討好丈夫和男友，像是1960年的聖誕節櫥窗，有位在對街建築工作的藝術系學生曾拍下它的照片。有個假人穿著單色調服飾，分別是白色緊身胸衣和黑裙，旁邊則擺了輛衝破巨大金箔紙包裹的哈雷重型機車。有顆對話氣泡中的手寫字跡寫道：「想想看：這就是我一直想要的」〔16〕。[8]這種聖誕櫥窗需要所有零售業者特別下一番功夫，使普倫凱特‧格林的友人們碰上了補給上的挑戰。雪莉‧康藍（Shirley Conran）回想道：

有一次，亞歷山大在聖誕節前某個午夜叫醒我，慌亂地問道：「妳有鷓鴣布偶嗎？」

「沒有，只有松鼠布偶或魚布偶，都裝在玻璃箱裡。」

「不行……那梨子樹呢……？」[9]

其他櫥窗則採用超現實手法，其中一扇窗口，有個假人用繩索牽著一隻已死但很乾淨的大龍蝦。另一扇則擺設了上下倒吊的攝影師假人，它的攝影機對準另一個懸掛角度模稜兩可的假人。芭札爾為店舖陳列櫥窗帶來了獨特的英式冷幽默。美國百貨在商品視覺促銷上，握有毋庸置疑的領導地位：至少從1930年代開始，這點就反映出了超現實主義等藝術運動。到了1950年代，包括羅伊‧里奇登斯坦（Roy Lichtenstein）、克拉斯‧歐登伯格（Claes Oldenburg）與

安迪·沃荷（Andy Warhol）等藝術家，都在像是紐約的邦威特·泰勒百貨（Bonwit Teller）製作商店櫥窗擺設品。在英國，原本創建於柏林、但於1937年遷至倫敦的賴曼美術與設計學校（Reimann School of Art and Design），是首間專注於商業展示的機構。該校一位名叫娜塔莎·克洛爾（Natasha Kroll）的老師，於1942年到1956年之間為新穎的皮卡迪利辛普森服飾店（Simpson's of Piccadilly）擔任展示經理，創造出破天荒的嶄新展示品，有時是熱帶風，又經常表現出極簡主義，官與普倫凱特·格林無疑都知道她的作品。[10]

芭札爾的假人們本身就是非傳統。官與展示藝術家約翰·貝茲和巴威展示公司（Barway Display）合作，創造出具有「當代顴骨高聳的稜角臉孔，以及最新潮髮型的假人。我要它們有修長細腿，就像詩琳普頓的腿一樣。」她解釋道：「這些假人得像真實的攝影模特兒般，用雙腿大張的笨拙姿勢站立；一邊膝蓋幾乎以正確角度彎曲，一根腳趾往上指，腳跟則傲慢地踩在地上。」[11]國王路與騎士橋店鋪（開設於1958年）這些早期櫥窗現存的照片，描繪出為了讓大眾對官的設計品產生興趣，這些傑出想法是如何運作的〔16，17〕。

官在1966年回想芭札爾早期那段日子，認為那是「僅供糊口的糟糕生活」，會計上毫無章法可言，時尚業也不把三人看在眼裡。[12]但由年齡相仿的人為年輕人所設計的時尚造成需求，也證明了她獨特手法的潛力，她的品牌則慢慢成為茁壯中的勢力，不過該品牌服飾並不便宜。高端時尚雜誌《哈潑時尚》是這家店的早期支持者。1955年9月的〈購物芭札爾〉（Shopping Bazaar）單元中的一小張照片，是一套「時髦的棕黃色睡衣褲」，上頭有「大型便士狀圓點」，售價4堅尼。雜誌在芭札爾開幕前出版，標題提到「年輕女帽匠瑪莉官製作的優秀帽子系列」。

[13]官在《官照自己》中提到一套「瘋人院睡衣」，零售價約5英鎊，是她一整週的薪水，那是她為店裡製作的首批設計品之一。官記得她接著得到啟發，專注於自行設計服飾，特別是因為顯然有位美國人買下了它們，他公開聲稱自己會複製這些衣物，在美國大量生產。只有基礎女裝裁縫技巧的官，開始採用巴特里克公司（Butterick）製版圖，用她在哈洛百貨公司（Harrods）購買的布料，在她的套房製作服飾，後來還找了三名女裝裁縫師和一名裁切師（cutter）幫忙。洋裝完工後，便立刻售出，接著官將她的家當與家庭手工業搬到狂想咖啡廳樓上的公寓，地址只有幾步之遙，靠近斯隆廣場。[14]芭札爾持續購入其他批發系列的服飾和配件，像是歐姬芙（O'Keefe）和蜜雪兒·迪里斯（Michelle Deliss），這反映出官的特殊風格，與她對顧客想買的商品所抱持的願景。

起初官的顧客是少數友人和切爾西當地居民，但人數隨著該地區的開發程度上升而增加，她也吸引了更多樣化的客群。官曾說過一段名言：「虛榮已經不再流行了，在我們的店裡，你會看到公爵夫人和打字員擠在一起購買同一套洋裝。」[15]她察覺到市場中有種客群，是像她這種女性，她們拒絕現存的名媛少女等刻板印象，彷彿只需要正式洋裝出席舞會，或前往雅士谷（Ascot）和亨利（Henley）。如費歐娜·麥卡錫（Fiona MacCarthy）在《最後的禮節：名媛少女的結束》（Last Curtsey: The End of the Debutantes）所述，數世紀來英國貴族的女兒們，每年夏天宴會季時都會成為媒體焦點，並去宮廷參與有幾百年歷史的成年禮，現在這種儀式象徵了逝去的時代，全新的社會秩序正在成形。最後一次宮廷成年禮於1958年舉辦，也是芭札爾騎士橋分店開幕的同一年。[16]但正式宴會繼續進行了一陣子，而出席所需的名媛少女衣著，則來自諾曼·哈特內爾（Norman Hartnell）或維

19 ｜印上切爾西地圖的茶巾。

原版地圖由瑪蒂‧麥登（Mardie Madden）為1959年5月的《閒談者與旁觀者》所設計，接著則由約翰‧路易斯百貨（John Lewis）製成茶巾，1960年

倫敦博物館：89.70

克多‧史提貝爾（Victor Stiebel）等梅費爾（Mayfair）時裝設計師，或是像哈洛百貨公司、伍爾蘭茲（Woollands）或夏菲尼高（Harvey Nichols）等名譽良好的百貨店家。在騎士橋的「女士店鋪」諾拉‧布萊德利（Norah Bradley）、或國王路上的威克佛斯商店（Wakefords）中，或許能找到較便宜的衣物，或是花幾英鎊讓當地女裝裁縫師自行製作風格。瑪莉官在1960年7月擔任模特兒時穿的典型灰色丹寧宴會禮服，價格是15又1/2堅尼，約是現在的341英鎊[17]，知名品牌蘇珊‧史莫（Susan Small）製作的同款造型晚禮服，則是12堅尼。時裝宴會禮服可能要價250英鎊或238堅尼。[18]

《閒談者與旁觀者》雜誌中一篇標題為〈老切爾西的年輕臉孔〉（*The Young Face of Old Chelsea*）的文章，不只為此區域提供了實用的概念式地圖，還強調了社交熱點、近來的社會變化，以及年輕的新居民〔19〕。它聚焦在富有的偽浪子們，他們改裝升級了老舊房屋，駕著時髦車輛；還有「打扮風格誇張的女士們……短裙與怪異髮型，毛皮襯裡皮革外套與貂皮鐘形女帽；散發慵懶自信的男士們，穿著整潔西裝、青灰色麂皮鞋、壓低到眉前的彎緣軟氈帽與領結，駕駛車身修長低矮的雙座敞篷車。」[19]這些人與某個對立的切爾西族群恰好相反：在咖啡吧、夜店與「彼此儲藏室」中流連的窮學生；帶有披頭族（Beatnik）風格的長髮女子，「有黑眼圈深邃的雙眼、蠟黃的臉孔和蒼白的嘴巴，毛茸茸的長毛衣則疊在及膝的緊身裙上……男士們穿著千篇一律的破爛牛仔褲，鬆垮的頭髮融入了鬆垮的針織衫，且經常蓄鬍。」[20]

官利用了這兩種極端族群之間的代溝，

尚》。一同附上的文章〈時尚設計中的年輕前景〉（*The Young Outlook in Fashion Design*）由珍奈‧艾朗賽德（Janey Ironside）撰寫，她是皇家藝術學院（Royal College of Art，RCA）的教授，負責三年制時尚設計文憑（Fashion Design Diploma）課程。文章強調了對「聰明的年輕設計師」的需求，以及該課程所提供的專業訓練，師資是來自時裝業與批發業的專家。這正是官所需要的技術，只是她透過困難的方式學到這一切。令人佩服的是，官得到一整頁彩色相片篇幅，穿著文中描述的「愛爾蘭羊毛毛衣」，還有她設計來搭配的「錐形長褲」〔20〕。文章將她為店舖的設計描述為「飽含她對精妙色彩與行動方便的感受」。然而「為了她的紅棕色澤，她選用奇特的紫羅蘭色和藍色」。在下一頁，文章中也寫了在馬莎百貨（Marks and Spencer）、Berketex與Cresta公司工作的皇家藝術學院畢業生，以及知名的織品設計師貝納德‧內維爾（Bernard Nevill）。[24]

約莫此時，官、普倫凱特‧格林與麥克奈爾決定開設第二家店，並與他們的朋友泰倫斯與雪莉‧康藍緊密合作，將店家開在知名購物街騎士橋上。這是令人神經緊張的投資，但他們依然簽下了位於46號的恰當地點，大膽地將店址設在哈洛百貨公司正對面，團隊也開始規劃與設計新店舖。這顯然讓芭札爾品牌成為倫敦零售業的一大勢力。以上活動進行期間，普倫凱特‧格林和官終於決定結婚，在切爾西戶政事務所（Chelsea Registry Office）低調的公證，由傑克與米爾芮德‧官和伊莉莎白‧普倫凱特‧格林為見證人。在伊比薩島（Ibiza）渡蜜月時，官買了套亮綠色的1930年代風格泳裝，上頭有「背心式肩帶和4英吋長的褲腿」，這成了「一系列連身裙或套頭連身裙」的設計來源，之後也成為她最成功的風格之一。騎士橋分店於1958年秋季開幕，由時尚編輯克蕾兒‧

從「毫無偏見、國際化且思想前衛的世代」身上汲取大量靈感，她在1966年將之稱為「摩德文化」，她也製作了這些女性所需的簡單時髦服飾。原本的現代主義外型看來「冷靜幹練，幾乎毫無特色」，這種造型毫無階級感，也充滿包容力，與大學畢業生附庸風雅的披頭族外型完全相反。[21]如今，摩德文化是種男女共通的次文化風格，或許也能將之視為超越時尚的態度，這種造型「融合了傳統和叛逆」，也需要小心翼翼的專注態度，以創造出充滿精巧細節的整體外型。[22]作家保羅‧戈爾曼（Paul Gorman）曾說：「瑪莉官清晰的線條與嶄新手法，象徵了摩德文化的美感。」[23]

官首度出現在時尚雜誌上時，照片中便包含了她對自我表達的態度，以及她對休閒服的品味；那本雜誌是1957年7月的《哈潑時

倫多夏姆協助策劃的記者會與時裝秀佔用了大部分夾層展示區和樓梯。《Vogue》在1958年12月首度提到這家店。[25]

　　新分店讓芭札爾為更主流的消費者族群，帶來令人驚訝的展示櫥窗和生動的時裝秀。宣傳照中的官和普倫凱特‧格林成為品牌門面，現在品牌會將店家名稱用粗體大寫字母寫在芭札爾的貨車、手提袋、收據和信件抬頭上，非常有效地利用平面設計〔21，22〕。這種設計領域在1960年代早期相當盛行，設計研究組織（Design Research Unit）和弗萊契／富比士／吉爾公司（Fletcher, Forbes, and Gill）等組織創造出了影響深遠的企業識別。普倫凱特‧格林可能對用於芭札爾形象的字體（Bureau Grotesque）做出特別要求，[26]他可能曾和催生出芭札爾（1960年）和瑪莉官（1962年）於1960年代早期出現在時尚雜誌上的廣告的藝術總監湯姆‧沃爾西（Tom Wolsey）討論過。[27]沃爾西協助用官初始的素描開發出雛菊商標，用於1966年上市的瑪莉官化妝品系列的品牌推廣和廣告。[28]在來自1950年代

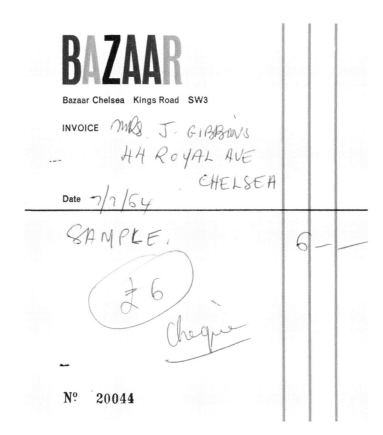

和1960年、附有標籤的服飾上，有塊簡單的白色標籤，縫上了「芭札爾」字樣。1961年開始，則出現了上頭寫著「芭札爾／瑪莉官設計」的全新標籤，清楚指出逐漸成長的名聲，以及官身為設計師的知名度，不過這只是轉變期；從1962年起，標籤便只用粗體大寫字母縫出她的名字（相關細節請參閱附錄）。

的確，很少有1960年前芭札爾早年的服飾遺留至今。1959年，「皺褶連身裙（Pinafore Pleats）」風格，代表了在摺邊加上一連串狹窄搖曳皺褶的連身裙特色，此外，1960年10月24日《每日鏡報》（*Daily Mirror*）上的插圖中，描寫了官對「過時學校制服」和「極短皺褶的移動效果」抱持的興趣，加上她自己收藏的八套運動服，分別由丹寧、純棉織物、絨布與亞麻布製成。[29]

V&A博物館的收藏品中，瑪莉官最早期設計的洋裝是件直連身裙，用男性正式西裝長褲的上優質條紋羊毛（「亞歷山大條紋（Alexander stripe）」）製作，上頭附有領帶和口袋。卡洛拉‧祖古洛維奇（Carola Zogolovitch）捐贈了這件洋裝，她是建築師休‧卡森爵士（Sir Hugh Casson）的三個女兒之一。諾曼‧帕金森（Norman Parkinson）為《Vogue》拍攝了一張相似洋裝的跨頁照，並在一篇名為〈看第二眼〉（Double Take）的〈年輕想法〉（Young Idea）單元中，彰顯出這件洋裝日夜不同穿法〔25，26〕。[30]白天的風格，模特兒（蘇西‧列蓋特〔Suzie Leggatt〕）將這件洋裝套在黑色高領毛衣上，搭配貝西伯爵（Count Basie）、湯姆‧雷勒（Tom Lehrer）與肯‧諾丁（Ken Nordine）的LP唱片，還有平底鞋與大型購物袋。晚間風格，同樣的洋裝則配上高跟鞋、小皮包和一個男人：亞歷山大‧普倫凱特‧格林。

那年官獲選為「純正的1960年」代表，時尚媒體對芭札爾的關注也持續高漲。[31]1960年2月，在喬斯琳‧史帝芬斯（Jocelyn Stevens）的經營、馬克‧柏克瑟的美術方向與時尚編輯碧翠絲‧米勒（Beatrix Miller）的管理下扭轉傳統形象的《女王》雜誌，刊載了一篇文章：〈打敗披頭族：適合名媛少女的服飾〉（*Beat the Beatniks - eligible clothes for debs*）。[32]帕金森拍下姿態謹慎的模特兒，她們穿著整潔的連衣裙，和完美無瑕的女用西裝，搭上帽子、手套和包包，背景則是群瘋狂玩樂的黑衣人影。芭札爾製作的一套「為了年輕的個人主義者所打造的直版低腰宴會禮服，由翠鳥藍的泰國絲製成」，指出了時尚的新方向，不僅偏離規則與法條，還逐漸變得不拘禮數〔27〕。V&A博物館的館藏中有件相似的紫色洋裝，那是妮基‧赫森堡（Nicky Hessenberg）的禮物，她形容從芭札爾購買自己第一件洋裝，是種「成年禮」般的重要事件。身為卡洛拉‧祖古洛維奇的妹妹，赫森堡在18歲時離開寄宿學校，在踏上名媛少女的朦朧世界邊緣時，她母親送了她這件洋裝來為她打點，幫她順利度過以成人身分踏入社會的苦澀過程。她去念秘書專科學校，之後則在《房屋與花園》雜誌（*House and Garden*）工作。[33]

1960年，瑪莉官身為設計師的名聲變得家喻戶曉，受愛德華・雷恩（Edward Rayne）之邀設計他的「雷恩小姐（Miss Rayne）」系列，他是英國王室的知名鞋匠，也是INCSOC（倫敦時裝設計師協會〔Incorporated Society of London Fashion Designers〕）的會長。有位私人收藏家擁有這項合作現存唯一的範例：一雙附有打孔裝飾的白色船型高跟鞋，內側印有獨特的芭札爾字樣。[34]1960年代早期，官也與位於蘇格蘭邊境的針織品製造商霍伊克的約翰・蘭恩（John Laing of Hawick）合作，製作了她偏好的休閒毛衣，並經常加上陽剛細節，像是V&A博物館擁有的V領毛衣（T.1707-2017）。毛皮大衣製造商S・倫敦（S. London）似乎也製作過她的設計品。[35]由於當時合作案越來越多，1960年10月前往紐約前的幾個月，官改變了她的髮型，將頭髮剪成搖曳的鮑伯頭，也就是知名的維達・沙宣5點風格（five point style）早期的型式，她朋友雪莉・康藍則回憶道：「瑪莉的髮型很棒，長度及肩，呈鐘型，顏色和七葉樹果（conker）相同。她告訴我，剪頭髮是由於頭髮花了她太多時間了，我對這種殘暴的時間與行動管控效率感到非常敬畏。」[36]

當時大多女性只有在非常不正式的場合或私底下才會穿長褲，官則大力鼓吹在時裝中加入長褲。她自己的資料庫中，存有一套罕見的長褲，上頭有「瑪莉官倫敦」的標籤。它由條紋精紡羊毛「亞歷山大條紋」製成，明顯借鏡了男性服飾的傳統剪裁，但剪出了低腰線，官將之描述為「牛仔風格」。有張攝自1962年的時尚照片，顯示出人們如何利用女用襯衫與亂髮，營造出異於傳統的全新外觀〔29〕。

26 ｜蘇西・列蓋特與亞歷山大・
普倫凱特・格林為「亞歷山大條紋」
連身裙拍攝時裝照
〈年輕想法：看第二眼〉
《Vogue》，1960年1月

照片由諾曼・帕金森拍攝

27 ｜「為了年輕的個人主義者所打
造的宴會禮服」
〈打敗披頭族：適合名媛少女的服飾〉
《女王》，1960年2月2日

照片由諾曼・帕金森拍攝

28 ｜瑪莉官為芭札爾設計的洋裝，
1960年-1
絲質

V&A：T.70-2018
妮基・赫森堡捐贈

適切的長褲仍是官設計的強力主題，但現在很難找到範例，或許是因為它們相當受歡迎，人們會穿到破爛後才將之丟棄。其他像是她獨特的灰絨布燈籠褲套裝、和粗花呢諾福克（Norfolk）夾克等設計，諷刺了維多利亞時代的上流階級男裝，借用了此類服飾和傳統英式布料，創造出挑戰階級體系、宣傳女性獨立的衣著〔30〕。

1960年晚期或1961年早期，隨著對官設計品的需求不斷高漲，麥克奈爾雇用了一位名叫雪莉‧舒維爾（Shirley Shurville）的祕書兼個人助理。舒維爾出生在位於泰晤士河南邊的象堡區（Elephant and Castle）中的「考克尼國度（Cockney-land）」，曾就讀於文法學校。據她所說，她在那「改變了自己的口音，並自力更生」，也在聖馬丁藝術學校（St Martin's School of Art）上夜間部，同時在皮卡迪利辛普森服飾店擔任採購助理。由於她曾在奧斯丁‧李德公司（Austin Reed）擔任巴瑞‧李德（Barry Reed）的個人助理，來到芭札爾工作室有限公司（Bazaar Workshops Ltd）（當批發線於1962年發行時，這是使用「瑪莉官有限公司」前的註冊公司名稱）的舒維爾，已經擁有多樣化的技術與相關經驗。除了因兒子出生而請了六個月的假外，她在公司待了近十年，負責管理位於南莫爾頓街的激進派，直到她在1968年去碧芭（Biba）工作。

剛開始，舒維爾幫助官跟其他批發品牌購買產品，瑪莉官批發系列上市時，她便與普倫凱特‧格林在銷售與行銷上更緊密共事。2017年舒維爾回想其拓展專賣店數目的任務時說：

> 瑪莉起初對我抱持戒心，但上班第一天，我們一起在拉波波特餐廳（La Popote）吃午餐後，她就放鬆下來；後來，阿奇要我從瑪莉約好要在艾佛斯街檢查、卻沒時間看的選品中，選擇某些針織設計後，她開始信任我的直覺。

她喜歡那些選品，也為兩家芭札爾店鋪訂了些產品。

瑪莉官第一個批發系列於1961年秋季發行，我與亞歷山大負責極少數專賣店的公關與銷售，第一季是11家，像是利伯提百貨公司（Liberty's），業者知道該如何以同系列方式展示衣物，而不是將它們和其他供應商的服飾一同擺在綜合展示架上。亞歷山大善於應對來自媒體與採購的女士們，她們都很喜愛他，我也是。約翰‧貝茲（不是那位時尚設計師）和我們一起幫瑪莉處理芭札爾櫥窗和其他展示，她現在將更多時間花在設計上。他和我共用一間辦公室，

30 | 珍·詩琳普頓和西里雅·哈蒙德（Celia Hammond）
為瑪莉官設計品擔任模特兒
《每日郵報》（Daily Mail），1962年8月16日
照片由約翰·弗朗奇（John French）拍攝

窄的黑色絲質羅紋緞帶，我配上了我
們一條內襯黑色縐綢高領上衣，再加
上某個屬害的美國人製作的格萊斯頓
（Gladstone）風格酒紅色花呢手提
包，他已經為我們兩家店做過一些手提
包了。穿上那套衣服時，我感覺良好又
自信，我和約翰的出差行程非常成功。

　　我造訪了北部與東部地區，從新
堡、利物浦（Liverpool）、切斯特
（Chester）、里茲（Leeds）與赫
爾（Hull），甚至包括索爾斯沃德
（Southwold）一處偏僻村莊的某家店
鋪，它最後成為我們最佳專賣店之一；
約翰則處理西部地區與威爾斯。我們的
專賣店清單增長地非常緩慢，因為我們
只想要能盡力將我們的服飾以同系列方
式陳列的店家。[38]

　　批發品牌在1962年上市時，恩尼斯汀·
卡特不只將官的設計刊載在名為〈進入大時
代〉（Into the Big Time）的跨頁報導中，
還將之印在《星期日泰晤士報》彩色雜誌
的頭版封面時〔31〕，官達到了宣傳上的成
功。時間點很完美，她有組批發衣物讓切爾
西外型踏入「更保守的圈子」。大衛·貝里拍
攝的照片中，有三位模特兒穿上這些服飾，
包括珍·詩琳普頓與官，普倫凱特·格林則
在前景扮演黯淡的人影。他們共同創造出有
趣又美麗的時尚畫面，並引發了新副刊的讀
者對品牌（和它的設計師）的興趣。其中倫
敦的伍德蘭茲，以其內部店鋪「21店（21
shop）」做為專賣店，這是由其常務董事馬
丁·摩斯（Martin Moss）於1961年開設，
採購則是凡妮莎·丹薩（Vanessa Denza）。

此時我忙於協助亞歷山大和瑪莉，因此
阿奇找柏納黛特（Bernadette）來處
理他的工作。[37]瑪莉官第一個批發系列
非常成功，公司便決定要為第二個系列
拓展專賣店，於是約翰和我便搭火車、
公車和計程車在全國出差，評估曾向我
們申請的專賣店業者人選，並注意其他
可能適合的合作對象。我們倆都只帶一
只小皮箱，裡頭裝了些第一個系列的主
要服飾宣傳照，並深信自己帶給他們的
東西如同純金般珍貴！

我深愛瑪莉版本的香奈兒（Chanel）
風酒紅色花呢套裝，低領外套的邊緣
縫上土黃色羊毛穗帶，上頭鋪上狹

31 ｜〈進入大時代〉
《星期日泰晤士報》雜誌，1962年2月4日
模特兒：珍・詩琳普頓、吉兒・史汀奇康柏（Jill Stinchcombe）與瑪莉蘿絲・麥克奈爾（Maryrose McNair）
照片由大衛・貝里拍攝

在里茲的馬歇爾與史奈爾葛洛夫百貨（Marshall & Snelgrove）和愛丁堡的達令百貨（Darling's），都能買到批發商品系列。其中有些設計目前是V&A博物館的收藏品，包括一套名為「喬治（Georgie）」的鮮豔條紋圍裹裙（wrap dress）〔32，33，34〕；莎拉・羅賓森（Sarah Robinson）捐贈了這件衣服，並描述它為「穿起來令人開心又好玩的洋裝，做工也很美」。她從康瓦爾（Cornwall）的特魯羅（Truro）一間名叫「伊莉莎白」的店買下它，該店精於販售「倫敦最新商品」[39]。灰色絨布裙裝「水果丁霜淇淋」也位於V&A博物館（特別為1973年的倫敦博物館特展「瑪莉官的倫敦」所製），而印花棉洋裝「綠意盎然（Greenery Yallery）」是現存唯一的設計。[40]

確保倫敦的客製員沒多少動機選用官的設計後，批發系列便用更低的價格，讓更多人能買到她的作品。起初一間位於富勒姆路上的小型製造廠負責生產衣物，先前那裡曾是內衣工廠。此系列讓公司得以拓展，而不須開設一系列店鋪。[41]這項發展催生了1962年與傑西潘尼的合作，產品於史坦伯格公司位於南威爾斯的龐大現代工廠所製作（參見第110頁），也使瑪莉・官激進派成立，剛開始集團設在管道街（Conduit Street），1964年移到南莫爾頓街9號。

V&A博物館擁有一批罕見的瑪莉官服飾，都是織品收藏家伊莉莎白・吉本斯（Elizabeth Gibbons）於1960年代早期捐贈。嫁給建築師彼得・吉本斯（Peter Gibbons）後，她四處旅行，和他們年輕的子女住過印度、新加坡和吉隆坡。她買了大量系列服飾，包括1963年由西里雅・哈蒙德擔任模特兒的「運煤工（Coal Heaver）」衣著搭配〔45〕、一套以印花絲綢製成的夏季宴會禮服〔35〕和「狂奔（Stampede）」，那是件擁有不對稱前擺和大鈕扣的亞麻洋裝，也伴以一項設計，同時還符合瑪莉官資

INTO THE BIG TIME

photographs by David Bailey

What do you need to be of the Sixties? First, you should be under 30. Second, you should be in tune with your times. And it helps if you are on the same wavelength as New York and a step ahead of Paris. These specifications fit dress designer Mary Quant (above left), of Bazaar, like one of her own dresses. She and her husband, Alexander Plunket Greene (right), are both 28. Like a good dancer, she accommodates her steps to the changing rhythms of fashion. Together they have conquered New York; and they have had the heady excitement of anticipating the massed oracles of Paris. Now the success of her second wholesale collection will spread the Bazaar Look past Chelsea and Knightsbridge into the hitherto more conservative provinces.

In 1955 Mary Quant and Alexander Plunket Greene opened [...] they opened their second Bazaar shop in Knightsbridge. [...] mass-production. From the first, they have had an easily-i[...] windows of their two shops are consistently witty and wild[...] a ball, with model girls out-Grocking Grock. Even their [...] megaphoned barker on the pavement exhorting a delig[...] pioneered the taste of her generation and opened the way f[...] language. Now, with this second wholesale collection, she ta[...] of the dress trade. Her impudent, kooky clothes are left beh[...] the trend to the pretty. But the handwriting is all her own.

1 Short-sleeved cardigan tops cuffed knee-length shorts. Navy and scarlet checked wool. Jacket, 12 guineas; shorts, 7 guineas. (Alternative choice: low-pleated skirt, 8 guineas; low-slung pants, 12 guineas.) At Woollands, London; Marshall & Snelgrove, Leeds; David Morgan, Cardiff. Scarlet jockey cap, 5 guineas. At Bazaar.

2 Pie frills edge a grey flannel cardigan jacket, neck cut wide to show ruffled orange crepe shirt. Suit, 21 guineas; shirt, 7 guineas. Both at Liberty, Woollands, London; Darlings, Edinburgh; Marshall & Snelgrove, Leeds; Kenneth Kemsley, Nottingham.

3 Puffed sleeves and low-dropped gathered skirt point the prettiness of flower-printed cotton. Blue and green; orange, pink and yellow. 12½ guineas. At Stewart Marriott, Truro; Bentalls, Kingston.

4 Fluted edges and full skirt soften a wide-striped French cotton. Black and orange; navy and red; navy and white. 12½ guineas. At Liberty, Woollands, London; Bentalls, Kingston; Stewart Marriott, Truro; David Morgan, Cardiff; Marshall Field, Chicago, U.S.A. Both photographs on this page taken in Hélène Cordet's Saddle Room, London's newest night club.

All Mary Quant wholesale clothes can also be bought at Bazaar, Knightsbridge and Chelsea.

Chelsea. In 1958, ... ner, they went into e thumbprint. The dress collections are e different—with a wd. Mary Quant who speak the same lace with the giants she has moved with **nestine Carter**

PEOPLE! OF THE
60s

32 ｜瑪莉官為「喬治」與「蘿絲（Rosie）」製作的時尚素描，1962年

V&A：E.255-2013

33 ｜潘妮・派翠克（Penny Patrick）擔任「蘿絲」的模特兒，1962年

照片由麥可・瓦里斯（Michael Wallis）拍攝
瑪莉官資料庫

對頁

34 ｜瑪莉官，「喬治」，1962年
編織條紋棉

莎拉・羅賓森捐贈
V&A：T74-2018

MARY QUANT

Telephone: Kensington 5037

"Georgie"

Striped cotton dress with frill
trimmed crossover bodice. Stripes
are vertical on the bodice and
horizontal on the gathered skirt
and wide sash.
Colours – black with orange stripes
and navy with red stripes.
Lined with cotton batiste.
Retail Price 12½ gns.

"Rosie"

Same style in chiffon lined with
taffeta. Available in black, pink
and jade.
Retail Price 22 gns.

176/-

Bazaar Workshops Limited
Directors: Mary Quant Alexander Plunket Greene Archibald McNair Catherine McNair Francis Morley

35 | 瑪莉官為芭札爾製作的夏季洋裝，約1962年
印花絲綢

由伊莉莎白·吉本斯所穿
V&A：T41-2014

36 |「來自切爾西的傲慢（The Arrogant Arrogant from Chelsea）」，
《女裝日報》，1962年9月19日

由格拉蒂斯·普林特·帕默（Gladys Perint Palmer）繪製

料庫中一張時尚照〔37，38，39〕。她有些選擇特別激進，像是帶有背心效果的灰色花呢連身裙裝，加上襯衫與誇張的綁帶，並同樣由西里雅·哈蒙德擔任模特兒〔40，41〕。這件連身裙加上薑黃色緊身上衣與領帶，套在黑白條紋裙上，就算在倫敦，穿這種衣服也需要膽量。吉本斯在2013年回想：

我從英格蘭和美國的雜誌上看過關於瑪莉官的文章，特別是《生活》雜誌上的文章……她活潑又年輕的風格讓我留下深刻印象，這種風格嶄新刺激與眾不同。所以我們環遊世界途中在1960年回到英國時，我就立刻在倫敦一家旅館中待上三天，去切爾西國王路上的瑪莉官商店「芭札爾」買了好幾件衣服（我穿著其中一件回去找我先生，我的新衣服讓他「訝異又開心」）。1962年，我們搬到皇家大道（Royal Avenue）上的搖擺切爾西（Swinging Chelsea），就在國王路旁，也幾乎正對瑪莉官的芭札爾。看到好幾架她的衣服掛在人行道上十分有趣，直到深夜，擴音器還在宣傳她的商品。她丈夫的地下室餐廳就在隔壁。國王路本身就是場時尚遊行，特別是星期六，現場還會出現好幾批退伍軍人與異國車輛。

50年後將衣物交給V&A博物館前，懷抱先見之明的吉本斯，已小心地將它們用薄薄的紙袋存放，裡頭還放了收據和麥克奈爾和舒維爾與她於1961至62年間，雙方往來於吉隆坡和艾佛斯街的郵購需求信。阿奇·麥克奈爾和雪莉·舒維爾的回覆信（其中一封寫道：「妳聽起來真是個好人！」），揭露了芭札爾所提供的高度個人化服務〔23，24〕。

1962年底，能創造銷路的瑪莉官名號，已變得比芭札爾更廣為人知，她的名字也出現在她設計的所有服飾標籤上。官的設計經常出現在《Vogue》與《哈潑時尚》，以及美國的《女裝日報》和《Seventeen》〔36〕。官那時髦且兼具運動風的服裝，填補了精品時裝與街頭時尚之間的空隙，還精力充沛地在巴黎與紐約的時裝秀上宣傳作品。在握有技術與工廠的服飾製造商史坦伯格公司，準備好大規模生產成千上萬件產品時，她打算更進一步拓展批發市場。

3 Ives Street   London SW3

MARY QUANT

Telephone: Kensington 5037

"Stampede"

75% Linen/25% Terylene interlined
with lightweight Vilene. Buttons
are brass/gold. Available in
white, navy, black and brass (a
small cutting of brass attached).
A 'top-super' dress!
Retail price 18½ gns.

148/-

Bazaar Workshops Limited
Directors: Mary Quant   Alexander Plunket Greene   Archibald McNair   Catherine McNair   Francis Morley

37 │瑪莉官
為「狂奔」所製的時尚素描,加上布料樣本,1962年
V&A：E.250-2013

38 │瑪莉蘿絲・麥克奈爾為「狂奔」擔任模特兒,1962年
照片由麥可・瓦里斯拍攝
瑪莉官資料庫

39 │瑪莉官
「狂奔」,1962年
亞麻與滌綸
由伊莉莎白・吉本斯所穿
V&A：T.42-2013

40 ｜西里雅‧哈蒙德為瑪莉官廣告擔任模特兒
《哈潑時尚》，1962年10月

照片由泰倫斯‧多諾凡（Terence Donovan）拍攝

41 ｜瑪莉官
背心效果連身裙裝，加上襯衫與領帶，1962年
羊毛粗花呢、棉與絲綢

由伊莉莎白‧吉本斯所穿
V&A：T.38:1to3-2013

官的模特兒

史蒂芬妮・伍德

　　瑪莉官的模特兒加上官本人，在國際上界定並倡導了瑪莉官品牌的「風格」與特質。這些攝影模特兒出現在官代表性設計的影像中，照片則是為了媒體而拍攝；而她雇來在每季展示會和時裝秀擔任模特兒的對象，在這時期都位居模特兒風格的革新風潮最前端。

　　模特兒這個職業於1870年代低調地出現，當時如查爾斯・弗瑞德里克・沃斯（Charles Frederick Worth）等女裝設計師，都開始使用活人模特兒（或稱「人體模型」〔mannequins〕），在他們的高檔時裝店中為顧客展示服飾。「模特兒」一詞在法國有不同意義，在當地指的是為藝術家擺出裸姿的女性。[1]在斯文社會中，人們通常將模特兒視為不討喜的行業，並用「模特兒」一詞來委婉掩飾較不受歡迎的女性職業。一直到1940年代，這項職業才稍微受到認同，而到了1950年代，它成了名聲良好的女性能從事的可敬職業。

　　1950年代的模特兒世界由上流社會的女性所宰制，她們經常和貴族成員締結「良好」婚姻：對象可能是公爵或男爵，或是像時裝模特兒珍・唐奈（Jean Dawnay）一樣嫁給王子。[2]長期以來，時尚界都將成熟的世故份子，提倡為所有年輕女孩都該希冀成為的極致女性，而高檔時裝店偏好的好整以暇，且經常冷淡的模特兒風格，則反映出時裝店顧客群洗練又成熟的優雅氣度。這導致模特兒會為了仿效較年長的女性，而讓自己看起來比實際年齡要老得多。

　　對克里福德・柯芬（Clifford Coffin）、諾曼・帕金森，特別是約翰・弗朗奇等當年的頭號時裝攝影師而言，英國模特兒芭芭拉・高倫（Barbara Goalen）弓起的雙眉、纖細蜂腰與毫無笑意的高傲神情，完美象徵了戰後的時裝精神〔43〕。照片中高倫等模特兒配戴著傳統珍珠項鍊與晚宴手套，風格僵硬且高不可攀，也完美符合《哈潑時尚》、《閒談者與旁觀者》和《Vogue》等「亮光書」（glossies）中營造的過時菁英形象。透過與約翰・弗朗奇合作，高倫成為了家喻戶曉的名字，其高級時尚形象也觸及了更廣大的受眾，《每日快報》（Daily Express）等大量發行的報紙對此廣為傳播。曾任《每日快報》與《星期日泰晤士報》時尚編輯的布里姬德・基南曾說：「這些女孩們是報紙的心肝寶貝。在即將因搖擺60年代這股流行爆炸而粉碎的世界中，她們是最後一批上流女孩。」[3]

　　當時許多最知名的模特兒，都在少數菁英模特兒學校展開職業訓練，她們在那學會打扮、化妝、擺姿勢與禮儀的技術；學習一連串端莊的傳統時尚姿勢，以及如何專業地在走路時脫下大衣與手套。[4]美國最知名的學校，是1946年成立的福特模特兒經紀公司（Ford Modeling Agency）；1950年代，英國最知名的機構則是露西・克雷頓魅力學院（Lucie Clayton Charm Academy）。它成立於1928年，剛開始是間淑女學校，此學院的校友有許多知名英國模特兒，包括費歐娜・坎貝爾－華特（Fiona Campbell-Walter）和芭芭拉・高倫，但到了1960年那個學年，才出現她們最偉大的明星：珍・詩琳普頓。

珍・詩琳普頓

畢業當天，照片中的珍・詩琳普頓站在她同學費歐娜・萊德洛・湯普森（Fiona Laidlaw Thompson）（左）和西里雅・哈蒙德（中）身旁，媒體親暱地稱她為「小蝦（the Shrimp）」，日後她成為1960年代知名度和薪資最高的模特兒〔42〕。她是第一個抗拒上世代的拘泥形式與傳統的新型態模特兒；她們年輕、自然又男孩子氣的風格，體現了1960年代倫敦的精神，與官品牌的價值觀。官解釋道：「我要看起來像真人的模特兒女

42｜費歐娜・萊德洛・湯普森、西里雅・哈蒙德與珍・詩琳普頓，她們畢業於露西・克雷頓魅力學院當天，1960年

孩……我要能誇示自身真實性的女孩，而不是像時裝模特兒般賣弄高傲的虛假氣質。」[5]

哈蒙德與詩琳普頓都出現在1960年代早期一些經典照片中，宣傳官的設計。西里雅·哈蒙德獲選在1962年首批瑪莉官廣告之一中宣傳該品牌，哈蒙德與詩琳普頓經常穿著瑪莉官服飾一同拍照，包括那年在《每日快報》上兩張由約翰·弗朗奇拍攝的照片〔30，45〕。

1942年，詩琳普頓出生於位在白金漢郡（Buckinghamshire）的一座農莊。比起時尚，她對馬和狗更有興趣，也描述自己的早年生涯「笨拙又男孩子氣，比較像是我愛的小馬，而不是少女；我還有很長一段路要走，也有很多事得學。」[6]17歲的她於1959年來到倫敦，以完成秘書學程。不過，當許多人建議她成為模特兒後，就種下了這念頭的種子，不久，詩琳普頓便進入了露西·克雷頓魅力學院。對官而言，詩琳普頓是宣傳官風格完美的模特兒，她還用詩琳普頓的「纖細長腿」，作為芭札爾店家中的假人範本。[7]她解釋道：「珍·詩琳普頓是我認識最美的模特兒，和她沿著切爾西的國王路行走，就像是穿越裸麥田。當她踏上街道，強悍的男人們便立刻東倒西歪〔44〕。」[8]詩琳普頓在其自傳中說：「缺乏淑女氣質、帶著男孩子氣又與眾不同的風潮出現時，我正好出道，某些角度看來，也造就了我的成功。我知道剛好出現在當時的自己，有多麼幸運」，這幾乎是在影射官的設計。[9]

　　詩琳普頓加入模特兒業的時間點，碰上攝影風格與雜誌出版上的發展，這些趨勢反映出戰後英國改變中的文化背景，與剛萌生的年輕文化。這兩項發展的核心，都具有對年輕的全新褒揚，也對這時期的模特兒風格帶來深刻影響。1955年，預期到新世代年輕消費者需求的官，已經開始革新時尚。英國時尚出版業也經歷了轉變，《Vogue》於1955年刊載了〈年輕想法〉單元，幫助宣傳穿著官這類新設計師的設計的年輕模特兒。1957年，《女王》雜誌從舊建置派刊物，全面改變為用語機智的青春雜誌，瞄準了剛萌生的年輕市場。下一世代時尚攝影師的到來，包括約翰・科旺（見第80頁）與由大衛・貝里、泰倫斯・多諾凡與布萊恩・達菲（Brian Duffy）組成的「恐怖三人組（The Terrible Trio）」，催生出充滿張力的報導式攝影，也使人們越來越常在攝影工作室外拍攝模特兒照。[10]

　　詩琳普頓的事業與她和貝里之間的關係（1960年到1964年之間，她幾乎只與貝里合作）已成為時尚傳奇，無疑也讓他們的名氣扶搖直上。她和貝里在1962年4月《Vogue》的〈年輕想法西傳〉中的知名照片，涵蓋了她在紐約街頭為好幾項瑪莉官設計拍攝的模特兒照〔46〕。這在當時史無前例，因為照片不做作的紀錄片風格，拍下了在自然光源下詩琳普頓擺出的自然姿勢，周圍環繞著真實人群。詩琳普頓放鬆的鄰家女孩外型，界定了1960年代早期的官風格：那是種民主般的美感，和先前的流行令人耳目一新地不同。現在每個女孩，都想變得像珍・詩琳普頓。

葛莉絲・柯丁頓

儘管她身為美國版《Vogue》創意總監的身分較廣為人知，葛莉絲・柯丁頓（Grace Coddington）是於1959年以模特兒身分出道。她離開自己在北威爾斯安格爾西島（Anglesey）上的家，18歲的她開始在騎士橋擔任服務生，以支付她的模特兒學校費用。[11]為《Vogue》贏得模特兒比賽後，她便迅速在倫敦打響名號，和攝影師泰倫斯・多諾凡成為朋友，並和其他模特兒一樣，成為官與普倫凱特・格林的社交圈成員之一。柯丁頓說：「和我經常相處的切爾西藝術份子們，每晚都在馬坎紋章（Markham Arms）聚會，那是間位於瑪莉官國王路店家芭札爾隔壁的吵鬧酒吧，我也成了芭札爾的忠實顧客……」[12]

這張1967年的照片中，她穿著官最喜歡的設計「香蕉船（Banana Split）」，人稱「鱈魚（The Cod）」的她，回想起穿著官風格逐漸變短的裙擺時，走上公車階梯有多危險〔47〕。[13]由於她「混合了時尚技術、美麗（與）時髦的單純性」，使她成為官最喜歡的模特兒。[14]她男孩子氣的外表和剪短的頭髮，完美反映出1960年代官設計逐漸中性化的方向。她體現了官的風格，不只由於她是早期的高檔時裝模特兒，也是維達・沙宣的繆斯女神，還著了經典的維達・沙宣五點髮型，這也成為官在1964年的招牌形象〔93〕。[15]2012年一場訪談中，她強調了沙宣與官對女性生活做出的貢獻，並說：「瑪莉官解放衣著後，維達解放了頭髮……他把我的頭髮剪成蘑菇頭（bowl cut），徹底改變了髮型，之前只有抹了髮膠的僵硬髮型。忽然間，妳能甩自己的頭了——那是60年代的重大時刻。」[16]官強烈反對主宰1950到1960年代早期上了髮膠、過度膨脹又不自然的髮型，並說：「我覺得傲慢的是……留了極度做作的華麗髮型，看起來就像結婚蛋糕或帽子……僵硬到如果你碰觸它，會覺得那根本不是頭髮。」[17]

47 ｜葛莉絲‧柯丁頓為「香蕉船」裝擔任模特兒，1967年
瑪莉官資料庫

48 ｜吉兒‧肯寧頓為瑪莉官製作的白色PVC雨衣和帽子擔任模特兒
照片由約翰‧科旺拍攝，由恩尼斯汀‧卡特為《星期日泰晤士報》訂製，1963年
恩尼斯汀‧卡特資料庫（Ernestine Carter Archive），巴斯時尚博物館

49 ｜吉兒‧肯寧頓擔任「糖果棒（Candytwist）」洋裝的模特兒「瑪莉官以考特爾材質設計」，編織花紋，約1966年
瑪莉官資料庫

將她的寶馬迷你汽車（Mini），烤漆成和她在1960年代早期深愛的瑪莉官西裝相同的紫色。她十八歲擔任哈洛百貨公司的採購時，在午休時間首度發現了瑪莉官產品，當時她正一如往常地在騎士橋的芭札爾分店逛街。但當她一成為模特兒，就和官結下私交，負責引薦的是她的密切合作對象：攝影師約翰‧科旺。她在1962到67年從事模特兒期間，經常在時尚媒體出現，將她代表性的活力與青春氣息用來宣傳官風格；等到她成為攝影師的事業後期，則在1987年為官與普倫凱特‧格林拍下照片〔190〕。

吉兒‧肯寧頓

維達‧沙宣的鮑伯頭髮型成為瑪莉官造型的招牌特色，因此到了1966年，許多瑪莉官的模特兒便採用這種髮型，並鼓勵她們在時裝秀上甩頭，以完整展示動作上的自由。英國模特兒吉兒‧肯寧頓（Jill Kennington）的頭髮比別人更長而秀麗，因此為官的時裝秀和產品（像是瑪莉官的考特爾〔Courtelle〕編織花紋〔49〕）擔任模特兒時，便有人建議她戴上沙宣做的鮑伯頭假髮：官想推廣品牌強勁又有凝聚力的形象。

如同柯丁頓，肯寧頓也成為芭札爾的死忠消費者，並形容自己「永遠是官女郎」，還

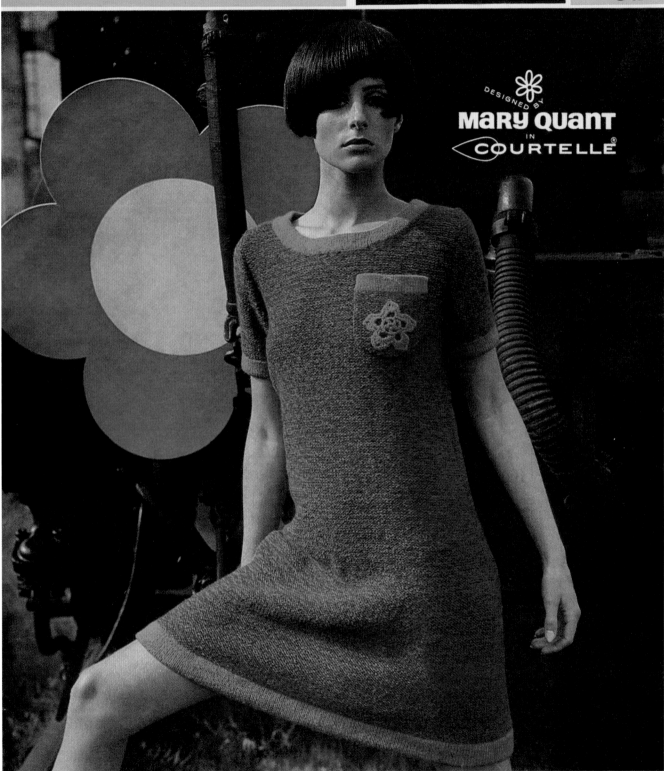

DESIGNED BY
MARY QUANT
IN
COURTELLE®

50 ｜吉兒‧肯寧頓為「英格蘭銀行（Bank of England）」
擔任模特兒
《Elle》雜誌，1963年

51 ｜崔姬為瑪莉官的服飾套組擔任模特兒
《星期日泰晤士報》，1966年10月23日
照片由泰倫斯‧多諾凡拍攝

崔姬

崔姬（Twiggy）又名「嫩枝（The Twig）」，
本名寧斯利‧漢拜（Lesley Hornby），1949
年出生於北倫敦的尼斯登（Neasden），父
母是勞工階級，[18] 僅僅16歲的她就踏上了時
尚舞台，從週末在美髮店打零工的女孩，成
為「1966年的臉龐」。[19] 時尚媒體經常強調
她孩童般又帶男孩子氣的外表，《巴黎競賽》
（Paris Match）則宣稱：「男孩或女孩？都
不對！是崔姬！（Garçon ou fille? Non! C'est
Twiggy.）」[20] 這個肯寧頓口中「新來的菜鳥」
[21]，她流浪兒般的青少年體型，纖細的雙腿和
宛如洋娃娃的臉孔，畫上去的假睫毛加重了
這種形象，也完美符合官頑皮的中性設計。
在長期借用傳統男裝與童裝後，擁有細瘦X
型腿的崔姬在1966年的到來，強調了官的裙
襬：正好位於膝上〔136〕。官持續倡導年輕
文化，反映在崔姬兒童般的誇張形象上，在
她1966到70年短暫的模特兒生涯中，界定
了官風格，並承襲了她偶像珍‧詩琳普頓的
風範。她的中性外表在這張1966年的照片中
特別顯著，她擺出經典的笨拙姿勢，身穿激
進派背心和短褲組合，加上白襯衫和黑領帶
〔51〕。她的勞工階級出身與考克尼腔調，和
宰制1950年代模特兒業的上流女孩形象截然
不同。攝影師賽西爾‧比頓說：「當今的外觀
風格來自下層社會，口袋裡有錢的勞工階級
女孩，和青澀名媛一樣時髦。崔姬就是這麼
回事。」[22]

伸展台模特兒

官從籌備首場時裝秀開始,就清楚得以不同方式呈現自己的作品。她那背面成對與簡單線條設計,剛出現時相當激進,現在也需要同樣激進的呈現方式。當她得在國際商展和「英國時尚界大佬們」競爭時,這點特別重要。[23]官提起1950年代晚期一場在聖莫里茲(St Moritz)的時裝秀:「打破整場晚宴節奏唯一的方法,就是大聲播放爵士樂,並讓女孩們快速用滑稽瘋狂的方式跑進來,人們就該這樣看見我的衣服。」[24]她做出結論:「沒有觀眾看過這種東西。」[25]

官的時裝秀和當時主流設計師採用的沙龍風格展示方式完全不同。她偏好使用攝影模特兒來展示作品,而非沙龍模特兒,她們不會如遊行般走過伸展台,而是甩動身體,一路上擺出戲劇化的姿勢。有趣的是。主要擔任攝影模特兒的葛莉絲·柯丁頓和吉兒·肯寧頓,在1960年代中期依然選擇參與瑪莉官時裝秀,並說比起其他設計師的秀,瑪莉官的場子要來得好玩許多。[26]

這些時裝秀充滿樂趣、活力、高速與動作,模特兒們隨著官與普倫凱特·格林熱愛的「熱爵士樂」狂舞。[27]官如此描述她的展示風格:「當我展示作品時,我知道自己想

52-5｜瑪莉官的激進派時裝
秀，1966年

瑪莉官資料庫

讓女孩們移動……充滿活力地蹦跳。」[28]某
場1966年時裝秀的一系列照片，捕捉到了她
展示方式傳達的活力與動作〔52-5〕。官設
計中體現了對青春的頑皮讚美，其中一名模
特兒邊走路邊舔棒棒糖的姿勢，便反映出這
點〔54〕，另一人則綁著馬尾，穿著童裝般
的毛巾料連身褲（romper suit）一面劈腿
〔52〕。官在設計中自由地認同了對青春的讚
美，也偏好不正式的頑皮展示風格，其中經
常強調青春期主題：「我不想長大，或許這點
有關聯。」她也補充說明自己注意到的事：

青春期少女……12歲或13歲時走路或
移動的方式，加上那股輕鬆與優雅氣

度……更像是舞者，還比……僵硬的
高跟鞋走法，和步履蹣跚的裙裝走法更
吸引人……這代表……下緣寬闊的短
裙……這樣妳才能走路！[29]

透過夾層與樓梯，芭札爾的騎士橋分店
提供了籌辦媒體發表會的良好設計〔181〕（見
第196頁），而在官於1958年開店時用革新
方式展示商品，並取得熱烈迴響後，後續產
品便經常在店裡發表，每季都會找來一小群
最受人歡迎的模特兒。但隨著芭札爾騎士橋
分店於1969年歇業，每季的媒體發表會遷到
餐廳舉辦，也經常改到薩伏伊飯店（Savoy
Hotel）。1970年代擔任瑪莉官公司公關經

理的海瑟‧提爾伯瑞‧菲利浦斯回想道：

> 我們只和極少數模特兒合作，或許只
> 有四人……最多六人，這代表變化的
> 速度很快。潘蜜拉（Pamela）管理
> 行走順序，我經常處理編舞。[30]梳妝人
> 員來自工作室或辦公室員工……不見
> 得每次都有伸展台，女孩們也經常得
> 在桌間走動，記者們則坐在桌邊和她
> 們聊天，雙方都互相熟識。其中通常包
> 括當紅模特兒，像是卡琳娜‧費札蘭—
> 霍華（Carina Fitzalan-Howard）、羅
> 蘭‧奈勒（Lorraine Naylor）、哈佐‧
> 柯林斯（Hazel Collins）〔56〕、烏麗
> 卡（Ulrika）、瑪麗‧赫爾文（Marie
> Helvin）、維奇‧賀吉（Vicki Hodge）
> 和伊卡‧辛德利（Ika Hindley）〔57〕。
> 時裝秀大多在早餐時間舉行，這
> 樣照片就能在午餐後登上《旗幟晚
> 報》（*Evening Standard*）與《晚報》
> （*Evening News*），地方媒體、全國媒

體和國際媒體也能在隔天早上取得新
聞。「標準」的官女郎大約有5呎8吋
高，胸圍34吋，腰圍24吋，臀圍則
是34吋，身材較像男孩子，而非漏斗
型。瑪莉往往偏好中性外型，但也會使
用女性洋裝和花邊。[31]

出口英國感

　　珍‧迪‧索札（Jan de Souza）在1966
年這張照片中站在左二處，還有官（中）和
其他三名模特兒都穿著官的設計；從1962
到64年，瑪莉官雇用她為激進派品牌全職
模特兒（第2-3頁）。她主要在位於南莫爾
頓街9號的激進派展示廳（Ginger Group
Showroom）工作，擔任服飾模特兒，將產
品展示給採購員看，加上在媒體和國際商展
從事模特兒工作。

　　瑪莉官「外型」對品牌而言相當重要，

使得迪‧索札等品牌模特兒，和莎拉‧道森（Sarah Dawson）〔117〕與卡麗－安‧莫勒（Kari-Ann Muller）（她使用「漫遊式（rangy）」[32]的放鬆方式進行模特兒工作）等受歡迎的常客模特兒，都在將官品牌推銷到全世界上時扮演了要角。在國際上展示時，官總是偏好帶自己的模特兒飛出國，而不使用當地的「大胸脯類型」，她們沒有她「理想的模特兒身材」。[33]1964年為了和普利頓時裝的「青春震盪（Youthquake）」合作（見第118頁），官與普倫凱特‧格林在美國展開了旋風般的多點巡迴宣傳，在每個場地舉辦時裝秀。為了省錢，主辦人們提議每場時裝秀都使用當地模特兒，但官對此作法的負面效應相當關切，使普倫凱特‧格林要求使用他們的常用模特兒莎拉‧道森（右）與珊蒂‧摩斯（Sandy Moss）（中）〔102〕。他注意到

：「讓這場巡迴起效用唯一的方法……就是讓我們帶自己的女孩們同行，她們有『那種外型』，認識我們，認識衣著，也清楚展示它們的方式。」[34]在國際上，特別是在美國，官的模特兒們短至膝上的裙襬、自由飄逸的頭髮和現代化的舉止，成了官旗下古怪英國品牌的縮影。官辦識出品牌中這項獨特英國感的文化特徵。結果，越來越多模特兒被拍到跟英國建置派的象徵合影，像是切爾西退休軍官（Chelsea Pensioners）〔59-62〕、騎兵衛隊（horse-guards）、雙層巴士、電話亭和聯合傑克旗（Union Jack flags）〔51〕。1968年，露西‧克雷頓魅力學院出版了一本書，內容強調倫敦女模特兒外型的國際名聲。[35]

模特兒多樣性 1965-75

官風格從1960年代晚期到1970年代的演變，反映出該時代時尚中流行的折衷主義與念舊思維，這點也反映在獲選來宣傳品牌的模特兒多樣性上。本名為佩姬．安．弗里曼（Peggy Ann Freeman）的唐雅勒．露納（Donyale Luna），於1945年出生在底特律，1965年搬到倫敦，並於1966年3月，成為史上第一個登上英國版《Vogue》封面的黑人模特兒，照片由大衛．貝里拍攝。[36]儘管當時露納的故國美國經歷了種族隔離與暴力，她在歐洲卻成為搶手的模特兒，經常與瑪莉官和其他頂尖設計師合作。崔姬得到「1966年的臉龐」名號同年，美國的《時代》雜誌刊出了一份文章，宣稱該年為「露納年（The Luna Year）」，並描述她「無疑是歐洲最當紅的模特兒」，也提及她「驚人的奇異性」。[37]此處照片中的她，扭曲著自己婀娜的身軀，身穿瑪莉官的前拉鍊緊身衣；官用這份1966年的廣告，協助對抗種族歧視活動（Campaign Against Racial Discrimination）募款[63]。露納和同為官模特兒的佩姬．墨菲特（Peggy Moffitt）繼續出現在一連串藝術片和時尚電影中，包括《你是誰，波莉．瑪古？》（*Who Are You, Polly Maggoo?*）（1966年），直到露納33歲時英年早逝。

凱莉．威爾森（Kellie Wilson）是另一位攝影模特兒，她在1960年代中期的非裔美國人民權運動（Civil Rights Movement）高峰時飄洋過海，想找尋更好的工作機會。擁有玻里尼西亞和非裔美國人血統的威爾森，在芝加哥取得心理學學士學位，但難以在紐約找到可靠的模特兒工作。[38]搬到巴黎後，她迅速在不少巴黎高級時裝店成為炙手可熱的模特兒，也經常擔任攝影模特兒，1966年時在時尚媒體為官宣傳[61]。照片中的威爾森，身穿草莓主題的瑪莉官紫色緞製襯衫和同色短褲，布萊恩．達菲於1966年為《星期日泰晤士報》雜誌拍下這張照片。吸吮冰棒的動作，強調了她放鬆的姿態，並反映出這套休閒服飾組合的頑皮特性，以及它提供穿戴者的動作輕盈感[64]。

官所有模特兒中最多變的人，可能是亞曼達．李爾（Amanda Lear）；1960年代晚期到1970年代早期，她經常為官擔任攝影模特兒和走秀模特兒[156]。她的過去罕有人知，但大多人認為李爾於1965年開始職業模特兒生涯，並讓自己躍上搖擺倫敦的中心。她多變的事業橫跨了不少領域，包括模特兒、畫家、歐洲流行音樂歌手、演員與電視主持人。她曾在羅西音樂（Roxy Music）現已成為經典封面的1973年第二張專輯《順你的意》（*For Your Pleasure*）上出現，那15年間，她也是超現實藝術家薩爾瓦多．達利（Salvador Dalí）的繆斯女神與親密好友。[39]

長久以來的傳言認為，李爾展開模特兒生涯前，曾使用過佩姬．多斯洛（Peki d'Oslo）的藝名，在巴黎的卡魯賽爾俱樂部（Le Carrousel Club）表演變裝女郎秀。根據知名變性模特兒與藝人愛普兒．艾許利（April Ashley）所述，李爾的本名是亞倫．塔普（Alain Tap），1950年代與1960年代早期，她們曾一同在卡魯賽爾俱樂部工作。[40]官曾在回想起李爾參與過的傑西潘尼巡迴宣傳時，影射過李爾的變性背景：

> 我們訂了雙人房，讓模特兒們共用。但女孩們之間掀起了一陣傳言：「我不要和她共用房間——她是男人。」……一直有關於這件事的傳聞……亞曼達確實很高，骨架也像男性……當然了，隨著巡迴進行，女孩們吵了起來，她們說：「換我跟亞曼達一起住。」，「不對，換我了！」[41]

Mary Quant, David Bailey, Donyale Luna, David Anthony
and Tom Wolsey got together to make this picture
because they're all terrific C.A.R.D.s

64｜凱莉·威爾森為瑪莉官內
衣系列中的緞製襯衫和成套短
褲擔任模特兒，1966年
照片由布萊恩·達菲拍攝

65｜亞曼達·李爾為瑪莉官衣
著組合擔任模特兒，與官和普
倫凱特·格林合影
《星期日電訊報》雜誌，1973
年5月25日
照片由泰倫斯·多諾凡拍攝

　　肯定屬實的是，李爾一直是官最喜歡的模特兒之一，除了在國際巡迴時代表品牌外，她也獲選和官與普倫凱特·格林一同在《星期日電訊報》雜誌（Sunday Telegraph）代表品牌，身穿官在1973年秋冬裝中最喜歡的設計〔65〕。[42]

　　官對模特兒的選擇，反映出當時不斷改變的理想美感。每個定義了官外型的模特兒，隨後都會象徵當代的理想女性。這是模特兒業的新世界秩序，青春、動態與表達上的自由得到無上重視：模特兒變得越來越年輕，外表也越來越接近真實年齡，或是看起來更小；髮型變得更自然，甩動得也更自由；面具般的妝容變得頑皮又有趣；放鬆又自然、之後變成宛如孩童般的傻呼呼姿勢，取代了前一代模特兒在攝影工作室中控制嚴謹的靜止姿態，也越來越常在街頭拍攝。

　　走在伸展台上的模特兒有種活力與動感，當時的照片也捕捉了那種氛圍。官服飾的簡單形狀和行動上的便利，使模特兒能夠自由舞動奔跑，而當裙擺變得越來越短，模特兒雙腿的動作就變得越來越明顯，也更為重要。

　　官為所有人宣傳時尚、而不是只為了少數菁英的理念，反映在她對模特兒的選擇，她們越來越常來自更多樣化的背景。模特兒業再也不像1950年代一樣，專屬於上流社會的女孩。

攝影詮釋

蘇珊娜・布朗

「現在似乎很流行把攝影師當電影明星般對待。」[1]

　　《初生之犢》（*Absolute Beginners*）是柯林・麥克因斯（Colin MacInnes）1959年的小說，書中的無名青少年主角是位野心勃勃的自由攝影師。劇情的中心是1958年夏天的倫敦：剛萌生的年輕文化，經常出現在酷炫的咖啡店、搖滾俱樂部和煙霧瀰漫的爵士酒吧。在他的世界中，穿著義大利運動服飾的摩德族偶然碰上身穿鬆垮外套的泰迪男孩（teddy boys）、諾丁丘（Notting Hill）的加勒比海居民、切爾西男妓、娼妓、音樂家與毒蟲。他夢想著成功與財富，他的英雄則是新世代的英國攝影師，這些活躍又充滿男子氣概的人，會和美女同床共枕。他期望靠在雜誌和報紙上刊載自己拍攝的照片賺錢，或許還能「在某處舉辦豪華的展覽」。[2]

　　這篇文章探討了麥克因斯的虛構角色想效仿的真實攝影師們的事業。作者的靈感來源包括安東尼・阿姆斯壯・瓊斯，他幽默又輕快的形象，動搖了英國版《Vogue》的既定秩序，並炒熱了刊物的氛圍；當時它還多少保留著菁英角度與舊式風貌。阿姆斯壯・瓊斯與瑪格麗特公主在1960年的婚姻，為攝影業帶來了聲望，也強化了英國攝影師的名人形象。阿姆斯壯・瓊斯曾在國王路128號的阿利斯特・朱爾丹工作室（Alister Jourdan Studio）工作，阿奇・麥克奈爾於1952年成立了這家工作室。在肯辛頓和切爾西的新時髦地帶，特別是在國王路上，麥克奈爾首度見到瑪莉官和亞歷山大・普倫凱特・格林。[3]三人立刻明白，攝影在塑造他們新公司的身分、和向更廣大的客群宣傳品牌上至關重要。官服飾和日後化妝品的照片，不只呈現給「亮光書」（諸如《哈潑時尚》和《Vogue》）的高級時尚讀者，也透過主流報紙中的圖片，傳達給更廣大的受眾。這篇文章將討論優秀攝影師如何回應官的服飾，並捕捉「那種外型」與品牌哲學。

　　1950和60年代，許多時尚和肖像攝影師選擇將工作室設在肯辛頓和切爾西，官也與不少攝影師結為好友。他們成為聚集在亞歷山大位於芭札爾樓下餐廳的時尚賓客群，官在2009年回想道：「每個人都會去那裡，從碧姬・芭杜（Brigitte Bardot）到所有攝影師……以及所有電影導演。」[4]其中一人是約翰・科旺，他於1958年在切爾西的歐克利街98號a開了家工作室，並在隔年搬到富勒姆路426號。他拍下官與普倫凱特・格林工作與社交的畫面，包括一張記錄他們籌備一扇新展示櫥窗，以及1960年時他們如同典型年輕切爾西夫婦般共舞的畫面[66]。

　　科旺是個高大金髮、充滿魅力的大膽人物，他從事過許多職業：飛行員、店家助理、司機和旅行經紀人，之後才成為攝影師。官仰慕他「直來直往的魅力、精力，和對生命的熱情」，他們樂於長時間討論「攝影、風格、時尚和爵士樂」。她回想道：「他總是準備好參與任何事。我們都有這種熱忱。他讓我想到飛機和汽車。」[5]當科旺的模特兒們帶著雜誌頁面難以容納的精力，舞動、俯衝和蹦跳時，照片中便瀰漫出鮮明活力。畫面結構與高對比印刷加強了這種效果：鮮豔的明亮處，和漆黑無比的陰影。攝影史學者菲利浦・嘉納（Philippe Garner）在他研究科旺的優異專著中解釋，阿姆斯壯・瓊斯出版於1958年的書《倫敦》（*London*），可能是科旺的靈感來源。[6]在介紹中，阿姆斯壯・瓊斯描述了他的心態：「我相信照片應該維持技術上的單純，看起來也該順眼……它們的目的是讓一般人做出反應；我使用一台非常小的相機，和少許器械，完全不使用人造光源……得迅速拍下［照片］。不該說『等一下』……就像試圖憋氣一樣，你會發現自己失敗了。」[7]

這項作法與馬丁‧蒙卡西（Martin Munkácsi）一致，他在1930年代首度鼓勵使用報導式手法拍攝時尚相片，並在1935年11月的《哈潑時尚》中寫道：「永遠不要讓你的目標擺姿勢，讓他們自然移動。當今所有偉大的照片都是快照，看看背影照，看看奔跑照，現在的相機讓我們能拍下千分之一秒的畫面。挑選出乎意料的角度，但永遠不要隨便這樣做。」[8]前輩們只能困在工作室中，使用裝在沉重三腳架上的笨重大型相機，新世代則用萊卡（Leica）等可攜式相機，並使用35釐米膠捲，擁抱用更高的速度與寫實性在戶外工作的機會。

科旺將他的新聞攝影美感帶到都會街頭，使用倫敦的地標作為動態拍攝時的背景。照片成品成為新舊元素的刺激碰撞，結合了年輕時尚和英國建置派的傳統符號。在一張名為〈搶先護衛一步〉（Stealing a march on the Guards）的照片中，模特兒瑪莉－法蘭絲（Marie-France）穿著官縫有黑色飾扣的格紋大衣，配上黑熊皮風格高帽〔67〕。大衣的幾何花樣，反映在鐵欄的垂直與水平線條上，陰影、鋪路石和她寬闊的步伐，傳達出目的性和自由感，與蒙卡西發表於1934年的知名照片〈跳過水漥〉（Jumping a Puddle）相仿。

科旺的報導式手法和大膽態度，使他在時尚雜誌和國內媒體取得成功，他則在與吉兒‧肯寧頓的合作中，找到最強大的靈感；肯寧頓在1962年早期展開模特兒生涯。1940年代和1950年代大多數攝影模特兒，都學會了一連串端莊文雅的固定姿勢，她們如同雕像般待在炙熱的工作室燈光下，攝影師則將一捲底片放進大型相機。在大師手中，相片成品或許極度優雅，但看起來也可能顯得高傲或僵硬，面具般的妝容和上了大量髮膠的髮型，加重了這種效果。相反地，肯寧頓在相機前自然地移動，而她的運動能力和凌亂的頭髮，則完美地適合官的設計所允許的動

作自由度。勇敢又精力充沛的她，是英國新一波模特兒中，體現了官品牌思維的對象之一。[9]

肯寧頓與科旺的化學反應，使兩人緊密合作超過四年，最活躍的時期則是1962到64年，肯寧頓日後解釋道：「我們的團隊合作，將以往的模特兒地位從衣架子提升到藝術層級。」[10]1964年4月1日，科旺的展覽《透過能量，詮釋衝擊》（The Interpretation of Impact through Energy）在肯辛頓高街（Kensington High Street）上的高登相機店（Gordon's Cameras）舉行。官與普倫凱特‧格林參加了開幕派對，展覽則廣受好評，《每日快報》還刊登了一篇報導，強調他「勇於嘗試一切的戶外模特兒。」[11]除了拍攝穿戴官設計品的模特兒外，科旺也記錄了她一些傑出的陳列櫥窗。官在1966年的自傳中，描述了其中一扇陳列櫥窗，可能是受到科旺對意料之外的有利角度、和他促使模特兒拓展極限的能力所啟發：「我們很期待在週六晚上擺設櫥窗，玩得很開心。有一次，我們把一尊攝影師假人的腳綁在天花板上，拿著台巨大的舊式相機，聚焦在一隻同樣以誇張角度懸掛的鳥身上。我們想營造出的形象，是這裡有件值得用任何角度觀賞的獨特洋裝。」[12]

科旺獲選來拍攝官在巴黎首場時裝秀（PVC製的「雨天系列」〔Wet Collection〕），時裝秀在1963年4月於克里雍酒店（Hôtel de Crillon）舉行，參與的模特兒有吉兒‧肯寧頓、潘妮‧派翠克（Penny Patrick）、瑪莉蘿絲‧麥克奈爾、維琪‧沃恩（Vicki Vaughan）和吉兒‧史汀奇康柏，加上美國記者狄‧威爾斯（Dee Wells）11歲的女兒葛莉‧威爾斯（Gully Wells）。科旺的膠捲流瀉出他富含生命力的特色：

> 他想拍下整場活動的氛圍，不只是服飾，因此他四處拍攝，還爬到貴賓席近

距離拍攝……時裝秀繼續以高速進行，背景則播放著爵士樂。我們在15分鐘內展示了約60件洋裝與西裝……會場上沒有任何尋常時尚模特兒常有的矯揉造作、不時停下腳步的風格式動作。這些女孩大多是攝影模特兒，因此當她們在走秀中停下來時，便自動擺出你會在亮光書上的時尚頁面中看到的傲慢姿勢。這種展示方式至今依然讓人感到吃驚。[13]

隨著官更加頻繁地在巴黎舉辦時裝秀，她開始在1月與7月的時裝秀前的星期一，於洛萊畢森飯店（Le Relais Bisson Hotel）安排午餐派對。除了科旺和肯寧頓外，賓客們還包括恩尼斯汀‧卡特、尤金妮雅‧薛帕德（Eugenia Sheppard）、艾瑞絲‧艾許莉（Iris Ashley）、芭芭拉‧葛里格斯（Barbara Griggs）、莎莉‧柯克蘭德（Sally Kirkland）、派西‧薩瓦奇（Percy Savage）和諾曼‧帕金森。[14]帕金森屬於較早期的紳士攝影師，另外還包括英國的賽西爾‧比頓和約翰‧弗朗奇，還有美國的霍斯特‧P‧霍斯特（Horst P. Horst）與埃爾文‧佩恩（Irving Penn）。在史佩亞特公司（Speaight Ltd）與皇室攝影師受訓後，帕金森便於1934年在倫敦的多佛街開了工作室，隔年則加入《哈潑時尚》，並於1940年代初進入《Vogue》。和比頓一樣，他具有裁縫天賦和高貴的抱負，也避免使用他有些平凡的本名羅納德‧史密斯（Ronald Smith）。兩人的事業都相當漫長，但比頓熱愛戲劇化的技巧，也經常影射18世紀和19世紀的繪畫，帕金森則採用新式報導風格。

帕金森與《Vogue》的合約於1959年終止，而羅賓‧謬爾（Robin Muir）解釋，這一年對這位攝影師和英國時尚雜誌都很重要：

照片由諾曼・帕金森拍攝

「年輕設計師們爬上切爾西堤岸（Chelsea Embankment）。第一排從左到右：29歲的瑪莉官，她丈夫亞歷山大・普倫凱特・格林，和34歲、蓄著八字鬍的肯尼斯・史威特（Kenneth Sweet）。後頭則是29歲、珍與珍公司（Jane and Jane）的珍・謬爾，29歲的傑拉德・麥肯（Gerald McCann），26歲的琪莉・拜恩，和29歲的大衛・沙宣（David Sassoon）。抓著燈柱的是25歲的莎莉・圖芬（Sally Tuffin），24歲的瑪莉恩・福爾（Marion Foale），和女帽匠詹姆斯・魏吉（James Wedge）。」

1950年代的最後一期《Vogue》中，包含了一篇由羅傑・梅恩（Roger Mayne）所做的專題攝影，主題是青少年的崛起。他在同年為柯林・麥克因斯的典型倫敦小說《初生之犢》拍攝書封照。文化的改變明顯到使《Vogue》別無選擇，只能全力支持該主題。因此，對英國的「頭號時尚雜誌」而言，1960年代稍微提早開始了。馬丁・哈利森（Martin Harrison）正確地察覺到，帕金森為《Vogue》拍攝的最後兩項作品（為〈年輕想法〉所拍下的瑪莉官洋裝，以及劇作家思拉・德蘭尼〔Shelagh Delaney〕的個人照；她是描繪英國勞工階級生活的「平凡人生」戲劇支持者）「都屬於嶄新十年的文化氛圍。」

《女王》雜誌也經歷了類似的文化改變。於1959年至1964年擔任特約編輯的帕金森，和出版商喬斯琳・史帝芬斯與編輯碧翠絲・米勒共事，將《女王》從肅穆的社會雜誌，轉變為最新穎的時尚刊物。身穿官與她同代設計師的店舖衣著、外表更可親的模特兒，逐漸取代穿著僵硬禮服的青澀名媛與上流社會美女〔68〕。官本人宣稱「虛榮已經不再流行了」[16]；麥克因斯筆下的少年攝影師，則說得更直接了當：「我對階級屁話完全沒興趣。」[17]

帕金森當時一些最令人難忘的照片，將女性描繪為獨立的搭機旅行者，拍攝地是熱帶地區，前景則有飛機、直升機、跑車和船隻。他為1961年5月的《女王》，拍下站在快艇船尾的瑞士女演員與模特兒多洛瑞絲・韋

69 | 梅蘭妮・漢普夏與吉兒・肯寧頓為「英格蘭銀行」與「伊頓中學」擔任模特兒《生活》，1963年10月18日

照片由諾曼・帕金森拍攝

塔赫（Dolores Wettach），她穿著官的水手服，這套服裝由用鈕扣連到亞麻上衣的亞麻長褲組成〔85〕。1960年代，彩色相機底片與印刷十分昂貴，許多時尚照片依然以黑白方式製成。官經常用像是緋紅色、薑黃色與葡萄紫等鮮艷色彩點綴服飾，因此為了完整敘述服飾，附加文字便相當重要。這張照片中的水手服長褲呈淡橘色，韋塔赫則用左腿擺出姿勢，突顯出褲管的些許光澤。她表現得自信無比又放鬆，顯然對身後滑水者展示的技術毫無興趣。

相對於與這種國際美感，帕金森創造出其他扎根於英國生活的照片，頑皮地將華麗的模特兒與純樸背景並列：鄉間酒吧和典型英格蘭農場。和科旺相似的是，他經常帶模特兒踏上倫敦忙碌的街頭。其中一個範例

刊載於1963年10月18日的《生活》雜誌，其中的單元叫做〈花俏的英國設計師：倫敦新風格將為美國女孩們帶來切爾西外型〉（Brash British Designers: New Styles from London will Give American Girls the Chelsea Look）〔69〕。畫面結構的對稱性相當驚人：梅蘭妮・漢普夏（Melanie Hampshire）與吉兒・肯寧頓面對鏡頭，高大的員警們則站在畫面兩側。她們的身體填滿了畫面，官的條紋羊毛洋裝也加強了畫面的垂直衝擊力。女人們的黑緣帽與白色領口，不僅框住了她們的臉龐，也影射了男人們的制服。漢普夏咬住下唇，肯寧頓則大張嘴巴；這些稍縱即逝的表情，讓照片發揮出不做作的氛圍，模糊的移動車潮也強化了這點。

70 | 蘿絲·瓦特金斯（Ros Watkins）和寶琳·史東（Paulene Stone）為瑪莉官激進派的連身裙裝擔任模特兒，1963年

照片由約翰·弗朗奇拍攝

71 | 〈整箱的官〉（瑪莉官、亞歷山大·普倫凱特·格林與9名模特兒），1966年4月1日

照片由約翰·亞德里安拍攝
國家肖像館（National Portrait Gallery）
由莎莉·帕斯摩爾（Sally Passmore）捐贈，2009年

朗奇典型的紀律，明顯出現在他將近10000份模特兒拍攝中的負片、相片與相關文件資料庫中，如今由V&A博物館收藏這些資料〔70〕。他偏好的相機，是台中片幅祿萊相機（Rolleiflex）；尋常的一天，他會拍12套服裝，每套服裝都會用12張底片的膠卷拍上2、3卷。在工作室，比起鎢絲燈，他更喜歡自然光，也是首位使用反射式打光（bounced light）的時尚攝影師，將數台反光板擺在小心擺出靜止姿態的模特兒周圍，製造出奇柔和的光線與少許陰影。每張照片在印刷前都用手工修飾，壓平了邊緣和皺褶，並撫平表面。

弗朗奇鮮少與化妝師或髮型師共事，但幸好他有工作室造型師珍奈特·坎貝爾（Janet Campbell），她擅長使用隱匿的大鋼夾、帽針與鉛錘，創造出乾淨的線條與整齊的形狀。她最喜歡的道具包括時髦的煙嘴、花束、冬季手籠與端莊的小手提包。在弗朗奇的工作室中，帶著「淑女氣」的配件（珍珠耳環、手套、手提包和高跟鞋），經常損害官設計的激進本質，但透過《每日快報》、《每日郵報》與《星期日泰晤士報》，他幫助將官的服飾宣傳給大眾。即使在廉價的印刷紙張上，他俐落的照片和官強烈鮮明的圖像也有良好效果。曾擔任《每日鏡報》助理編輯的費莉西蒂·格林，注意到「他能讓價值三堅尼的洋裝，看起來有上百萬美金的價值」，當他其中一張照片出現在某份國內報紙的晨報上時，那件服飾通常在幾小時內就會賣光。[20]

先在《每日快報》工作、後來轉到《星期日泰晤士報》的時尚編輯布里姬德·基

將「切爾西外型」傳到美國與全球，成了官在1960年代的大事業，而約翰·亞德里安（John Adriaan）也透過他的照片〈整箱的官〉（A Crate Full of Quant），幽默地描繪出該品牌的國際影響〔71〕。有只裝滿了模特兒的貨運木箱，官當時出口商品的25國中的9個國家，則顯眼地列在箱側。設計師本人驕傲地坐在木箱頂端，抓著新化妝品的樣本，而普倫凱特·格林則站在旁邊，握著一根鎚子，準備關上木箱。[18]帕金森和比頓努力適應流行世代的思維，照比頓的說法，是「與它」共存；但約翰·弗朗奇則最慣於運用他在1940年代晚期與1950年代使之臻於完美的風格。[19]第二次世界大戰期間，弗朗奇在擲彈兵衛隊（Grenadier Guards）擔任軍官，並對正式禮節和細緻精準度培養出敬意，這點對他之後的攝影生涯助益良多。弗

AUSTRALIA

FRANCE

U.S.A.

HOLLAND

GERMANY

ITALY

SWEDEN

CANADA

THE Tatler

& Bystander 2s.6d. weekly 27 Dec. 1961

PARTY TIME

72 ｜潘妮・派翠克為《閒談者與旁觀者》擔任模特兒，
1961年12月27日

照片由巴瑞・華納（Barry Warner）拍攝

73 ｜貝蒂・伯依德為〈瑪菲特小姐〉（Miss Muffet）擔
任模特兒，與滾石樂團（Rolling Stones）合影，1964年

照片由約翰・弗朗奇拍攝

女孩們移動；和貝里的照片一樣移動跳躍，散發生命力。[22]

音樂對官服裝的現場展示至關重要，同時也是貝里與他同時代攝影師相片活生生的核心，他們在工作室大聲播放音樂，也幾乎能在他們的相片中聽得到聲音。出乎意料的相機角度就像是爵士樂切分節奏，女孩們對流行樂暢快的聲響，做出愉悅的反應。拍攝了一天後，攝影師、模特兒和朋友們整晚在像是梅費爾的馬鞍室（Saddle Room）等俱樂部跳舞，那是英國第一間迪斯可舞廳。[23]音樂家們經常出現在1960年代的時尚圖片中：1964年，約翰・弗朗奇拍下了穿著瑪莉官洋裝的貝蒂・伯依德，滾石樂團圍在她身邊，這是她嫁給披頭四的喬治・哈里遜（George Harrison）兩年前〔73〕。達菲把朗尼・史葛爵士樂俱樂部（Ronnie Scott's）的「全明星（All Star）」爵士樂團帶進工作室，在穿著晚禮服擺姿勢的模特兒們身旁演奏，他也鼓勵喬安娜・拉姆利（Joanna Lumley）在他為她拍照時唱歌。達菲1963年10月1日的英國版《Vogue》封面，塔尼婭・馬利特（Tania Mallet）身穿瑪莉官的紅色PVC雨衣，吹奏著想像中的小號；更早期的《閒談者與旁觀者》封面，則描繪出穿著簡單官洋裝的模特兒，她的櫻桃紅項鍊完美搭配了她身後的閃亮鼓組〔72〕。

和貝里一樣，泰倫斯・多諾凡在服役時淬鍊了攝影技巧。多諾凡加入位於卡特里克（Catterick）的皇家陸軍軍械隊（Royal Army Ordnance Corps），貝里則在英國皇家空軍（Royal Air Force/RAF）從軍。在弗朗奇的工作室協助亞德里安・弗勞爾斯（Adrian Flowers）和約翰・亞德里安後，多諾凡1959年在自由民路（Yeoman's Row）開了自己的工作室，該店離官的芭札爾只有一小段距離。一個月後，他就為出身勞工階級，也是官親近好友之一的髮型師維達・沙宣拍照。對倫敦的年輕攝影師而言，

南，想起弗朗奇的態度似乎與他雇用的助理們截然不同：「他是個深具貴族氣息的人，也總是打扮得光鮮亮麗，非常奢華……但他找了這些來自倫敦東區的年輕人來當助理。」[21]這些年輕的工人階級考克尼人（cockney）包括泰倫斯・多諾凡和大衛・貝里，帕金森把他們和布萊恩・達菲稱為「黑色三位一體（Black Trinity）」，並成為倫敦新世代叛逆攝影師中最具名望、薪資也高的一群人。

貝里於1940年4月創立了自己的工作室，很快就為《每日快報》拍攝年輕時裝。貝里為該報拍攝的首張照片是〈1960年的秋季女孩〉（The Autumn Girl of 1960）：19歲的寶琳・史東穿著短裙，跪在枯葉間，對松鼠布偶嘪起嘴巴。這張隨和又令人訝異的圖片，對官進行時裝秀的手法產生巨大衝擊，她日後解釋道：

那是前所未見的時裝照，它就像一記刺激的耳光，帶來莫大影響。從那時開始，當我展示作品時，就知道自己想讓

74-7 | 〈對，英格蘭時尚很適合妳……〉（Yes, la mode anglaise is good for you...）《Elle》，1966年10月20日

照片由泰倫斯‧多諾凡拍攝

女人（而非服飾）是他們的主要興趣，而攝影師和模特兒在1960年代的緊密關係，也為時尚照片帶來強烈的肉慾感，約翰‧弗朗奇維持的禮貌距離則缺乏這種感覺。

貝里的首位靈感來源是珍‧詩琳普頓；達菲寵愛紅髮的寶琳‧史東；多諾凡偏愛西里雅‧哈蒙德，他將對方和女演員茱莉‧克莉絲蒂（Julie Christie）相比較。哈蒙德形容他「非常樸實又嚴格……我很怕他，因為他看起來很兇……他對我大呼小叫地下令……我發覺他是刀子口豆腐心。」[24]葛莉絲‧柯丁頓也曾為多諾凡擔任模特兒，並回想他曾從比爾‧勃蘭特（Bill Brandt）拍下倫敦郊區與貧民窟的高反差照片中取得靈感，帶他的35釐米相機到環境嚴苛且工業化的地點去，「離開貝爾格萊維亞（Belgravia），前往他年輕時居住的東區街頭……拍照總是讓人開心的活動。和泰瑞（Terry）相處時，一整天下來我總會笑到肚子發疼，他總能妥善控制局勢，不會亂搞，總是直接了當。」[25]

柯丁頓和崔姬一起出現在1966年10月20日的法國版《Elle》，那是多諾凡最動人的報導之一〔74-7〕。他在8頁中結合了彩色時裝照，以及包含典型英國特點（披頭四、擲彈兵衛隊、警察、穿戴傳統假髮與長袍的法官、獅子與王冠）的黑白照片，和亮粉紅底色。這些拼貼圖片致敬了愛德華多‧包洛奇（Eduardo Paolozzi）、理察‧哈密爾頓（Richard Hamilton）、彼得‧布雷克（Peter Blake）與湯姆‧維賽爾曼（Tom Wesselmann）；維賽爾曼會使用從雜誌上撕下的媒體與廣告照片，再加上繪畫元素。美術總監彼得‧克納普（Peter Knapp）的任期內，法國版《Elle》的頁面中經常出現普普藝術（Pop Art），多諾凡也仰慕克納普的創意天分和坦蕩態度。報導的第一頁包含了一張崔姬的照片，她穿著來自瑪莉官激進派的摩爾紋塔夫綢背心和裙子，加上白色的緞製上衣和黑領帶；這張照片原本是為《女性鏡報》（Woman's Mirror）而拍。[26]原本的照片中，崔姬站在一面龐大的聯合傑克旗下，象徵英國站在時尚最前端，也成了「倫敦外型（London Look）」的青少年代表〔51〕。

崔姬最知名的特色，就是她的大眼、短髮和纖細長腿，攝影師則透過低處拍攝點或廣角鏡頭來強化這些特點。在崔姬聲名大噪並迅速壓過先前其他模特兒名聲的同年，官因對時尚業做出傑出貢獻，獲頒大英帝國官佐勳章，義大利導演米開朗基羅‧安東尼奧尼（Michelangelo Antonioni）也釋出了他風格獨特的驚悚電影《春光乍現》（Blow-Up）。這部片設定在青年震盪的中心點，大衛‧漢明斯（David Hemmings）飾演攝影

À gauche, le fameux lion britannique. La mini-jupe l'a d'abord fait roger. Mais la robe vient de détrôner Mary Quant au vent de l'Empire, alors ? Justement ces petits « Mary Quant », en jersey pleine d'audaces : simplicement boutonné, col plat, cravate géante (385 F. au Bon Marché). À droite : hello, Bob !... Ils vendront de jolies aspirines pour soulager leurs collègues londoniens à régler la circulation pendant la « Semaine ». Et, robe pour Mary Quant, robe en jersey à col roulé zippé et petites poches (349 F. chez Hit: Paradel). Bas Écho.

Quatre garçons très dans le vent ; ils n'ont pas 100 ans à eux quatre, ils sont cotés en Bourse. Ils sont tennis en Australie ; on a tout dit sur les Beatles. Confirmons, pour le plaisir, que, malgré les bruits alarmistes, Paul McCartney (à gauche bien sûr) est plus célibataire que jamais. Et regardez de plus près ces deux robes très « Carnaby Street » : la rue la plus déments de Londres, derrière Regent's Street : ci-dessous, en crêpe, sweater à col roulé sur jupe à gros plis, casque en crêpe, ceinturon d'argent (robe tistes pour Jean Varon, 87,30 F. chez Vog). Bas lundis Mary Quant, Escarpins Charles Jourdan. À droite, robe chemisier en jersey de laine, taille basse, surpiqûres, trois petits plis plats et puis s'en vont (Mary Quant, 195 F. aux Galeries Lafayette). Bas Écho.

En 69, Rose et Helena sont reçues en grande pompe à la Chambre des Lords. Ce sont les premières Anglaises à porter perruque. Depuis Vidal Sassoon il y en eu beaucoup d'autres. Aujourd'hui chez elles, les Anglaises portent un kottiers des pyjamas en jersey comme ça. Nous aussi. Celui-ci : sweater raglan, sur un pantalon jersey (Foale and Tuffin, 299 F. chez Dorothée).

Un autre pyjama de belle couleur : 654, petite, pyjamaa, taille ou veolette (Mary Quant, 701 F. chez Hit: Paradel. Et le ceinturon « Cérémonie des Couleurs » : un grand défilé des Horse Guards pour l'anniversaire de la reine. C'est en plein que le trône prend chaque année... en 1819 de tito. La chaleur et l'émotion aidant, chaque année un Quant s'écroule tout était responsable de ses compagnons.

師湯瑪斯，此角以貝里做為部分基礎，演出人員包括女演員凡妮莎‧蕾妮烈芙（Vanessa Redgrave）和珍‧柏金（Jane Birkin），雛鳥樂團（The Yardbirds）與薇露希卡（Verushka）則飾演自己，演員陣容還有諸多不具名的模特兒，包括梅蘭妮‧漢普夏、吉兒‧肯寧頓和佩姬‧墨菲特。安東尼奧尼在首都進行了廣泛研究，並選用約翰‧科旺位於西諾丁丘王子路（Princes Place）39號的新工作室作為主要片場：「那是座龐大高聳的穀倉，曾是車廂工廠，之前則是家具店……它必定是倫敦最美妙的工作室。」[27]

《春光乍現》得到正面評價；《紐約時報》（New York Times）稱它為「驚人電影：鮮明畫面與色彩架構譜出美麗的故事，讓我們進入主角的感受，也踏入了他身處的摩德世界的特色。」[28]不過，官對該片無動於衷，並說：「我對《春光乍現》感到相當失望。當時我和安東尼奧尼談過，他和每個人都談過，包括貝里。片中的風格與時髦感，比我所希望得還少。」[29]官並未參與《春光乍現》的服裝設計，但曾參與過不少電影，包括《邪屋》（The Haunting）（1963年）、夏綠蒂‧蘭普琳（Charlotte Rampling）主演的《喬琪姑娘》（Georgy Girl）（1966年）和奧黛莉‧赫本（Audrey Hepburn）主演的《儷人行》（Two for the Road）（1967年）；赫本是官最喜愛的女演員之一。

《春光乍現》所呈現的性感攝影師生活，使許多人打算入行。德裔澳大利亞攝影師赫姆特‧牛頓（Helmut Newton）回想該片在巴黎上映後的狀況：「不只年輕人，每個人都想成為時尚攝影師。它成為規模龐大的信仰團體。」[30]牛頓為1966年和1967年《Vogue》的〈年輕想法〉單元拍過崔姬，比較這兩份作品後，就能看出模特兒與攝影師雙方的多樣性。[31]較早的照片，崔姬躺在床上，照片從上方拍攝，使她看起來像是太空時代的小娃娃，穿著掠過大腿的金屬色裙子，以及官閃閃發亮的緊身褲。較晚的照片，她採用了中性的華麗外型，黑色套裝包住她的身軀，頭頂則是維達‧沙宣製作的手指捲髮式髮型，這種髮型可追溯回1920年代〔136〕。

1960年代晚期，時尚潮流開始轉向透明花卉圖飾布料、浪漫主義與異國情調。1967年，嬉皮運動「愛之夏（Summer of Love）」達到高峰，潘妮洛普‧特里（Penelope Tree）也成為貝里的新靈感來源。黑人模特兒變得更知名，非裔美國人唐雅勒‧露納則是第一位出現在英國版《Vogue》封面上的黑人模特兒。[32]露納和哈佐‧柯林斯都曾擔任官的模特兒，而在1970年代，更大量的黑人模特兒則幫助該品牌加深了多樣性的名聲。1972年春季，泰瑞‧歐尼爾在官與普倫凱特‧格林的薩里郡住家，拍下柯林斯與夫婦倆的照片〔56〕。歐尼爾的底片印樣（contact sheet），揭露了他如何利用樹木茂密的景色和古雅建築中的人群進行實驗。

模特兒的職業生涯經常很短暫，瑪莉官品牌也有許多代表性臉孔。設計師本人成為終極品牌大使，由她工作每十年裡的頭號攝影師們進行拍攝，也總是穿著自己的最新設計。她在住家、辦公室、店鋪與時裝秀上接受拍攝。她和自己的模特兒和其餘時尚設計師合影，或和普倫凱特‧格林擔任終極的現代夫婦。官自己的獨照，也顯示出她擺出充滿自信、大張步伐的姿勢，或是用手靠住臉頰坐著，在完美無瑕的沙宣瀏海下思緒萬千地窺視外界〔78〕。天生不愛拍照的官，成了她那個世代辨識度最高的女性，也打從一開始，就明白攝影作為普世語言的強大影響力。

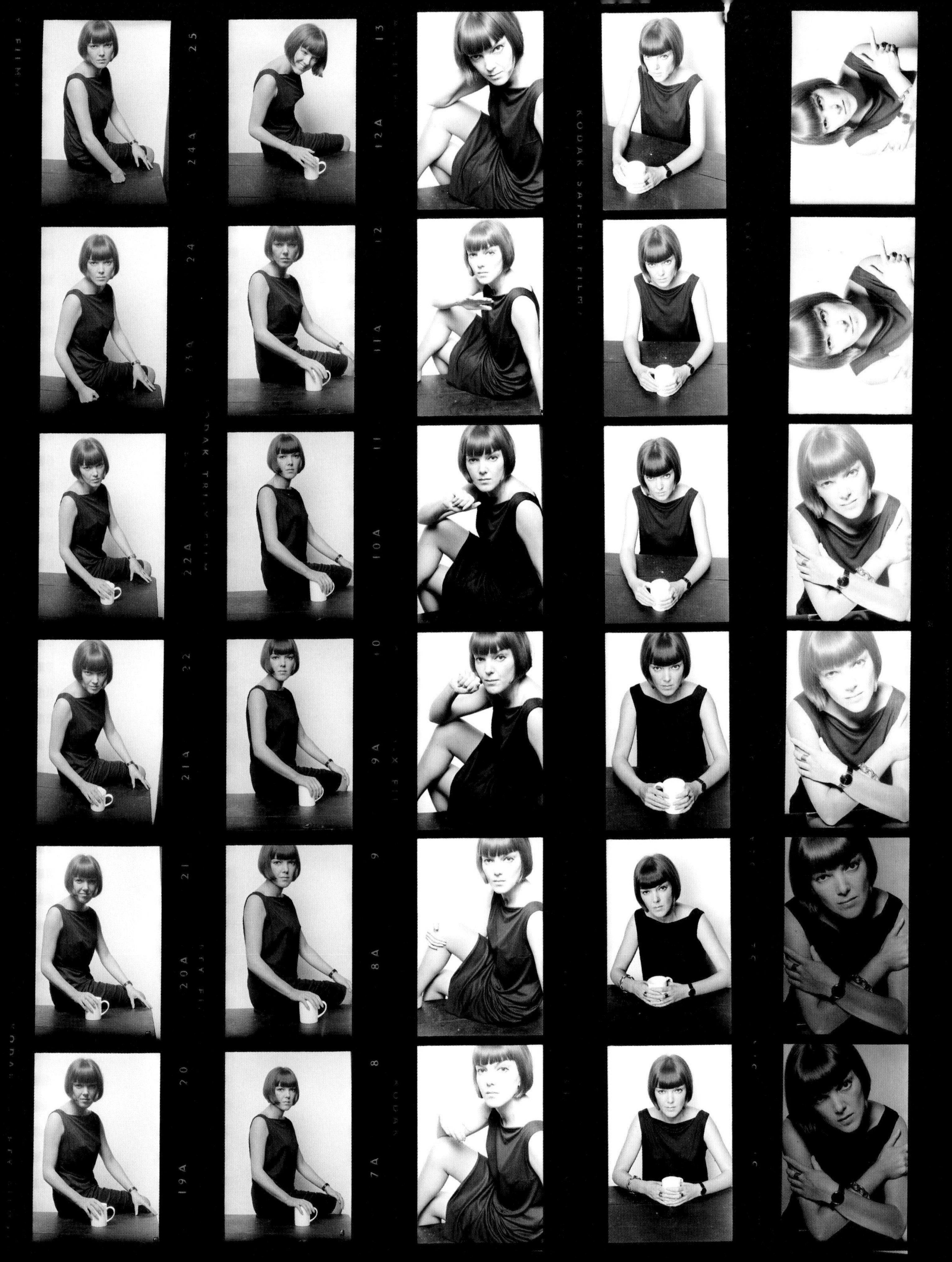

第三部

1963-1964
歩入
大時代

1963年，瑪莉官的名字變得家喻戶曉，因為她充滿創意的設計登上頭條，還首度躍上英國版《Vogue》的封面[1]，她得到的獎項與名聲，也反映出她對國際時尚市場帶來的影響。她在同年發行了全新的批發系列：激進派，它也成為每個年輕女子亟欲增添至衣櫥的品牌。該年第一場大挑戰，是在巴黎的克里雍大飯店舉辦時裝秀，那是座位於協和廣場（Place de la Concorde）的十八世紀宮殿，許多歷史性政治會議與時尚活動都在此舉行。

官描述了為5名模特兒和PVC材質的「雨天系列」服飾所做出的慌亂準備與旅行安排，服飾裝在紙箱與雜貨店木箱中，抵達飯店時，裡頭「大量吊燈與大理石牆壁……和我製作的極端誇張服飾截然不同……受到我們在美國的成功、與激進派帶來的挑戰所刺激，可能還感到過度興奮的我，完全放手讓自己在此系列上盡情揮灑創意。」[2]壓力非常大，因為時尚編輯與其他重要人物都參與了這場時裝秀，包括狄克森夫人（Lady Dixon），她是英國駐法國大使的妻子，由於《星期日泰晤士報》的時尚編輯恩尼斯汀‧卡特的努力，使這些人前來參加。時裝秀只有15分鐘，背景音樂為爵士樂，5名模特兒差不多展示了60件洋裝與套裝，比起沉悶又死板的傳統時裝秀，這種更換衣服的速度快得誇張，讓觀眾能從各種角度觀看服飾。在時裝秀得到怪異的沉默迴響、還經歷失眠夜後，隔天官放心地發現，好幾名記者打電話來借用服飾，為他們的雜誌撰寫報導，迴響相當正面。

這項宣傳引發了對雨天系列的大量需求，不幸的是，官無法提供大量產品，因為團隊並沒有妥善處理為了量產而封住PVC接縫的技術過程。和位於斯托克波特（Stockport）的短吻鱷魚牌合作了兩年後，才製造出極度成功的瑪莉官雨天系列：「到了那時，英吉利海峽兩岸的其他設計師們仍然和我一樣，對這種超級閃亮的人造物感到入

迷，喜歡它明亮的色彩，鮮明的鈷藍色、猩紅色與黃色，和閃爍的甘草黑、白色與薑黃色。」[3]

那年的另外一項關鍵發展，是瑪莉官激進派的成立，那是第二個批發品牌（加上瑪莉官品牌），同時也是獨立公司，與製造商史坦伯格公司享有共同利益。該品牌的某支廣告出現在1963年9月15日的《Vogue》上，其中收錄了莫琳‧羅菲（Maureen Roffey）繪製的獨特洋娃娃型人像，並在激進派的商品材料和服飾標籤上附上這些圖畫〔80〕。將人像從脖子與臀部處分隔開來的虛線點出了可互換的單件服飾原則，這是激進派創立初期十分重要的概念。[4]

「官服飾可用低廉的價格分批購買，瑪

前頁
79｜瑪莉官與亞歷山大‧普倫凱特‧格林，芭札爾騎士橋店，1964年

80｜瑪莉官激進派吊牌，約1963年
人像由莫琳‧羅菲設計

倫敦博物館：74.330/41f-h

81 | 瑪莉官激進派專賣店內部，約1963年

瑪莉官資料庫

莉官激進派的一切都能彼此搭配」，這句廣告詞強調了此概念，公司將這些產品設計出組合性，並盡可能讓大眾能夠負擔，也能一件接一件地購買。宣傳詞中列出了英國59家不同的專賣店，從貝肯翰姆（Beckenham）到約維爾（Yeovil），加上倫敦的16間店家，包括百貨公司與獨立服飾店。同期的《Vogue》，〈年輕想法〉專欄刊登了四頁的跨頁報導，展示了激進派在劍橋的展品，顯然打算將商品拓展到較富有的學生市場。深受歡迎的《蜜糖》雜誌（Honey）也於1963年10月宣傳了這個新品牌，從要價29先令11便士的緊身褲，到3堅尼的襯衫，和8又2分之1堅尼的緞緞連衣長裙等價格範圍都有。公司謹慎地將色彩與織品設計成能適應不同外型，使用的織品包括平紋、絨布、緞布和沉重的平織衫。官招牌性織物早期的型態具有羊毛外觀，加上合成紡織襯墊，這種材料也是重大的發現，官從美國帶了一小片回到英國以供採購。雪莉·舒維爾碰巧找到了相似材料（見第142頁），當時有位名叫伊塔夫先生（Mr Eatough）的織品生產商代表帶來了一份樣本，他為阿米斯·米爾公司

（Ames Mill）工作。[5]當官的設計簡化並更接近1960年的極短直筒連身裙時，1965年的激進派、傑西潘尼和普利頓時裝則在產品中大量使用這種織料和其他種黏合平織纖維（bonded jersey fabrics）。

官為她的主線「瑪莉官」品牌的設計，繼續與批發系列一同發展，恰好巴斯服飾博物館（Museum of Costume in Bath）的館長朵瑞絲·蘭利·摩爾（Doris Langley Moore）在1962年舉行她的年度女裝獎（Dress of the Year award），瑪莉官設計品「雷克斯·哈里森（Rex Harrison）」是第一個獲選的設計〔82〕。這是件長線（longline）鈕扣式連身裙裝，靈感來自舞台劇版《窈窕淑女》（My Fair Lady）中飾演希金斯教授（Professor Higgins）的演員所穿的開襟毛衣，該劇從1958年開始，在倫敦的皇家劇院（Theatre Royal）上演了五年。另一座獎項《星期日泰晤士報》國際時尚獎（International Fashion Award）的設立，則更加佐證了主流媒體對時尚逐漸高漲的關注。1963年10月15日，官在希爾頓飯店

（Hilton Hotel）的典禮上獲頒此獎，那是另一場令人神經緊繃的時裝秀，將官的成衣與皮爾‧卡登（Pierre Cardin）和諾曼‧諾瑞爾（Norman Norell）的時裝產品陳列在一起。在這之前，官參加了在法國大使館舉辦的午宴，並坐在愛爾莎‧夏帕瑞麗（Elsa Schiaparelli）旁。儘管因見到這位偉大時裝設計師而感到「驚喜」，官的羞澀卻導致兩人在午餐對話開始時不太順利，但當她描述自己造訪德本漢姆公司（Debenham's）的皮草儲存庫，並興奮地在該處看到1920和30年代製作的夏帕瑞麗大衣時，兩人找到了共同話題，明顯開心地互道故事。頒獎典禮過後不久，官就獲選為「年度女性（Woman of the Year）」。[6]

1963年11月，吉兒‧巴特菲爾德（Jill Butterfield）在《每日快報》上所寫的報導加強了大眾對官的驚艷感，也強調了瑪莉官有限公司那年在批發與出口貿易上的成功。文章引用資料說，她的公司一年賣出了超過20萬件服飾，送到位於英國、美國、肯亞、南非、法國與瑞士（另包含了紐西蘭和澳洲）的店家。[7]巴特菲爾德的文章也提到當時社會對女性根深蒂固的態度，並描述官「年輕又嬌小……在時尚界最嚴格的專業人士之間，她看起來就像是童書主角波麗安娜（Pollyanna）。」[8]儘管語氣高傲，這類文章在推廣職業婦女上有所幫助，為年輕女性和女孩提供了模範榜樣。

儘管與官同時期的女性設計師們（諸如珍‧謬爾、琪琪‧拜恩、瑪莉恩‧福爾與莎莉‧圖芬），都得到了新聞和媒體的關注，官和她的成功故事發生得更早，也催生出更多報導與引人注目的頭條。因此，她推動報紙銷量提升，不過巴特菲爾德和《每日鏡報》的費莉西蒂‧格林這類報紙記者，卻得和男性同事競爭，以取得報導她時尚故事的頁面空間。[9]

《每日快報》的文章，與由大衛‧貝里拍攝的附屬照片〔84〕，捕捉到瑪莉官員工

們獨特的平等性、同袍情誼與精力，這也營造出品牌充滿說服性的吸引力。形容自己為「瑪莉的事業保母」的阿奇‧麥克奈爾站在照片左側，接著是普倫凱特‧格林和官，右邊則是湯姆‧托特漢（Tom Tottham），他是芭札爾的「禮服貨車」司機，照片中的十名同事，共同將官的作品從鉛筆素描轉化為實體。前景中的紙型裁切師（pattern cutter）米姬‧卡茲（Mikki Katz），拿

著一把大剪刀。卡茲強調設計師的完美主義，說：「她永遠不會在設計上妥協，要說服她相信某個點子不實際的話，你就得將所有重點說得對你有益。」照片中也有試衣裁縫（fitter）普拉‧嘉西斯（Pura Garces）、模特兒吉兒‧史汀奇康柏、店家經理喬安‧辛伯勒（Joan Zimbler）和安‧柯辛斯（Anne Cossins），以及羅伯特‧皮特（Robert Peet）（會計），喬治‧克森（George Kersen）（業務經理），來自激進派製造商史坦柏格斯公司的安東尼‧史坦布瑞（Anthony Stanbury），照片後方還能看到安娜貝爾‧麥凱（娘家姓為泰勒）。泰勒的角色是協助公司採購其他批發系列，以補充芭札爾店鋪官設計品售出後的空位，並負擔部分將衣物販賣給獨立店家採購員的責任。吉兒‧巴特菲爾德直接引用泰勒的話：「不喜歡她設計的人讓我大為光火，我從來沒對任何一家公司產生這種認同感過。」

1963年，身為員工的泰勒對瑪莉官產生強烈個人認同，顧客也經常反映出這點；他們準確指出購買衣物的潛在吸引力，之後則包含了緊身褲、化妝品和其他產品，以作為更像設計師——或是更像自己的方式。

她為官工作時的記憶仍然鮮明。她的家族擁有劍橋的約書亞‧泰勒百貨公司（Joshua Taylor），19歲時，她決定在加入家族事業前，先去哈洛百貨公司獲取工作經驗。1957年，她去那裡參加面試，她母親與她同行。她們倆穿著花呢大衣和裙子，搭配帽子與手套。泰勒的說法如下：

> 我受僱擔任儲備銷售員，得打卡上下班，每週工作五天半。兩年半過後，我成為低價大衣區的菲利浦小姐（Miss Phillips）的採購員，外出採購時，總是戴著貂皮帽。對我而言，哈洛百貨公司似乎從戰爭前就沒有改變，室內裝

84 ｜「波麗安娜與專業人士們」
《每日快報》，1963年

照片由大衛‧貝里拍攝
瑪莉官資料庫

潢全是淡綠色和米色。之後我成為攝政街（Regent Street）上哈洛百貨集團子公司狄金斯與瓊斯百貨（Dickins & Jones）的晚禮服部主管。我整天都站在粉紅色地毯上，等待憤怒的顧客帶著拙劣的修改服飾回來！我硬撐了兩年半，接著就離職去旅行，從肯亞寫應徵信給瑪莉官有限公司。

當時我對瑪莉官的理解，是奠基於對芭札爾騎士橋分店的怪異櫥窗所感到的景仰，以及在芭札爾拍賣會時能以5英鎊的價格，買到一條白色亞麻長褲。讓我開心的是，阿奇‧麥克奈爾回覆了我的信，並邀請我和他進行面試，我也接受了，還穿了件瑪莉官灰絨布洋裝、灰色花呢大衣和毛茸茸的薑黃色紳士帽。他要我回來和亞歷山大‧普倫凱特‧格林與瑪莉官進一步面談，我穿了另一款服裝和帽子。他們雇用了我，讓我擔任亞歷山大‧普倫凱特‧格林的秘書，我則開心地接受，於1962年秋季開始上班。

要抵達瑪莉官有限公司的辦公室，你得先穿過停放芭札爾貨車的車庫，會發現一道宛如出自《愛麗絲夢遊仙境》的小門。接著你會發現自己身處一道走廊，裡頭堆滿了《星期日泰晤士報》的首批彩色刊物，裡頭有篇恩尼斯汀‧卡特為瑪莉官撰寫的文章，其中有許多份的顏色都印錯了。有三間辦公室分別屬於瑪莉、她的助理瑪格麗特和阿奇，還有一座大房間，裡頭有會計艾琳（Eileen）、她的助理布里姬（Bridget）、諾瑪（Norma）和柏娜黛特（Bernadette）（史奈爾）（Snell），之後這裡則屬於阿奇寶貴且謹慎的助理，她整個職業生涯都待在這。過了一陣子……我發現自己開始管理瑪莉官批發展場，也成為亞歷山大‧普倫凱特‧格林的個人助理，他十分精

通公關工作，時尚媒體的女士們也都很喜歡他。我還接下了其餘年輕設計師的採購工作，像是珍‧謬爾、傑拉德‧麥肯和羅傑‧尼爾森（Roger Nelson），以填補瑪莉官系列在切爾西和騎士橋兩間芭札爾店面之間的存貨差。

此時我已經明白，自己非常幸運能成為瑪莉官工作團隊的一份子。玩世不恭是眾人間正常的氣氛，大家也普遍具備對公司的熱情與獨立思考，這令我在縫紉和社交層面感到大開眼界，這種情況和「大百貨公司」的習性截然不同。我丟掉毛茸茸的薑黃色紳士帽，全身穿戴瑪莉官樣品，也享受著每一刻生活。

1962年出現在我辦公室中最重要的樣品系列，是為傑西潘尼店家設計的商品。洋裝、上衣、百慕達短褲、吊帶褲和裙子，由厚重的白色、天藍色和黑色棉料製成，搭上報童帽（Baker-boy caps），它那新穎的運動風，找到了美國這個絕佳市場。

我們在相當早期就受邀為在柏克萊飯店（Berkeley Hotel）舉行的年度名媛時裝秀打點名媛少女們（與貝琳達‧貝爾維爾〔Belinda Belville〕）的服飾。由亞歷山大‧普倫凱特‧格林的親戚貝德福德公爵擔任主持人。事情進行得不太順利，因為名媛們的肥胖母親喜歡讓女兒們穿漂亮的貝爾維爾社交禮服，也只有少數人能夠（或願意）穿我們更有運動感、也更瀟灑的服飾。多虧了營造出強烈熱情與忠誠的瑪莉、亞歷山大與阿奇，成為官「家族」的一員才帶來莫大樂趣。當我於1969年不情願地離開瑪莉官公司，回家參與家族事業時，瑪莉正處於事業巔峰，我也永遠感激她讓我得到夢幻般的工作經驗。[10]

官設計品的廣泛吸引力變得非常顯著。1964年，紐約的巴特里克公司公司開始生產紙型（paper patterns），這讓官能將市場拓展到數以千計更年輕女子的衣櫥。她在《官照自己》中描述，她有許多紙型賣出超過70000套。[11]許多人都有製衣技術，家庭裁縫就能輕易再製官設計品簡單的形狀。比方說，「瑪菲特小姐」就是個簡單紙型，就算使用普通或印花布料，成品效果也很好。第一家泰倫斯・康藍創立的生活家飾店「棲居」（Habitat）於1964年5月在富勒姆路開幕時，女性職員便穿著來自芭札爾的服飾，照片中出現穿著以加上白色邊緣的黑色縐布製成的「瑪菲特小姐」的佩根・泰勒（Pagan Taylor）〔86，87〕。成立於1867年的巴特里克公司公司，1937年起，就為家庭裁縫製作基礎時裝的紙型，並在1961年從康泰納仕（Condé Nast）手上買下使用《Vogue》紙型的名稱與商標使用權。[12]巴特里克公司公司用「年輕設計師（Young Designer）」系列來宣傳官、珍・謬爾、傑拉德・麥肯和來自澳洲墨爾本的設計師普魯・阿克頓（Prue Acton）的設計品。

官與倫敦的利伯提百貨公司於1964年建立起合夥關係，她選用其小比例印花棉製作襯衫和裙裝，這些產品曾在許多雜誌出現〔89〕。[13]官那年設計的整體感覺十分陰柔，使用縐布與棉布等輕盈布料，還經常加入傳統童裝的細節，像是裝飾皺褶和圓形的彼得潘領（Peter Pan collars）。[14]威爾斯工廠製作的絨布，提供了秋冬獨特設計的另一項關鍵布料〔88〕。或許令人訝異的是，官那年許多設計品都長至腳踝，可能含有對維多利亞與愛德華時期洋裝諷刺性的影射，延續了官從1956年《哈潑時尚》刊出第一套維多利亞式睡衣後，就採用的靈感來源。

反之，1964年秋冬的其他設計就採用了陽剛剪裁的現代化影響力，與編織花呢和格紋羊毛的圖像品質，產生了歐普藝術風格的大衣與洋裝。漢妮・達爾（Hanne Dahl）館長在特洛布里奇博物館（Trowbridge Museum）和威爾特郡與斯溫頓歷史中心（Wiltshire and Swindon History Centre）資料庫中的研究，揭露了瑪莉官與其1960年代同輩設計師對英國織品工業的影響。織品設計師阿利斯特・高德（Alistair Gauld）曾在1992年說：「回想60年代，我認為那是設計真正爆發的時期，那是屬於瑪莉官和像她一樣的人的時代，我也不認為之後出現過這麼傑出的狀況。」[15]

1960年代，特洛布里奇將布料賣到世上70個國家。他們販賣了「最基本的」灰色絨布（具有柔軟絨毛的羊毛或拉絲光澤），至少從1960年起，官就將這種材料用在許多訂製服飾上〔30〕。這種衣物製作的前置時間很

86 ｜西里雅・哈蒙德為「瑪菲
特小姐」擔任模特兒
紙型3287，1964年

V&A：NCOL.438-2018

87 ｜泰倫斯・康藍和身穿瑪莉
官服飾的「棲居」店員，1964
年

照片由泰倫斯・多諾凡拍攝

短，特洛布里奇工廠也能迅速回應相符布料
和特定染色的特殊需求，以達到客戶要求。
西英格蘭布料中高品質絨布和其他羊毛布的
名聲，是奠基於數世紀來的經驗。「西英格
蘭」品牌在服飾中加入了白馬紋飾，透過布
料來源顯現出商品價值。[16]在威爾特郡特洛布
里奇的薩特工廠（Salter's Mill）編織的塔
特薩爾（Tattersall's）格紋羊毛，是首選設
計的載體，官曾於1964年穿過這種布料。這
是種高明的混合式洋裝，配有絞花平織衣領
與袖管，加上塔特薩爾格紋連身裙。資料庫
中的信件，記錄了激進派產品進入最終階段
時，阿奇・麥克奈爾和工廠就顏色與價格的
談判過程。下單後，製造商史坦伯格公司在
隔年便直接向工廠訂購相同的格紋羊毛。[17]

記者與攝影師受邀去看維達・沙宣為官

剪出他知名的五點鮑伯頭時（這種精準風格
需要每週修剪）〔93〕，便有人拍下官在某個
場合穿過塔特薩爾格紋裝。她在2012年的回
憶錄中回想到，她在埃里克的店中工作時，
發現沙宣的沙龍，勇敢地搭吵鬧的電梯進入
他在梅費爾的沙龍，去看他「像個四星主廚
般」工作。1960年，起初官也選擇將頭髮剪
成1920年代飛來波女郎（flapper）風格的
理髮師，之後才踏上前往紐約的旅程，英國
和美國的報紙都記錄了此行。官在50年後描
述，沙宣「完全改變了頭髮」，因為：

人們可以將頭髮剪出各種造型與質地，
這不只加強了頭髮的性格與質感，也投
射出臉孔和頭部最佳的特質，突顯顴骨
並聚焦在雙眼上，也為臉孔和個性的獨
立性帶來強烈衝擊。

88 | 妮可・狄・拉瑪吉（Nicole de la Marge）為「土耳其軟糖（Turkish Delight）」女用襯衫和「猛虎灣（Tiger Bay）」絨布裙擔任模特兒。葛莉絲・柯丁頓為「卡菲利（Caerphilly）」絨布洋裝擔任模特兒，1964年

照片由莫雷・埃爾文（Murray Irving）在約翰・弗朗奇工作室拍攝，1964年
瑪莉官資料庫

89 | 模特兒穿著「拘謹（Prim）」和「正經（Prude）」洋裝
《閒談者與旁觀者》，1964年5月13日

照片由大衛・赫恩（David Hurn）拍攝

90 | 瑪莉官
連身裙裝，約1963年
羊毛花呢

由安娜貝爾・麥凱穿著與捐贈
V&A：T.65-2018

原本女性得耗費大把時間坐在吹風機帽罩下，用髮捲將頭髮強制改為波浪捲髮與蜷曲捲髮，這些髮型在1950年代相當時髦；大眾普遍認為沙宣讓女性從這種生活中解脫，並提倡自然頭髮的美。諸如官等沙宣的顧客，「找到了在海中游泳、駕駛敞篷車和在雨中行走的自由……妳的頭髮不會忘記他創

造的造型與厚重曲線，且能輕易回到基本狀態。」沙宣的五點鮑伯頭與這位時尚設計師關係特別緊密，不過他先前就為其他顧客和模特兒創造過這種髮型，包括伊莉莎白・吉本斯（見第50頁）與葛莉絲・柯丁頓。[18]官與沙宣的故事永遠相互交織，在創造經典時尚畫面上，雙方都扮演了同樣重要的角色：對官而言，他「在我的長腿迷你裙設計上，製作了完美的頭頂，也打造出我色彩化妝品（Colour Cosmetics）的輪廓。」[19]拍下沙宣工作畫面的照片，加上官對完工後外觀感到滿意的模樣，為雙方品牌創造了寶貴的宣傳，確保倆人都成為定義那10年的人。

91 ｜瑪莉官
洋裝的頸部與袖管採用絞花平織的時尚設計，1964年

由瑪莉官捐贈
V&A：T.107E-1976

92 ｜瑪莉官
頸部與袖管使用絞花平織的洋裝，1964年
紡織與手工編織羊毛

由瑪莉官捐贈
V&A：T.107-1976

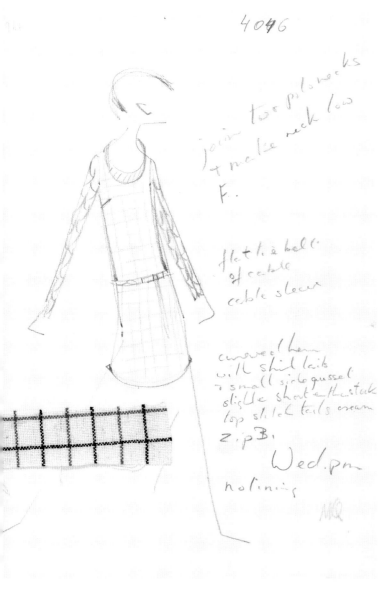

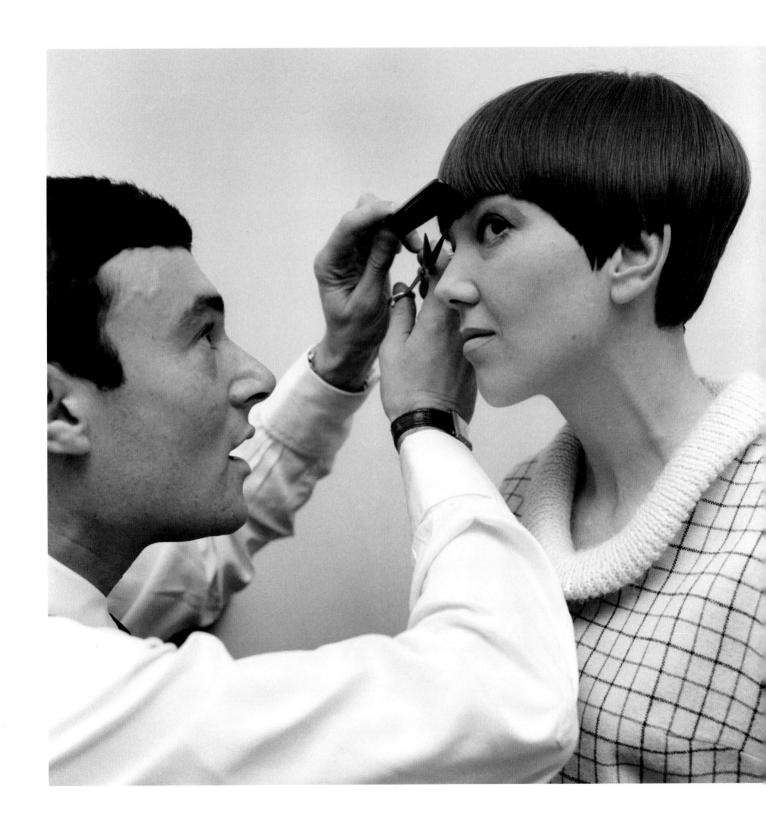

94 | 瑪莉官
襯衫裙，1965年
印花棉

由C.L.亞契太太（Mrs. C.L.Archer）捐贈
V&A：T.383-1988

95 | 葛莉絲・柯丁頓與蘇・埃爾溫（Sue Aylwin）為瑪
莉官激進派衣著套組擔任模特兒，1965年

照片由泰倫斯・多諾凡拍攝

跨大西洋時尚產業：瑪莉官的經驗

蕾吉娜・李・布雷茲克

1962年9月，打扮巧妙的瑪莉官在英國海外航空公司（British Overseas Airways Corporation/BOAC）的紙板衣櫥旁擺出姿勢，裡頭擺滿女裝〔96〕。官在倫敦設計這件服飾，由史坦伯格公司在南威爾斯的一間工廠製作，委託對象是全美都有分店的大型零售商傑西潘尼百貨公司。貨物被運往位於華盛頓特區的英國大使館，官則參與了9月27日傑西潘尼百貨贊助的媒體發表會。發表會的新穎氣息（跨大西洋的航程、充滿吸引力的年輕女設計師和新奇的倫敦風格），為傑西潘尼百貨創造了絕佳的攝影機會，公司也使用這些照片推廣它與這位知名新秀設計師最新的時裝合作關係。[1]

本篇文章將官在1960年代某些服飾業創業經歷，置入戰後成衣業廣大的脈絡之中。官與傑西潘尼百貨、史坦伯格公司和普利頓時裝（美國大型服飾製造商）合作，促進了以下現代概念：每個女性每天都該穿著活潑又時髦的服飾。官在平價時尚中扮演的角色，取決於幾項廣泛發展：可支配所得的興起，和消費者支出的上漲；美國運動服飾的影響和單件服飾（separates）的概念；合成材料和免燙織料的引進；以及1946年到1964年間美國與英國「嬰兒潮（Baby Boomers）」造成人口急速增加。官放大了這些改變，並將成衣轉化為全新的時尚類型：前衛且具平等主義的時尚，可追溯到倫敦的街頭風格，與設計師的個性。

成衣革命

1950到80年的30年間，成衣逐漸勝過自製與訂製衣物，全球品牌在時尚上的重新導向，與領頭設計師們有關。此時期一開始，法國高級時裝店依然宰制著時尚界，創造出套量製作的服飾、少量生產的女裝和出口模特兒人型，授權海外零售業者與服飾製造商為當地市場再製或改變這些產品。克里斯汀・迪奧發行了新風貌（New Look）後，高級時裝便在1947年後經歷了復興，但迪奧於1957年過世時，為少數富人工作的菁英法國裁縫業陷入了生死掙扎。新生的法國成衣業擁有龐大野心，但太拘泥於手工而無法在大眾市場上競爭。

美國擁有全世界最大、最先進的成衣業，1960年就已為國內市場1億8千萬人服務。不可能概括出典型的美國時尚消費者，因為沒有這種人。這座龐大市場受到不同因素區隔，像是當地狀況、氣候、收入、職業、年齡、人種、民族、婚姻狀態與次文化。紐約的第七大道（Seventh Avenue）服飾區是主要的設計與生產中心，為該業界貢獻了66%的輸出量。以遞降次序看來，次級聚落分別位於洛杉磯、費城、芝加哥、波士頓、聖路易、達拉斯、克里夫蘭、堪薩斯市、辛辛那提、巴爾的摩、密爾瓦基、舊金山與邁阿密。[2]

美國人提高服飾生產數量的技術趨臻完美，並培養出獨特的非正式服裝風格，也就是所謂的「運動服飾」。洛杉磯是休閒風格的領銜者，但克里夫蘭等聚落也是主要生產地。克里夫蘭的頂級運動與年輕風格成衣業者，是巴比・布魯克斯公司（Bobbie Brooks, Inc.），它利用名為「搭配裝（go-togethers）」、色彩導向的低價單件服飾系統，佔據了青少年學生市場。銷售額從1952年的980萬美金，到1961年的4400萬美金。將每週的零用錢花在巴比・布魯克斯公司產

96 | 瑪莉官為了於華盛頓特區的英國大使館舉辦的媒體發表會，穿著她為傑西潘尼百貨設計的服飾系列，1962年9月27日

瑪莉官資料庫

品上的16歲高中生，買的是萬用性〔97〕。它能混搭5到6件單品，改變上衣、下著、夾克和配件的組合，每天都營造出不同風貌。[3]巴比‧布魯克斯將亨利‧福特（Henry Ford）對可互換零件的想法套用到便服上，並成為美國最成功的服飾公司之一。這間公司也順道將單件服飾化為美國風格的標誌。

英國時尚業的地位處在法國與美國之間。它顯著的特性，是對承襲自裁縫傳統的工藝、仿效美國的量產方式與和主流高階零售店家之間的共生關係，所抱持的強烈熱情。戰爭期間，英國政府將服飾生產鞏固為最有效率的企業。像在倫敦東區與南威爾斯都有工廠的史坦伯格公司這種服飾製造商，便長期縫製士兵制服與平民的實用性服裝（Utility garments），這類服裝的風格非常

有限，限制了客製化。於1941年到1952年生效的實用法案（Utility scheme），強制規定了生產的精準度，也帶來了長久影響，使品質成為英國成衣的象徵。[4]

合成材料革命為服飾業引進了現代織品。英國是幾間世界級大廠（科特〔Courtaulds〕和英國賽拉尼斯公司〔British Celanese〕，於1957年合併）的所在地，人們也使用這些公司的人造織物長達數十年。

1930年代晚期，美國與德國同時發明世上第一種合成織物：尼龍；英國則在第二次世界大戰期間開發出聚酯。戰後時代，美國的尼龍發明者杜邦公司（DuPont Company）推行了一項行銷活動，用於在全世界的市場宣傳尼龍、聚酯、壓克力和

how many looks can you make with *Bobbie Brooks*

LOOK [checkered] Shell top. zipper back. About $4. Back-wrap Skirt, lined. big patch pockets. About $8.

LOOK [catchy] Cowl-topped yoke on overblouse. About $5. Knee-Highs, fly front, fully lined. About $7.

LOOK [catchable] Sleeveless cardigan. 2 waist-high pockets. About $5. Jamaicas, fly front, fully lined. About $5.

ALL COTTON KNITS. TOPS S-M-L. BOTTOMS 5-15. COMBINATIONS OF WHITE/RED, WHITE/SURF BLUE.

LOOK [chipper] Rear view of the same cardigan under "unlimited." About $5. Swingy back-wrap, lined. Big pockets in front. About $8.

LOOK [captivating] Hooded cardigan, ties snugly, hood lined. About $7. Capri pants, fully lined. 2 hip pockets. About $7.

LOOKS UNLIMITED Roll-up sleeve Cardigan, check Bermuda collar. About $5. Jamaicas, fly front, fully lined. White only. About $5.

氨綸。用新的奇蹟材料製作的織料很容易清洗，沒有皺紋，也能防汙。[5]到了1960年代，英國的童裝、學校制服和男女都可以穿的高街服飾大量採用合成材料。

英國服飾業曾努力克服一項人口統計上的大型潮流，也就是轉變中的消費社會。1950年代中期，住在倫敦的社會科學家馬克‧亞伯拉罕（Mark Abrams）針對藍領消費者和年紀介於15歲到34歲之間的年輕人的新繁榮狀況進行了研究。1956年，服飾業的骨幹由藍領消費者組成，他們每年花費60萬英鎊，而全國的花費只稍微超過1百萬英鎊。此外，年輕消費者只占了總人口的35%，但他們幾乎買了半數服飾。[6]有些服飾業者在1940年代創造出青少年模特兒，但主流趨勢在1955年後出現，青少年時尚集團（Teenage Fashion Group）則在同時成立，那是為嬰兒潮市場

的服飾製造商成立的同業公會。史坦伯格公司透過其子公司亞歷克森有限公司（Alexon & Co., Ltd），而隸屬於該公會。[7]

年輕的英國消費者從美國音樂、電影和雜誌中得到風格靈感。有幾家倫敦批發商在1930年代進口了美國服飾，但這段進口潮在戰爭期間停止，之後政府法規也對它進行打壓。1959年解禁後，美國時尚進入英國，開始抓住青少年（16歲到24歲）和年輕女性（25歲到34歲）的想像力，他們喜歡確切尺寸衣物與輕便的運動服飾風格。[8]

隨著居家市場擴大，英國成衣業打算將它對精準度的習慣，套用在衣服尺寸上。女士們去找裁縫師或自行縫紉時，沒人擔心標準尺寸，但尺寸為成衣帶來了大問題。從兩次世界大戰之間起，美國的同業公會、

家政團體和政府機關就致力於量化女性尺寸。1939到40年間，美國農業部（United States Department of Agriculture/USDA）與其他聯邦機關、州政府和教育機構合作，贊助了一項科學研究，並收集了女性與孩童的身體尺寸資料。聯邦政府使用這項資料，開發測量身體尺寸用的商業標準，服飾業則廣為運用這種標準來測量衣著。這項計畫的結果是，美國人擁有優於其他人的標準化尺寸，不過這並不完美[9]。1950年代，美國和英國的服飾業都進行了新的尺寸測量研究，儘管雙方都有進展，但飲食改善與人口變化，代表對拿著捲尺的統計員而言，女性平均成了不斷變動的目標。[10]

有些大型國內零售業者，包括英國的馬莎百貨和美國的傑西潘尼百貨，都在尺寸標準化上取得了較高程度的成功。在美國，傑西潘尼百貨透過與大學和高中家政老師緊密合作，始終清楚消費者需求。透過市場研究，傑西潘尼百貨了解美國女性的各種體型，並開發出5種基本尺寸：兒童（junior）、小型兒童（junior petite）、女士（misses）、小型女士（misses petite）與半號（half sizes）。[11]相似的是，馬莎百貨用科學方式研究了英國女性的身材，將結果應用到服裝設計上，並發展出在高街上擁有最可靠尺寸的名聲。[12]

最後，英國服飾製造商將願景放遠到國內市場外的地方，打算將銷售範圍拓展到北美洲、歐洲和大英國協。英國商品在海外擁有名聲，服飾也不例外。史坦伯格公司長期以來都是出口商，透過在紐約開設銷售辦公室，加強了自己在美國的地位。[13]服飾製造商們共同展現了自身的英國特性，以吸引外國零售採購員前往倫敦。1956年1月，它們為前往法國與義大利參加大型展覽的採購員們舉辦了「倫敦週」。[14]這幾乎成為了年度活動，倫敦也在成衣上發展出國際名聲。1961年秋季展示會後，服飾製造商的同業公會倫敦時尚店家集團有限公司（Fashion House Group of London Ltd），宣稱達到了182萬美金以上的銷售額，還有價值1百萬美金的商品正前往歐洲，其他商品則被運往大英國協與北美洲。[15]

綠燈代表通行

美國是英國時尚業最想販售商品的海外市場。身為設計師、出口商與1959到66年間時尚店家集團主席的弗雷德里克·史塔克，曾去過美國，也熟悉當地市場。[16]在《貿易委員會期刊》（Board of Trade Journal）中，史塔克描寫美國的高生活水準與「對進口品牌抱持的虛榮價值需求逐漸上升，人們也渴望購買並非每家店都找得到的東西。」對時裝出口商而言，這些因素組成了「一切都亮起綠燈的情況」。[17]

美國擁有全世界最先進的零售體系，而時尚史文獻對此著墨不多。店家種類的範圍令人瞠目結舌：有獨立市區百貨公司、地區性連鎖百貨、連鎖專門店、擁有零售分店的郵購店、擁有郵購分部的國內連鎖店、郊區折扣零售店和獨立商店。史塔克相信，美國人是全世界最強悍的零售業採購員：「美國採購員比歐洲採購員更科學化。」他如此告訴《女裝日報》，「他們也比較了解推銷活動。」[18]

美國採購員總在尋找吸引顧客的獨特商品。史塔克寫道，第七大道擁有「世上最具組織的量產時尚產業，擁有的優秀設計師比任何地方都還多。」但大量生產催生出設計上的自滿。「許多服飾店都製作出刻板風格。」他說，「因為它們數量太多了。」[19]美國風光中的現實（高生活水準，與更優越的零售活動與保守設計），給了倫敦成衣業發動英國時尚入侵的信心。

販賣英國風格

在這種情況下，瑪莉官和亞歷山大・普倫凱特・格林於1960年10月首次造訪美國，進行勘察工作。官的設計吸引了《Seventeen》（為青少年製作的時尚與美容雜誌）與《女裝日報》（報導時尚業的主流美國報紙）記者們的注意力。第五大道（Fifth Avenue）上的羅德與泰勒時尚專門店（Lord & Taylor）下了一份訂單。但真正出乎意料的成功兩年後才出現，當時傑西潘尼百貨充滿前瞻性的經理們直接找上了官[20]。

傑西潘尼百貨是間大型全國連鎖店，總部位於第七大道，在48個州有1695家店，銷售額14億美金，還有位充滿願景的執行長，他率領公司經歷大型轉變[21]。1957年，當時的傑西潘尼百貨副董事長威廉・M・巴頓（William M. Batten），用一份備忘錄震懾了董事會，事後也成為美國商業圈的傳奇事蹟。傑西潘尼百貨創立於1902年，是間販賣可靠原物料給主街（Main Street）店家的紡織品店；但在戰後年代，這種行為模式因市場改變而遭到淘汰。對店家利潤下滑感到擔憂的巴頓，要求傑西潘尼百貨在美國人口結構轉變的趨勢中重塑自己：經濟繁榮，人口轉移到郊區，握有不少閒錢的青少年市場也不斷擴張。在巴頓從1958到74年擔任執行長期間，傑西潘尼百貨將形象從呆板改為時髦。店家從未停止販售為全家人準備的實用衣著，但它用為年輕郊區居民設計的新潮設計，加強了原本的基本商品線。傑西潘尼百貨用充滿創意的時裝，明確鎖定了剛結婚的年輕夫婦和青少年，他們可能會從某些高檔郊區商店，或透過1963年暑期發行，多達1252頁的郵購型錄購買商品[22]。

大多傑西潘尼百貨時裝都由美國服飾製造商生產，並透過店家品牌販售，但賺取青少年金錢的野心，使傑西潘尼百貨透過流行文化與名人，放大年輕人的關注力。美國零售商傳統上會宣傳法國與英國時裝設計師、義大利成衣製作師和美國運動服飾設計師，但傑西潘尼百貨冒險之舉獨特的地方在於，它專注在年輕市場[23]。作為企業再造的一部分，傑西潘尼百貨提供了參考巴黎時裝模特兒的穿著、或特別為第七大道的美國生活風格設計的高級女性服飾[24]。但儘管買姬・甘迺迪（Jackie Kennedy）的優雅氣質深受年輕人喜歡，卻無法與青少年流行文化迷產生共鳴，他們虔誠地閱讀《Seventeen》和《小姐》（Mademoiselle），成群結隊去戲院觀看《小玩意》（Gidget）電影，也癡迷於《美國舞臺》（American Bandstand）上的流行樂明星。傑西潘尼百貨運動服飾採購員保羅・楊，是位曾在大西洋兩岸工作過的年輕英國人，他得負責找到某位能夠成為時尚名人的年輕歐洲設計師。在歐洲徒勞無功地搜索後，楊前往倫敦，發現官就是他在找的人〔98〕[25]。

99 |《矚目造型：年輕勢力立下規則……潘尼年輕國際設計師選品》(The Look to Be Looked At: Youth Power Sets the Rules with...Penneys Young International Designer Collection)，為銷售專員製作的時裝預告傳單，1968年6月

傑西潘尼百貨公司資料庫，迪哥耶爾圖書館（DeGolyer Library），德州達拉斯南方衛理會大學（Southern Methodist University）

1962年秋季，傑西潘尼百貨發行了年輕國際設計師選品（Young International Designer Collection），測試品設計由官負責[26]。有條服飾產品線「切爾西女孩」（名稱來自切爾西，也就是官的旗艦服飾店「芭札爾」所在的倫敦區域）是為了在英國大使館舉辦的媒體發表會、和63家傑西潘尼百貨郊區分店的測試行銷所做[27]。這套年輕服飾系列以色彩導向的混搭運動服飾組成，產品都在官的監督下，於史坦伯格公司的工廠製作。服飾製成美國的「兒童」尺寸：7號、9號、11號、13號和15號。

這些服飾是設計給纖瘦低腰、年輕人的身材比例，要不是青少年還在發育中的身體，就是身軀纖細、體型苗條的成年人[28]。英國大使館的發表會後，官進行了國內巡迴，宣傳產品線並催生大眾對她形象的興趣。

倫敦時裝成為暢銷商品時，傑西潘尼百貨就開始拓展宣傳活動，但為了確保進一步成功，店家要求官調整她的設計，以符合美國品味。1963年4月，傑西潘尼百貨80家郊區店鋪納入第二條「切爾西女孩」產品線，官親自在三間長島與紐澤西分店露面，楊則與她同行，他還在電視轉播的時裝秀上進行評論[29]。1964年春季，第四條選品線在店鋪與傑西潘尼百貨郵購型錄出現，英國超模珍·詩琳普頓以大笨鐘（Big Ben）與國會大廈（Houses of Parliament）為景，展示了「輕

4581.

4817

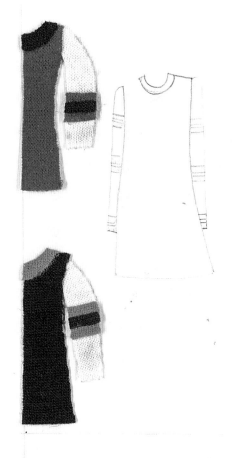

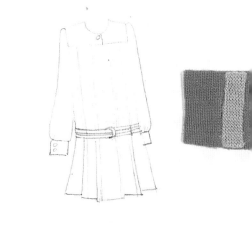

Buttons and buckle to be br
on all colourways.

4725

6.30

48

3 Colours as 4817 but would also
be good in Black with white trim

Zips should be brass on each
colourway, and rings must
please be <u>exactly</u> the same
<u>size</u> <u>and</u> <u>type</u>.

or

Brass buttons on all colour

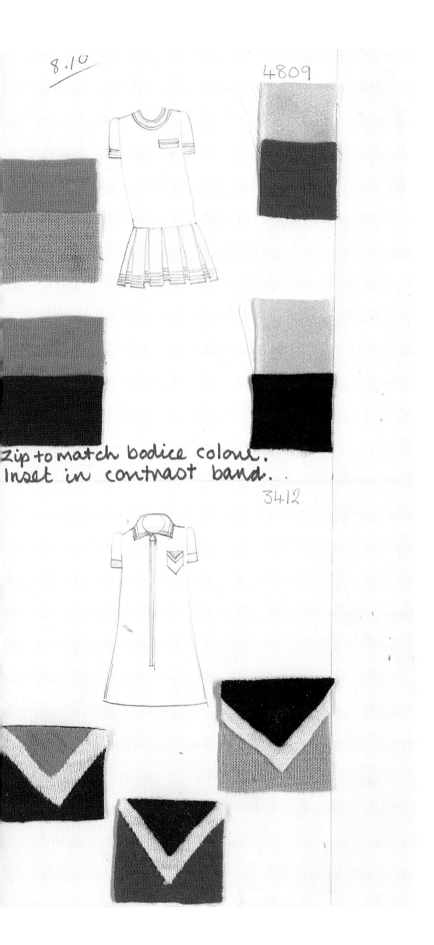

8.10

4809

zip to match bodice colour.
Inset in contrast band.

3412

100｜為傑西潘尼百貨的「合身裙加短褲」（skimmer-plus-shorts）服裝所作的素描和配色，以羊毛、奧龍聚丙烯（Orlon acrylic）與醋酸鹽經編布（acetate tricot）製作，1967年

紐約市博物館：67.73.6
由蘇珊・艾薩克斯（Suzanne Isaacs）繪製

便的新切爾西外型」，由大衛・貝里拍攝[30]。那年秋季，服飾在美國縫製，1965年的型錄解釋了原因：「在英格蘭設計，美國製作，因為『進口』外型加上了『美國』合身度！」[31]美國服飾製造商不只善於掌握兒童尺寸，其工廠還能為官對色彩與織料進行實驗，她則製作樣本給傑西潘尼百貨曼哈頓總部的運動服飾採購員看〔100〕[32]。傑西潘尼百貨最後拓展了年輕國際設計師選品，加入來自馬德里、別名米佐（Mitzou）的米其琳・伊茲奎爾多（Micheline Izquierdo）；來自倫敦的卡洛琳・查爾斯（Caroline Charles）和約翰・麥可・英格拉姆（John Michael Ingram）；兩名來自巴黎的法國設計師艾瑞兒（Ariel）和維克特利（Victoire）；還有紐約的蘇西（Susie）〔99〕[33]。

在此同時，官透過名叫瑪莉官激進派的新公司，販售低價成衣產品線。這名字是英國政治詞彙「激進派（ginger group）」的雙關語，代表團體中的激進陣營，或是對特定議題提倡更強勢做法的行動。此時目標是以低價生產前衛時裝，供更多消費者購買。1963年2月，《金融時報》（*Financial Times*）報導官和服飾製造商史坦伯格公司形成了合夥關係，「用成本價生產和行銷高端時尚成衣」。每個夥伴都佔一半股份[34]。1963年5月，激進派首場時裝秀在倫敦舉行[35]。在國內外販售的這套選品，有7號、9號、11號和13號尺寸，加上不尋常的色彩搭配，和無數混搭可能性。使用美國元素（青少年偏愛的「兒童」尺寸系統，與實用單件服飾的概念），可能是官近期與傑西潘尼百貨在美國合作後帶來的直接影響[36]。

《女裝日報》刊登了部分銷售數據：新激進派時裝首批的訂購量總共有30000件；貨品運送到110家擁有特別「瑪莉官部門」的英國商店，還有傑西潘尼百貨以外的20家美國商店，傑西潘尼百貨則握有獨家瑪莉官產品線[37]。這種產品充滿簡單的優雅氣質和現代實

用性，像是「懶骨頭（Lazy Bones）」晚禮服，它擁有雪白色的緊身上衣，粉紅色蝴蝶結則加強了高腰設計，加上以戴索（Dycel）合成纖料製成的黑長裙[38]。1964年年度會議時，史坦伯格公司說瑪莉官激進派激起了公眾興趣，「特別是在美國」[39]。

官與傑西潘尼百貨合作成功後，催生出另一項美國商業合約，這次的對象是普利頓時裝。身為最大的美國服飾製造商之一，普利頓時裝在紐約百老匯有企業辦公室；15間子公司與分部；20間工廠；美國東部還有14間發貨中心。普利頓時裝主要專注於傳統風格，直到1964年，當時它取得授權，能製作少數以披頭四為主題的產品，「搖擺年輕市場」則將之全數掃光。當價值3百萬美金的披頭四商品在短短幾週內售完時，普利頓時裝的老闆卡爾·羅森（Carl Rosen）便認可了25歲以下消費者的購買力。到了1965年4月，普利頓時裝招募了傑西潘尼百貨的保羅·楊，讓他擔任副總裁，不久後，該公司就推出名為青春震盪的新穎活動。這項名稱是用於致敬美國時尚編輯黛安娜·佛里蘭（Diana Vreeland），她在1965年1月的《Vogue》發明了這個詞彙，用來描述嬰兒潮市場[40]。

青春震盪是個奠基於最新時尚的華麗行銷活動、服飾店購物體驗，與知名設計師代言活動〔101〕。保羅·楊找來年輕設計師，以獲取新穎想法，並選擇了來自歐洲的瑪莉官、福爾、圖芬、維洛妮卡·馬許（Veronica Marsh）與艾曼紐·甘（Emmanuelle Khanh），和他們來自美國的同業狄娜·里特爾（Deanna Littell）、喬·舒馬赫（Joel Schumacher）和貝絲·強生（Betsey Johnson）。他創設了一家名為「用品（Paraphernalia）」的特別服飾店來展示這些衣物。旗艦店位於麥迪遜大道799號，而從1966年開始，加盟店便在國內的百貨公司出現。對行銷與年輕風格的投資取得了成果，普利頓時裝的銷售額從1963年的3800萬美金，成長到1965年的8400萬美金，1968年則達到1億美金[41]。

披頭四狂熱（Beatlemania）將美國青少年的注意力轉向英國，使倫敦設計師成為青春震盪真正的資產。官、福爾和圖芬都簽署了三年合約，提供普利頓時裝獨家選品。官為兩家普利頓分部進行設計（美國巴恩斯維爾〔Barnesville U.S.A.〕和年輕自然派〔Young Naturals〕），而福爾和圖芬則設計了一座名叫傑潘獨家（JP's Only）的分部。官同意每季為年輕女性服飾與運動服飾創作25項設計。1965年秋季選品的零售價介於20至30美金之間，讓這些設計品落在大眾市場的頂級層次[42]。在普利頓時裝的贊助下，官透過親自在明尼亞波利斯的戴頓百貨（Dayton's）等大型百貨公司現身來宣傳這條產品線，並發展她的名人形象[43]。新世代的親英派熱愛她的英國口音、態度和外表，但或許沒意識到官其實相當害羞，也對這些關注感到不太舒服。

當主流媒體報導美國人為摩德文化感到痴狂時，謹慎的英國週報《經濟學人》（The Economist）則將眼光放遠到熱潮之後，檢視倫敦外型究竟表現得如何。雜誌注意到，在每年出口價值4000萬英鎊的英國服飾中，有75%是「經典產品」，像是運動衫褲、方格花紋、斜紋軟呢和雨衣。布雷馬（Braemar）、博柏利（Burberry）與普林格（Pringle）等公司都會輸出傳統設計。博柏利讓英國精神適應現代，為它的傳統米色風衣加上當代下擺：長筒迷你襪（thigh-high mini）[44]。在史坦伯格公司，亞歷克森（Alexon）分部每週製作25000件大衣和套裝，大多是為了出口到美國，這些商品有一大部分都仰賴「罩衫外型的英國古典主義」[45]。

沒有任何商業合約或時尚趨勢會永遠持續。時尚靠永無止盡的改變而生存，官也清楚這點。她睿智地製作多樣化妝品與配件，加

101 │〈青春震盪：新年輕倫敦浪潮席捲美國！官、圖
芬與福爾震驚美國！〉（Youthquake: New Young
London Wave hits the states! Quant, Tuffin
& Foale Rock the U.S.A!）,《青年倫敦新聞畫報》
（The Young Illustrated London Times）,1966年
普利頓時裝為了青春震盪活動製作的宣傳傳單
瑪莉官資料庫

強全身外觀風格的概念，同時拓展她品牌的商品範圍[46]。到了那十年的中期，史坦伯格公司有了改變[47]，摩德風格已走到盡頭，新人才也想出了新點子。1965年，史坦伯格公司已與設計師尚－克勞德・高伯特（Jean-Claude Gaubert）在受巴黎啟發的出口產品線合作；1967年，亞歷克森分部則將「漂亮的年輕設計師」亞蘭娜・坦迪（Alannah Tandy）宣傳為青年組（Youngset）品牌背後的創造力來源[48]。1970年3月，報紙報導官取得了史坦伯格公司的瑪莉官激進派股份，讓她成為唯一股東，不過，前者繼續與她合作[49]。這家服飾製造商於1973年將名稱改為史坦伯格集團（Steinberg Group），在1970年代中期持續生產官的服飾設計，不過歷史紀錄並未提到相關細節[50]。

普利頓時裝董事長卡爾・羅森將美國人對摩德文化的退燒，歸咎於基礎人口。1971年時，「新潮古怪時裝」的消費者已長大成人，選購當代的年輕風格，而非衛叛逆的服飾[51]。《我倆沒有明天》（Bonnie and Clyde）的懷舊感、胡士托（Woodstock）嬉皮國度與伊夫・聖羅蘭（Yves Saint Laurent）剪裁的奇特混和氛圍，創造出高中與大學新消費者的品味。不令人訝異的是，官最後出現在1971年的傑西潘尼百貨秋冬型錄，一同出現的還有初出茅廬的設計師艾瑞卡・伊里亞斯（Erika Elias）、貝絲・強生和韋恩・羅傑斯（Wayne Rogers），他們從演藝圈、波西米亞風格和想像中的大草原過往，創造出兼容並蓄的繽紛風格[52]。到了1972年，年輕國際設計師選品已經過時了。合成材料取代了天然織料，單件服飾成為主流，英國花呢也成了全新的貴族學院風格。摩德文化的「古怪」風格已然退燒，混搭單品才是王道[53]。

名字能帶來什麼？

1960年代，成衣業將法國的時尚傳統扭轉為少數富人的範疇，新一代的年輕英國設計師在這波重新導向的趨勢中扮演了要角。他們創造出適合每個人的實用時尚，靈感則受到街頭啟發。官透過她的倫敦服飾店、激進派以及她和美國零售商與製造商之間的合作，在這個巨變中成為重要人物。

和其他摩德文化造型的提倡者一樣，瑪莉官公司幕後的三人（設計師官，丈夫與行銷人員亞歷山大‧普倫凱特‧格林，和律師阿奇‧麥克奈爾）明白，出口英國製服飾是件昂貴又繁瑣的事，授權產品設計和品牌，才會帶來更大的利潤。透過年輕國際設計師選品與青春震盪，設計師的身分與倫敦的文化標誌成了大賣點。瑪莉官的名字、聲譽與經典的雛菊標誌，都比這位設計師每季創作的數百件素描更有商業價值[54]。這是與傑西潘尼百貨和普利頓時裝長距離合作後，得知的主要重點之一。

老舊的法國高級時裝業模式，取決於怪異的性格、品牌、形象、媒體中的名聲與一款香水[55]。1960和70年代，法國時裝業將重點從高級訂製轉向品牌推廣。1984年，《經濟學人》報導說，巴黎時尚業靠prêt-à-porter（高端成衣）和授權費維生，後者是可可‧香奈兒（Coco Chanel）在1924年透過香水率先提出的策略。在授權上，高級服飾店創造出產品原型，讓其他人處理生產與行銷，再從中賺取版權費。品牌與幕後創意人才，是業界最重要的資產。過程和價格低廉的設計相同，身為充滿年輕感的日常流行之母，官「基本上放棄製作自己的產品，偏好將自己的天分宣傳為『設計工作室』，每年則賺進3500萬英鎊的權利金」[56]。

1960至70年代，消費者學會將特定設計師的名字，聯想到特定外型風格與特定品質等級。《女裝日報》注意到，設計師授權「起源於法國，在美國得到改良，並在日本大肆應用」[57]。這項時尚業新模式得歸功於伊夫‧聖羅蘭、皮爾‧卡登、丹尼爾‧海契特（Daniel Hechter）、奧斯卡‧德拉倫塔（Oscar de la Renta）與雷夫‧羅倫（Ralph Lauren）等法國與美國企業家，官也以創新設計師、早期品牌提倡者和國際名人的身分，對這項轉變做出貢獻。她在1960年代以創意巨星之姿提早崛起，並在英國時尚入侵美國時扮演要角（比更廣為人知的英國音樂入侵還早），這給了官一個平台，讓她提倡輕便且價格低廉的時尚。身為世上首位製作平價時尚產品的知名設計師，瑪莉官用自己的方式，發起了至今依然與我們共存的時尚品牌革命。

第四部

1965-
1967

膝上裙
的
衝擊

隨著連身褲、「彼得潘」領和貼袋的錯視畫效果，這件1966年的迷你裙裝，彰顯出官如何在成人時尚中注入青春與樂趣，藝術史學家黛博拉‧奇瑞（Deborah Cherry）穿了這件下擺位於膝上3英吋的洋裝。這件衣服是為了搭配平底鞋而設計，它舒適且充滿運動感的輪廓，讓穿戴者能夠自由活動，也與1950年代強調腰身及高跟鞋的時尚截然不同〔104〕。

迷你裙明確的發明或引進，是從1950年代晚期開始逐漸演變的過程。最早在1958年，某位英國廣播公司的副主任就抱怨過，直播音樂節目《六五特別秀》（Six-Five Special）的觀眾群裡某個女孩穿了「太短的裙子」[1]。接下來數年，由於在視覺媒體中逐漸嶄露頭角，官在讓更多當代女性接受迷你裙這件事上，扮演了核心要角。早在她1960年造訪紐約時，媒體就注意到了她的膝上裙〔4〕[2]。諸如妮基‧赫森堡（見第42頁）等曾在那十年前半段穿過短裙的官顧客們，都在時尚感較為傳統的紐約街頭惹來反感批評[3]。不過，當代照片與某些現存洋裝（事後並未遭到擁有人剪短），顯示出直到1966年前，都鮮少有人穿露出下半部大腿一英吋左右的極短裙。

「迷你」這詞的起源（是「微型」〔miniature〕的前綴）可追溯到1934年，當時有人將它用來形容三輪汽車[4]。小迷你（Mini-Minor）汽車於1959年率先製作而成，並在1961年簡稱為迷你車（Mini）。四年後，「迷你洋裝」和「迷你裙」首先在媒體上出現，不過當時或許沒人大量使用這種詞彙：官於1965年完成《官照自己》（1966年4月14日由卡塞爾公司〔Cassell〕出版），書中也沒有提到這兩者。不過，其中確實提到過「非常短的裙子」，特別是在提及他們在1965年為美國的「青春震盪」巡迴時所創造的反應[5]。在她2012年的續作《自傳》（Autobiography）最後一章，官提到「60年

代迷你裙」的概念，並讚揚它為「史上最任性、樂觀的『看看我，生命不是很棒嗎』類型時尚……是女性解放的開端」，並預測到21世紀初期的「時尚自由」[6]。

2018年，托亞‧威爾考斯（Toyah Willcox）回想起瑪莉官和她的短裙，對自己的時尚感帶來什麼樣的衝擊，1966年時，她只是個住在伯明罕的8歲孩童：

> 家庭背景嚴格、還去了學校制服規定死板的全女子學校的我，覺得瑪莉官設計上的天分刺激奔放，這段時期，這種設計似乎也特別能影響音樂與舞蹈文化。看音樂節目《流行巔峰》（Top of the Pops）時，如果你穿了瑪莉官服飾，就只會用一種方式跳舞：緊緊併攏雙腿，並將手肘緊緊夾在腰上。

> 我姊姊妮可拉（Nicola）當時17歲。有天她帶了件瑪莉官服飾回家，她用自己第一份工資買下這件衣服，我媽大發雷霆，逼她立刻把衣服送回拉克漢斯百貨公司（Rackham's），拿去換比較老實的衣服。我姊姊因此大哭，但我媽不允許她在大庭廣眾下穿得這麼不得體……迷你裙首度在街頭上出現時，引發了強烈批評[7]。

在曲高和寡的巴黎時裝世界，設計師會展示華麗又前衛的設計品，這些作品是為顧客量身打造的。而在1950年代晚期，就能發現早期的迷你裙設計，當時巴黎世家（Balenciaga）發行了布袋裝（sack dress）等簡單又半合身的服裝，廠商預期到流行的身材剪影將有不同的焦點，遠離了穿戴者的腰部。伊夫‧聖羅蘭1959年為迪奧製作的高空鞦韆（Trapeze）產品線，則提供了不同的作法：有些裙子開始露出更多腿部，甚至還露出了點膝蓋。但庫雷熱在1964年的一套時裝系列，讓他成為取得最大國際知名度的人，《紐約時報》如此報導：「他備受爭議

前頁
103 ｜〈官的時尚公式〉（The Quant Formula in Fashion），
《蜜糖》特刊，1967年
V&A：NAL 607.AT.0015

104 ｜附有錯視畫設計的瑪莉官激進派洋裝，1967年
棉斜紋布

由黛博拉‧奇瑞穿著並捐贈
V&A：T.61-2018

105 | 席夢·戴勒蒙（Simone d'Aillemont）為安德烈·庫雷熱（André Courrèges）的洋裝與夾克擔任模特兒，1965年

照片由約翰·弗朗奇拍攝

106 | 西里雅·哈蒙德為「惡棍（Cad）」連身裙裝擔任模特兒，1963年

照片由泰倫斯·多諾凡拍攝
瑪莉官資料庫

的褲裝、膝上裙和光亮的中靴自從上一季出現後，就使許多人感到興奮。它們的造型合理，同時也讓女性對自己的生活得到了大膽新觀點。」[8]另一項獨特的巴黎配件，則是用綁帶繫在下巴的女用軟帽（bonnet），這類帽子也出現在官約莫在同時間製作的時裝照片中〔105，106〕。皮爾·卡登和帕科·拉巴納（Paco Rabanne）等年輕巴黎名人遵循著官在倫敦奠定的方向，努力讓時尚轉向青春氣息和動作便利。法國設計師艾曼紐·甘和巴黎的多樂西·畢斯公司（Dorothée Bis）也對年輕且不同的風格需求做出了明顯回應。在英國，約翰·貝茲因他的裸露設計與短裙引來注意，特別是由於「卡斯巴（Casbah）」，這套服裝贏得1965年的年度服飾，目前存放於巴斯時尚博物館[9]。但在現實中，正如官所觀察到的，是像她一樣的年輕女性和街上的女學生即興發明了短裙；官的設計放大了視覺效果，並將設計師迷你裙引進大眾市場。如同庫雷熱於2016年過世時，亞歷山大·福瑞（Alexander Fury）在回應該報導時所寫，腿是優先重點：

> ⋯⋯由於放縱的1960年代鼓勵充滿挑釁感的實驗，不只是服飾；早在時裝認為這點時髦前，街上的年輕女性肯定早已開始拉高了她們的裙擺，甚至比官發行成衣版本還早。那就是時尚中許多議題的核心：我不確定有人能確實將之占為己有，時尚屬於每個人[10]。

有鑑於她在《官照自己》中的對時尚民主化的觀點，官這位設計師應該會同意上述想法[11]。不過，登上頭條的視覺報導，才會寫下歷史；讓短裙在英國以外地區成為流行的關鍵時刻，是1965年10月30日，當時珍·

詩琳普頓穿著白色直筒連衣裙出現在墨爾本賽馬競賽，沒有穿戴帽子、長襪和手套。她震驚了保守的墨爾本，並為全世界的新聞版面催生報導[12]。在澳洲很容易買到瑪莉官設計的衣服，起初商店會進口激進派產品，之後設計品則由取得授權的塔弗斯公司（Taffs）生產，該公司在新南威爾斯（New South Wales）的聖瑪莉（St. Mary's）有座大工廠[13]。不過，詩琳普頓的洋裝顯然是由裁縫師柯林·羅夫（Colin Rolfe）所做，而長度比一般衣著短的原因，是由於缺少材料。肯定的是，到了1966年，穿短裙的女性便成為倫敦稀鬆平常的光景：費莉西蒂·格林《每日鏡報》那篇標題為〈裙子觸及危險邊界了嗎？〉（Have skirts now reached fail safe?）的文章，便完美地彰顯出這點。文中包括15到20歲之間的秘書、學生和商店助理的照片，所有人都穿著洋裝與裙子，裙擺則「僅僅」長至臀部下方[14]。

瑪莉官為她的激進派批發系列製作的設計，在宣傳迷你裙的簡單線條時至關重要。莫琳·羅菲將兩項引人注目的激進派設計，重製為卡通般的時尚繪畫，陳列在販賣激進

派產品的店家〔108〕。一件是用淺黃色亞麻製作的裙子，連接到掛頸綁帶上，外頭則套上窄版的羅紋毛衣。和丈夫彼得設計出「新粗野主義（New Brutalist）」建築的建築師艾莉森・史密斯森（Alison Smithson），就擁有一件這種衣服，之後則將它送給巴斯時尚博物館；還有件目前收藏在V&A博物館的稍短版本，是為了1973年的倫敦博物館展覽所製[15]。現在很難找到來自1964到65年間、沒有修改過裙擺的原版服飾樣本，接近1960年代末時，裙子已普遍上升到危險高度，女性則經常自行修短裙子。

激進派廣告單上的另一項設計，是件簡單的連身風格裙裝，有明顯的拉鍊和中央打褶上衣，由葛莉絲・柯丁頓擔任模特兒，泰倫斯・多諾凡拍攝〔110〕。這件洋裝的原版設計，或說是套非常相似的洋裝，名叫「海瑟」，現在是私人收藏〔109〕。畫像上加注了給樣本製造商的指示，強調這件「極短」洋裝上的關鍵官元素，像是充滿對比的壓線、附有「裝飾性拉鍊」的貼袋和從臀部延伸到胸部的修長皺褶，加上維達・沙宣式的鮑伯頭、漆黑雙眼和蒼白嘴唇，彰顯出官風格的發展，逐漸轉換成「摩德文化」和極簡主義外型，並用平紋織物製成，少了1960年代早期的歷史影射。

官的素描風格有必要快速又務實：到了1965年春季，她一年要為激進派製作出200份設計以供量產（4個選品系列各50套服飾），加上傑西潘尼百貨的80份設計，和普利頓時裝的100份設計。恩尼斯汀・卡特計算那年所需的設計品數量為528份：一年得為巴特里克公司的紙型做兩個產品系列，

為德本漢姆與福里波迪百貨（Debenham & Freebody）製作毛皮大衣，亞歷克森公司則需要大衣，青春線需要內衣，科陶德斯需要考特爾平織花紋（不過普利頓時裝所需的配件，包括帽子、毛衣、手提包和長襪則不計算在內）[16]。這能與諾曼・哈特內爾等女裝設計師相比，哈特內爾在1950年代每年展示約200種樣本，或是每季100種，或許能換算為約2000份訂單[17]。官經常受到來自國際展覽會的織料啟發，她的助理們也時常得輔助她，像是雪莉・舒維爾，1965年後則換成蘇珊・艾薩克斯。將官加上注解的鉛筆素描送上生產線的第一項階段，就是用樣版裁切器製作版型，接著小型裁縫師團隊中的一員，會在工作室中打造樣本。傑拉德・法拉第（Gerald Farraday）於2015年描述過這項過程，他在1972到82年間負責製作樣本：

MARY QUANT'S

g!nger

GROUP

IS HERE!

Heather   805

white Couture
hat ribbon
+ bias ribbon

zip B.
curved corners t.
square neck
chanel seam F
& top hips
patch pockets
zips t. show.
width t. skirt
hem as suit
skirts.
sleeveless
plain cut to B.
seam
darts a.s.f.
chanel seam
across B. a.s.f.
long dart
from hip tops
t bust
zip B
chanel seam F

hip tops

white couture
top. stitched
white
+ brass zips
on the short dress
long darts from
hip t bust.

MQ

我開始工作時，激進派還在營運，樣本工作室會透過樣版和樣本服飾開發出設計系列。設計選品的版型隨後會被開發為生產紙型（card production patterns）（用紙做的原版設計），不同顏色的版型用來開發對比性高的織料、襯布和尺寸，再利用生產紙型，製作產品系列所需的服飾樣本。之後這些紙型和樣本會交給激進派，進行它們生產過程所需的進階開發。原版紙型保存在大型公文信封中，封面上畫有設計品的線圖、風格編號與名稱，存放在艾佛斯街。

樣本工作室非常龐大。裡頭有時有三四名樣本紙型裁切師、一名樣本織料裁切師、八名樣本縫紉師和一名整理師（finisher）。剛開始，工作室的主要任務是為了時裝秀和銷售開發原型設計、樣本紙型、樣本服飾和重複樣本。之後我們繼續生產半高級時裝系列。

瑪莉創造了她自己的設計，也雇用了一位助理設計師（1970年代時），但所有設計事務都要由瑪莉認可。她會討論作品，自行調整和選擇織料，也總會做出最終決定。樣本工作室是創意團隊的一分子，瑪莉會帶設計品的素描來，或是只帶來一份關於調整先前設計的備註。我們會討論任何需要釐清的部分，但由於工作環境的親近感和密切度，你能明確了解瑪莉想要的東西。她對自己的需求相當堅定，工作室也得找出方法達到她的要求。她總會跑來看看工作狀況，急於看看有誰在處理哪項設計，以及工作的進展。

檢視產品時，瑪莉的觀點非常精準，也會立刻觀察到她想改變的地方。她可能會想在某項設計細節調整1/8或1/16英吋時，就算那是難以處理的織料，像是棉布或緞布，可能還因此得將服飾解體。

一切總會照她的意思進行，她的熱情與精力充滿感染力且激勵人心。

我們有駐店模特兒能試穿衣服。有莎拉‧道森、卡琳娜‧佛斯特（Carina Frost）、亞曼達‧李爾和莎拉‧霍蘭比（Sarah Hollamby），霍蘭比同時也擔任瑪莉和潘蜜拉的秘書。她們相當苗條，但並不瘦弱。我有份日記記載了某些人體型的紀錄，臀圍34吋相當正常。

逼近產品發表會時，樣本室總會忙成一團，也經常代表人們得在週末進公司，或是在深夜工作，但當時的氣氛活潑且令人興奮。瑪莉總是感激這點，也會送茶和午餐過來。我們一年做了好幾個產品系列，包括給西班牙與美國的產品，但我們沒有在貿易展覽會販售。英國產品系列總是在早上9點半的早餐秀時發表。我們在法院巷（Chancery Lane）的東庭園舉辦媒體發表會，也經常在薩伏伊飯店舉行。我們有些來自樣本室的人，會去幫忙擔任化妝師，或在後台處理任何上台前的試裝工作。瑪莉喜歡處理大量匹條（piece）（「匹條」是製造商提供的標準長度織料）。東尼會把備忘錄貼在匹條或織料上，讓我們得到使用紀錄。花邊來自批發商，但偶爾有必要時，我們也會從彼得‧瓊斯（Peter

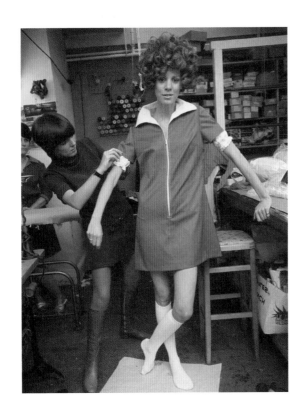

Jones）等零售商那購買，之後再找尋
批發供應商。

樣本工作室製造的服飾品質相當高，瑪
莉對作工和布料的品質非常堅決。埃里
克曾訓練瑪莉成為女帽匠，那是高級時
裝，因此她極度注意細節和手工處理。
她心裡總會注意那些事，她不願接受次
級品。

樣本縫紉師的技藝高超，也懂得很多，
你得和他們緊密合作，他們也能幫忙
試穿。我們會讓人體模型或駐店模特兒
試穿，所有調整都會記錄，也會納入紙
型，有必要的話，還會再製作一個樣
本。裁縫工作由外包處理，但第一件原
型會在工作室製作[18]。

得到生產許可後，樣本和完整紙型會由
史坦伯格紙型裁切師處理，讓對方透過
型號放縮（grading）成四種不同的美
國青少年尺寸：7號到13號，以供生產。

傑克・艾森堡（Jack Isenberg）當時
是時尚業經理，一開始為史坦伯格公司工
作，他提供了自己對生產過程與行銷官設計
的想法，以及她對業界更廣泛的影響：

當時是1966年，我剛從紐約市的流
行設計學院（Fashion Institute of
Technology）畢業，取得了服飾業
工商管理學位。我的時尚「事業」起
點，是在史坦伯格公司工作，那是間
多部門服飾公司，大多用亞歷克森

品牌來生產訂做服飾。赫羅克西斯（Horrockses）是它們的部門之一，負責生產洋裝，也與瑪莉官合資，用「瑪莉官激進派」品牌製作她的設計。該公司由里昂·拉普金（赫羅克西斯）與阿奇·麥克奈爾（官）共同管理。現在回想起來，我不曉得這些來自截然不同文化的人，是如何在工作上共事，但那並非天作之合。在我繼續說前，我們得先回到官和史坦伯格公司合夥關係中的文化差異，因為我認為，回想1960年代帶來的差異相當重要。官代表「新社會」：服飾上的徹底革新，是改變英國社會正常習慣的其中一項媒介。泰倫斯·康藍用家具達成這點，披頭四／滾石樂團則採用音樂。日常生活中的一切都受到質疑，官引進迷你裙一事只是催化劑，催生出英國社會先前從不允許的事：「流動性」（在階級間移動的能力），階級系統終於擺脫枷鎖了。

史坦伯格公司／赫羅克西斯代表先前的價值觀體系：他們握有提供王室服裝的權力。總經理（傑克·史坦伯格〔Jack Steinberg〕）與沃爾夫森家族（Wolfson family）聯姻。公司總部位於一棟多樓層現代辦公建築，該建築也屬於公司。身穿黑夾克與條紋長褲的人，會送下午茶給高層。高層選用勞斯萊斯汽車，自然也配有一位司機。那是英國BMQ的縮影（前瑪莉官時代〔Before Mary Quant〕），你會發現，接受官帶來的新鮮手法，是相當艱困的任務。他們已經用這種方式行事多年，而官說「不」，這才是正確作法。他們肯定感到備受威脅，兩個團體之間免不了產生許多衝突。即將證明的是，英國——或許連世界，都不再與之前相同，前所未見的創造力，終於取代了維多利亞價值觀體系。一切充滿英國風

味，而帝國已然消逝，但看看我們用什麼來取代它：「迷你裙」、披頭四的〈她愛你〉（She Loves You）和滾石樂團的〈跳躍的閃耀傑克〉（Jumping Jack Flash）。我的工作有雙重職責：我是里昂·拉普金的助理，也（在他的指示下）負責協調銷售到生產的業務。那職位涵蓋的範圍相當廣泛，始於許可設計樣本進入生產線，和收集所有生產服飾商品所需的資訊，我隨後會提到更多相關細節。

當時的商品選擇過程非常困難，因為當權者們都企圖證明自己才是老大。會議首先在艾佛斯街（瑪莉的總部）舉行，隨著商品生產，地點則改到南莫爾頓街。為得到許可的風格命名，是過程中的高潮，每件服飾都獲得了名稱：「汪汪（Woof Woof）」，「香蕉船」（前端有長拉鍊的洋裝），和我的最愛「內賊（Inside Job）」，那是套絨布長褲，褲管內側呈亮色，外側則是暗色。

隨著產品進行開發，有了瑪莉團隊的幫助後，我和史坦柏格公司／赫羅克西斯生產團隊找來和織料與物料來源有關的資訊，並收集紙型（讓我們能製作生產用紙型）。在此同時，受到我幫助與指導、並加上席德尼·卻爾法斯（Sidney Cherfas）（銷售經理）的大量意見後，里昂·拉普金會預估每件服飾的銷售量，讓我們購買織料。這項過程非常流暢，而隨著銷售季進行，過程也經常改變。

回到傑克·艾森堡和瑪莉官激進派的話題上，我們講過組織商品和其他次要細節，接下來談談真正有趣的東西：銷售商品線。計畫始於巴黎的成衣，一般而言，展覽店家會打開攤位，讓所有人看他們的商品，關起官攤位的決定，讓法

國組織者們大為驚駭。喬恩‧班南貝格（Jon Bannenberg）（伊莉莎白二世女王號〔*Queen Elizabeth II*〕船隻其中一位室內設計師）設計了攤位。封閉攤位引發了一場提案戰（法國人對上英國人），但官獲勝，攤位關閉。

里昂‧拉普金用法語發表評論（腔調連法國人都為之讚嘆），珍‧迪索薩（Jan DeSouza）和卡莉‧安‧莫勒（Kari Ann Moller）等一群頂尖模特兒則沿著伸展台漫步，表演不只場場客滿，觀眾還下了訂單。時裝秀成了熱門話題，官確實已席捲巴黎。

興奮感不僅僅只出現在成衣業，也延伸到巴黎。在美心餐廳（Maxim's）舉辦的大型晚宴，來賓也包括了模特兒們，她們穿著迷你裙走到桌邊時，一陣陰森的靜默籠罩了整間餐廳。店裡所有客人都盯著她們瞧，我一直不確定那是作嘔、不敢置信或震驚，但必定激發了強烈反應。

下一站是「如果你能在那出頭，在任何地方都能成功」的地點，別名大蘋果或紐約市。瑪莉選擇了阿爾岡坤飯店（The Algonquin Hotel），該飯店以接待文壇與戲劇名流而聞名，最知名的則是阿爾岡坤圓桌（Algonquin Round Table）。圓桌室成了激進派的戰情室：未來的顧客在那觀看產品線，策略會議也在那舉行，成

了家外之家。那裡曾是布魯明黛百貨（Bloomingdale's）與梅西百貨（Macy's）的戰場，雙方爭奪紐約的獨家販售權。布魯明黛百貨勝出，激進派與擁有百貨或店中店的菁英供應商合作。由於報章雜誌與廣播公司激發出的大眾興趣，加上零售商接到的訂單，使紐約之行極為成功。只要政策受到控制、生產團隊也盡責，激進派就會逐漸成為主流商品來源。

狀況維繫了一陣子，但我不清楚為何雙方會拆夥，我在事前就離職了。我參與服飾業很長一段時間，但我從未見過像瑪莉官為服飾創造並帶來的激情與原創性。官這位來自國王路的女士，在英國風俗現代化過程的歷史上，具有舉足輕重的地位。我相當感激自己在業內看到的一切，現在想想，那是20世紀的重要時刻[19]。

114 │瑪莉官
「高球」閃爍長襪，1967年
金銀絲面料：72%金屬線，28%尼龍
V&A：T.86:1 to 2-2018

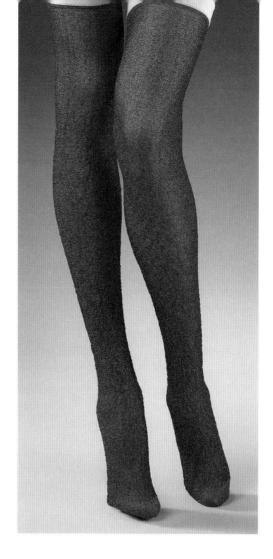

115 │瑪莉官長襪與緊身襪的
原版包裝：
上排：
長襪，1965年
V&A：T.72-2018

無接縫微網
長襪，1965年
V&A：T.9-2019

「監獄鳥（Jailbird）」緊身
襪，約1968年
V&A：T.101B-1983

中排：
「尼特腳（Neet Feet）」緊
身襪，1968年
V&A：T.8-2019

「暖腿（Leg Warmers）」緊
身襪，約1975年
V&A：T.101G-1983

帶有V形花紋的淡黃色緊身
襪，約1970年至1974年
V&A：T.12-2019

底排：
「點點（Dotty）」緊身襪，約
1975年
V&A：T.13-2019

「強勁（Starkers）」緊身
襪，約1967年至1969年
V&A：T.11-2019

不透明緊身襪，約1980年
NCOL：185-2019

激進派風格那種較短的裙襬反映出這些變化中的社會風俗，並與逐漸受歡迎的緊身襪同時發展，它讓大眾捨棄了對單件吊帶與長襪的需求。1950年代，除了冬天用的厚羊毛襪外，還沒有很多人穿緊身褲。據傳巴黎世家將緊身襪引進高級時裝市場，馬莎百貨則於1963年率先生產緊身襪，和瑪莉官激進派同年進行[20]。尼龍織品公司（Nylon Hosiery Company）從1964年起，就為瑪莉官公司製作長襪與緊身襪[21]。這家公司成立於1954年，當時妮爾瓦·柯瑞（Nirvair Curry）和她丈夫史瓦倫（Swaren）與他兄弟德瑞（Derry）搬離印度，在聖保羅座堂（St. Paul's）附近的市場攤位販賣接縫長襪。到了1960年代，公司在卡文迪什宅（Cavendish Place）3至5號和牛津街（Oxford Street）214號營運，透過商品交易會販售，有時會與位於「紐約、巴黎、米蘭、哥本哈根、赫爾辛基、巴西與中東」的瑪莉官化妝品系列代理商連絡。柯瑞家族與不同製造商合作，生產種類廣泛的織品，有些用萊斯特郡（Leicestershire）的舊式平織機器製作，也在他們位於諾丁漢郡（Nottinghamshire）曼斯菲爾德（Mansfield）的工廠生產。

負責日常經營與開發官織品大多過程的德瑞·柯瑞，探索了為其他設計師進行生產的可能性，卻發現儘管許多人有興趣收取授權費，他們「對設計不太有興趣……瑪莉很注重這點，完全相反。除非她能提供意見，否則不願意讓我們使用她的名字，剛開始我們以為這會造成麻煩，但效果反而很棒，因為她非常傑出」[22]。

柯瑞兄弟和瑪莉官建立合作關係後，發展出一項製作長襪的技術，將襪子的頂端縫在一起，這類襪子和普通長襪都染上明亮的色彩，以便和瑪莉官單品服飾產生反差與協調。系列拓展出新顏色和打印編織，1966年起，則加上充滿活力的「高球（Highball）」

閃爍長襪，有銀色、金色、藍綠色和紅色〔114，115〕[23]。獨特的瑪莉官包裝剛開始使用暗綠色或棕色，但之後則轉為黑色，加上雛菊標誌，延續了品牌識別的一致性，也幫助品牌從迪奧和漂亮波莉（Pretty Polly）等競爭者中脫穎而出。透過授權，瑪莉官緊身襪一直生產到1980年代，也成為最持久的產品線，雜誌上刊載了該品牌各種長度、色彩和樣式排列的長襪、緊身襪和短襪，可於高街與百貨公司購買。

1960年中期發明的萊卡（Lycra）改變了內衣，將女性從先前必備的馬甲式服飾中解放。此時官也明白她服飾所提倡的自然纖細身材，對新支撐衣（support garments）的需求。這些官內衣由位於樸茨茅斯（Portsmouth）的韋恩加滕兄弟（Weingarten Brothers）製作，透過他們的青春線品牌，以「Q形（Q-form）」名稱

MARY QUANT

STOCKINGS

MARY QUANT

SEAMFREE MICRO-MESH STOCKINGS

MARY QUANT

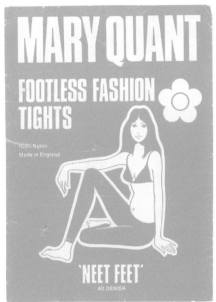

MARY QUANT

FOOTLESS FASHION TIGHTS

100% Nylon
Made in England

'NEET FEET'
40 DENIER

MaryQuant Tights

MaryQuant Tights

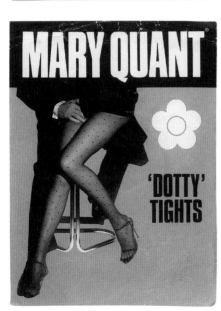

MARY QUANT

'DOTTY' TIGHTS

MARY QUANT TIGHTS

STARKERS

40 DENIER
OPAQUE TIGHTS

ONE SIZE

Will fit most figures
up to 102cm/40"hips

OPAQUE 40
MARY QUANT

Hand wash only
100% Nylon
NHC/Made in England

116 │瑪莉官萊卡內衣的廣告，約1966年

瑪莉官資料庫

117 │莎拉·道森（右）和兩名模特兒穿著瑪莉官製作的內衣
《新星》，1965年4月

照片由奧特弗萊德·施密特（Otfried Schmidt）拍攝

販售，加上現在知名的官雛菊標誌，由6塊瓣片（petals）織成，而非5塊。韋恩加滕兄弟從19世紀晚期就在紐約開設馬甲店，並於1905年在樸茨茅斯的諸聖路（All Saints Road）開設工廠，該工廠似乎於1972年關門或搬遷了[24]。Q形系列包括胸罩、束腹、內褲和吊帶，之後加入連體緊身衣，剛開始是黑底白紋和白底黑紋款式，1966年則加入了「天然」膚色系。《蜜糖》（1960年開始出版）和《新星》（1965年）等新雜誌中的廣告，都提到了恰當的年輕化市場元素，並強調舒適與活動性。《襯裙》（於1966年首度出版）中一份文章聚焦於瑪莉官的連體緊身衣，它是設計來搭配吊帶穿著，指出長襪依然還是正常服飾。模特兒蓋（Gay）「喜歡它光滑的線條，隱藏吊帶的盡頭位在大腿中央的突起上，在迷你裙的高度頂端夾住長襪，也喜歡長襪自然地突顯她體型的方式」〔116，117〕[25]。1965年，官也與亞貝拉國際公司（Abella International）簽署了泳裝授權合約。

除了授權生產的商品外，設計服飾依然是官的主要焦點。在這多產的一年，她的設計包括具有功能性與時尚感、用平織棉製成的長褲與工裝褲，以及為了夏季生產的褲裝，以新藝術（Art Nouveau）風格的利伯提百貨裝飾用織料製成。〔136〕對越來越短的裙子感到不適的人們而言，這些服飾是有效的替代方案，不過它們也對傳統帶來挑戰：如先前所提，女人只有在家中等非正式場合，才會穿著長褲。這或許是當代女性在服飾上經歷的最大挑戰之一，官也讓長褲成為女性能在不同場合穿著的選擇。到了1970年代，以宣傳照為佐證，官自己偏好穿長褲，也讓非正式且男女通用的穿衣方式逐漸成為風格。

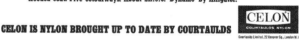

隨著倫敦社交生活中的固有禮節逐漸改變（至少對年輕市民而言是如此），毛皮大衣的需求也開始遞減，那是所有「名媛少女」衣櫥中最昂貴的物品。不同製造商和零售商都尋求官為這塊市場設計產品，1965年，她為德高望重的德本漢姆與福里波迪百貨設計了毛皮大衣。這些設計可能是由倫敦毛皮專家羅亞特（Roat）所做，某些現存服飾能找到標有此名稱的附加名牌[26]。V&A博物館中一塊阿斯特拉罕（astrakhan）、或稱波斯羔羊皮所製的大衣，曾在《閒談者與旁觀者》出現，雜誌將它描述為「典型的原創性……它嚴謹的小立領、長袖和樸素的裁縫師鈕扣，使它同樣適合日間正式場合」[27]。普通消費者無力購入毛皮大衣（無論是否由官設計），此樣本要價220堅尼，或是231英鎊（約為現在的4070英鎊）[28]。毛皮大衣依然是新時尚菁英的終極地位象徵，像是喬治·哈里遜和貝蒂·伯依德，他們結婚時便穿著瑪莉官毛皮大衣。皮衣和其他服飾也是時尚衣著中的要素，1966年，人們能從《蜜糖》雜誌上購買工具組，在自家製作假小馬皮毛皮大衣（由某位不知名的設計師設計），只要花費6英鎊12先令，或是當今的116英鎊[29]。1965年起，選項還有官設計的短吻鱷魚牌雨衣，使用官偏好的PVC材料，有些產品甚至有用大型安全別針扣住的腰帶，比龐克風早10年出現[30]。官也利用其他新材料設計大衣，像是賽綸（Celon），那是科陶德斯推廣的一種尼龍材料。這件大衣有份設計留存至今，還附有官寫的指示，收件人是高德曼先生（Mr Gouldman），他可能是短吻鱷魚牌雨衣的員工〔119，120〕。手寫字條透露出官影響傳統製造商嘗試新點子的能力，上頭寫道：「我想說服你試試這張素描（1）白色蠟光尼龍是最犀利、令人興奮又好賣的材質。」官建議對黑白襯墊尼龍進行第二次測試[31]。

118 ｜ 瑪莉官為短吻鱷魚牌設計的「賽綸」尼龍大衣，反面有寫給高德曼先生的指示，約1966年

海瑟·提爾伯瑞·菲利浦斯

119 ｜ 短吻鱷魚牌「賽綸」大衣的廣告，約1966年

120 ｜ 瑪莉官為短吻鱷魚牌設計的雨衣，1966年至1967年
PVC

由貝芮·戴維斯（Beryl Davies）穿著與捐贈
V&A：T.95-2018

1964年起，官與越來越多生產商合作，用更平易近人的價格，打開更廣泛的新產品範疇來達到她的目標：成為時尚民主化的推手，其中包括紙型、雨衣、內衣、長襪與緊身襪。1966年一雙「閃爍長襪」只需要19先令11便士（當今約莫16英鎊），還不到1英鎊[32]。不過，這些商品代表特殊購買行為，黛安·哈里斯（Diane Harris）於2017年捐贈給V&A博物館的兩雙長襪，原本是她丈夫送的聖誕禮物[33]。

創造編織樣版也讓官產品變得更平易近人，讓手藝精湛的居家紡織工能穿戴她的設計品。蘇·羅伯森（Sue Robertson）的母親蘿絲（Rose）製作了一套洋裝，現在存放於V&A博物館，按照第67頁的T恤洋裝風格製作，這種設計很適合平織衫，無論是激進派風格的黏合平織纖維平織衫，或是透過手工編織合成紗線而產生的厚重效果，這項設計正是為了宣傳這種效果而製[34]。

1966年，官也忙於充滿野心的計畫，打算發行瑪莉官的化妝品系列（見第154頁）。還有一系列PVC衣物與包包，有些上頭加上

了雛菊標誌，並在同年註冊商標，輔助完成了官風格整體的外型〔121〕。

此前十年的努力，讓官在1966年11月從女王手上收下了一枚大英帝國官佐勳章，普倫凱特·格林與麥克奈爾則一同出席，頒獎典禮提供了絕佳的攝影機會，也出現在全世界的報導中。她選用自己一件舒適休閒的招牌羊毛拉鍊平織裝，配上相襯的貝雷帽、緊身襪和鞋子，再加上優雅的露背手套，這可能是丹特斯公司（Dents）根據其設計製作的產品[35]。官為了典禮選擇這項實用服飾來應對天氣與禮節，靈巧地解決了正式頭飾的問題，也避免了對傳統訂製大衣的需求。

官用數百種色彩與排列設計了這類平織裝，為全新的自信年輕女性示範完美外型，讓她們在高街上購物時，能享受購買力與更多的選擇。如前所述，官原本在美國發現了黏合平織纖維，她的助理雪莉·舒維爾（見第97頁）透過織品機構標準國際（Standard International）的一位代表，找到了英國供應商阿米斯·米爾公司，它們能夠製造出與美國樣本相符的材料。這種織料明亮的顏色

與雕刻般的品質，完美地適合簡單迷你裙裝的開發與興盛發展，加上對比明顯的邊線、鑲邊和口袋標誌。V&A博物館館藏中的大多樣品，都是百分之百羊毛製成，透過熱黏合成為合成襯裡織料〔123至130〕[36]。平織裝的不同變化形式，是為了美國市場特別設計：現存於紐約市博物館的一系列樣品板，顯示出在美國就傑西潘尼百貨分店製作不同風格時所使用的材料、剪裁和配色〔100〕。官的助理蘇珊・艾薩克斯整理了這些樣品板[37]。

這種繽紛平織風格的另一個版本，出現在《官照自己》初版封面上的照片〔5〕。設計師坐在地上，還有一大冊樣品簿展示來自史帝維可尼特公司（Stevcoknit）的條紋平織樣本，該公司位於北卡羅萊納州[38]。根據雪莉・舒維爾的說法，這種風格其實是長版平織上衣，官從紐約羅德與泰勒百貨內的「貼身衣物」或睡衣部門中買下。這種居家服飾鼓舞了官，讓她設計出一系列成套平織服飾，包括胸罩、內褲、短襪和迷你裙，並將之宣傳為「作為外衣的內衣」[39]。

時尚編輯克蕾兒・倫多夏姆為奧黛莉・赫本選了件典型的官平織裝，讓她在1967年的電影《儷人行》中穿，使這位通常與法國女裝設計師紀梵希合作的女演員，得到了全新外型。《邪屋》（1963年）中的克萊兒・布魯（Claire Bloom）、《狂野情緣》（The Wild Affair）（1965年）中的關南施（Nancy Kwan）和《喬琪姑娘》（1967年）的夏綠蒂・蘭普琳，都曾在螢幕上穿過官的服飾[40]。隨著官成為她品牌的知名臉孔，電影明星代言就不再是要務，不過自然有許多女星與歌手經常公開穿著她的設計，像是席拉・布蕾克（Cilla Black）。害羞卻經常旅行的官，已習慣到哪都碰上人群，不只是為了她在美國的合作（參見蕾吉娜・李・布雷茲克在第110頁的文章），此處的相片中，她和男裝設計師與零售商約翰・史蒂芬在羅馬參加宣傳行程，因為瑪爾古塔街（Via Margutta）上開了家「卡納比街（Carnaby Street）」時裝店〔122〕。

儘管她的激進派設計依然常在高級時尚雜誌出現，官的產品在聚焦於年輕女性興趣與外型的新雜誌上，得到了更多支持，這些

131 │ 珍妮・伯依德和葛莉絲・柯丁頓為毛巾布連身衣擔任模特兒，1967年
照片由波克柏格（Bokelberg）拍攝
瑪莉官資料庫

132 │ 瑪莉官在製圖板旁拿著「官來了」鞋的塑膠模具，1967年

133 │ 瑪莉官
連身衣，約1967年
延展毛巾布
V&A：T.96-2018

女性讀者來自更廣闊的社會背景。1967年的《蜜糖》有篇特集探討了官的各個層面，從她對化妝的想法，到她對居家裝飾和烹飪的個人品味，可以將她統整生活的手法以一種信念總結：

> 每個女孩都得扮演好自己。對我而言，《蜜糖》的讀者象徵了充滿冒險精神的年輕靈魂，內心蠢蠢欲動，也會迅速對想法感到無趣……我設計的衣服必須完美襯托她，強烈到能呼應她的性格，但絕不宰制或抑制她。它們得為她賣命，她能任意使用或濫用它們，它們也得具有牛仔褲的隨興舒適[1]。

這本特殊冊子追溯了4位「普通」女孩（她們是品牌當前的目標市場）的故事，她們透過官的產品改頭換面，並在之後訪問這位設計師。內文敘述中的設計師相當自在，也體現了她的品牌精神。她丈夫與生意夥伴現在成了幕後助理，她則處於生產力的巔峰，不過她已經36歲，比她著手打扮的20歲女孩們年長許多。激進派服飾自然和其他產品一併得到宣傳，書頁中刊登了一系列淡粉紅和粉桃色洋裝，由崔姬和官的其他金髮模特兒穿著，和其他書頁中短吻鱷魚牌公司所製作的堅韌大衣、與線條陽剛的剪裁形成對比〔124和125〕。另一幅跨頁照則誇獎了她新發現的絲絨，並讚揚它的飽滿、和能將染色化為「沸騰甜點」般的能力。德國生產的新

PETER MULLETT

THE QUANT FORMULA ❀ IN FASHION

8

❝People tend to think that I design rather tough clothes, but nothing could actually be farther from the truth. Naturally, within the Ginger Group range, I feature trousers and trouser-suits, but a large proportion of the Collection is always strictly 'pretty'.❞

Long-line apricot dress, ruffled in white—like all the others on this page, in open-weave rayon—*Marshmallow*, 9¼ gns. Drawstring-tied blouson, primly collared and cuffed, *Snowball*, 9¼ gns.; puritanical smock-dress, turned back to front for our photograph, *Porridge*, 7½ gns.; lilac and white dress, narrowly-bowed in white, *Darling*, 9¼ gns.; strait-laced look, feminine-frilled, *Carruthers*, 9¼ gns. White crêpey stockings by Mary Quant for The Nylon Hosiery Company, 6s. 11d.

9

---

134 | 帶有「普利頓」衣領的瑪莉官激進派洋裝
1967年
棉料

由派翠西雅·洛伊（Patricia Lowe）穿著與出借

135 |〈官的時尚公式〉，《蜜糖》特刊，1967年

V&A：NAL 607.AT.0015

系列居家服大量使用延展毛巾布（stretch towelling），其中也包括全身緊身衣和短版連身服〔135〕。

　　在許多照片中，瑪莉官都在位於德雷柯特宅（Draycott Place）住家客廳的龐大製圖板旁工作〔132〕。這張照片中的她，拿著她的「官來了」塑膠鞋靴系列樣本，由布里斯托金斯伍德（Kingswood）的G·B·布里頓公司（G.B. Britton & Sons）製作（他們也是「特夫（Tuf）」工作鞋的製造商）。這項計畫於1967年8月展開，這種新穎的鞋類使媒體產生莫大興趣。由色彩鮮明的擠塑塑膠所製，顏色包括「猩紅色、栗色、橘黃色、綠色、酒紅色和黑色」。它們包括長及腳踝的「鞋靴」，有些還配有裝設拉鍊、可拆卸的及膝延伸零件。鞋跟透明，並刻上官的雛菊標誌，讓雪地和泥地上出現雛菊型腳印。由於和瑪莉官緊身襪和激進派洋裝的顏色一致，這些鞋子創造出平價整體風格[42]。製造商打算生產50萬雙，這些鞋子也相當受歡迎，

但儘管穿起來很有趣，襯料也很柔軟，塑膠卻不透氣，不適合長期穿著。

　　這項計畫反映出官持續追尋新材料與新製造方式，她在與《衛報》記者艾利森·阿德柏罕（Alison Adburgham）的訪談中也討論到這點，描述那年即將發售的附鞋緊身襪，以及加上塑膠足套的連體緊身衣[43]。訪談揭露官努力接受時尚的轉變：從過去擷取靈感。「那不算是時尚，因為那是舊服飾，而穿上過去的服飾，總讓人感到憂鬱。當我看到這種事時，就覺得我們設計師沒有提供正確答案。」不過同時，時尚趨勢正持續回溯過往，而她為激進派所做的某些設計品，則涵蓋並迎接了這股趨勢，V&A博物館中的裙子與夾克便反映出這點；它們由威廉·莫里斯（William Morris）的「金盞花（Marigold）」裝飾棉（furnishing cotton）製成，山德森公司（Sanderson）於1960年代再度採用這種材料。某些迷你洋裝使用了以帶有古典風格的細白布刺繡製作、整齊又

IS THIS JUST ANOTHER FAD?

The big beret.

12s 6d.

12 Quant colours.

Enquiries for Quant berets to 39 Fitzroy Square, London W1.

MARY QUANT

136 │ 崔姬為細條紋裝擔任模特兒
〈年輕想法的花俏打扮〉（Young Idea's Dandy Look）
《Vogue》，1967年9月15日

照片由赫姆特・牛頓拍攝

137 │ 這只是另一種流行嗎？（Is this just another fad?）
瑪莉官貝雷帽的廣告，1967年

纖細的蕾絲〔134〕，特別是1966年的「白布系列（Calico Collection）」。該系列的靈感，顯然出自薩里郡的普倫凱特・格林鄉間寓所櫥櫃裡的愛德華時期風衣和正式外套。官描述成品中的「罩衫裝，加上縮褶荷葉邊裙子的低腰連衣裙裝，最棒的是，配上顏色相符的細白布刺繡褶邊的前衛熱褲⋯⋯所有衣物都很短⋯⋯賣出速度遠比我們製作的速度快。」[44]

1967年秋季宣布與英國貝雷帽製造商坎戈爾（Kangol）進一步合作，或許是官在1966年的大英帝國官佐勳章頒獎典禮時，戴了一項奶油色貝雷帽所導致〔137〕。坎戈爾是傳統英國品牌，現在也以嘻哈歌手配戴的漁夫帽和便帽而聞名。坎戈爾貝雷帽於1939年首度由賈克斯・史普萊瑞根（Jacques Spreiregen）於1939年在坎布里亞（Cumbria）製造，他是從波蘭來到英國的難民。起初貝雷帽從法國進口，作為軍事

使用與工作服飾，坎戈爾的名稱顯然源自K（絲〔silk〕或編織〔knitted〕），「ang」則來自安哥拉毛（angora），「ol」則出自羊毛（wool）。貝雷帽與其他帽子得到成功宣傳，成為戰後時期的時尚必備品，坎戈爾則於1964年開發出一系列由披頭四代言的帽子[45]。總共12色的瑪莉官貝雷帽在3年後上市，要價12先令6便士。帽子內部印上了雛菊標誌與坎戈爾的交叉織衣針，也順利打造出官從頭到腳一氣呵成的套裝造型，如同《Vogue》等雜誌中的廣告所示[46]。使用諸如「這只是另一種流行嗎？」等口號的廣告，延續了官品牌諷刺又充滿自覺的風格，可以在她化妝品的廣告中看到這點，用她製作創新商業產品的名聲開玩笑。坎戈爾的公關人員海瑟・提爾伯瑞注意到，作為提升服飾觀感的工具，貝雷帽並不昂貴，它們也廣泛出現在較新的雜誌中，包括《襯裙》、《天賦》（Flair）、《傑姬》（Jackie）與《19》，並為坎戈爾和官創造了額外生意[47]。

從《Vogue》到《襯裙》等時尚雜誌，都反映出1967年代的變動氛圍，它遠離了摩德文化、極簡前衛感和洋娃娃般的體態，轉向更修長、動感且成熟的優雅感，像是激進派在1967年9月《Vogue》年輕想法單元〈花俏打扮〉跨頁報導中的黑白夾克和長褲〔136〕。瑪莉官依然是時尚界的領頭勢力，最近才在梅費爾中心地區開了旗艦店，地址在新龐德街（New Bond Street）113號，而她的設計與名字也在許多報導頁面出現；但其實是她的量產設計品，像是彩色緊身襪與化妝品，在這10年接近盡頭時，在時尚媒體中逐漸強化了存在感。

官與化妝品

碧翠絲‧貝倫

1966年3月，化妝品採購員與記者都收到了5片拼圖〔138〕。它們組成了1張照片，上頭有22名穿著迷你裙裝的模特兒，包括西里雅‧哈蒙德、葛莉絲‧柯丁頓與佩姬‧墨菲特，她們位於「『化妝品想法混在一起了！』瑪莉官說，一面望著名模們在美感叢林中掙扎。結局：瑪莉官化妝品。為全新的搖擺市場量身打造！這是化妝品中失落的一環。」的文字下方。這項充滿自信的宣言，指出了新產品幕後的概念：年輕、無厘頭、解決問題與使用簡便。隔天，最後一片拼圖帶來了一份邀請函，邀請賓客前往位於倫敦梅費爾的某家俱樂部參加發表酒會。

1968年，官總結了她為何參與「化妝品工作」的原因：「現在衣服不同，臉孔錯了。」[1]時尚已經歷了劇烈改變，但化妝品卻遭到遺忘。這不只應對到可供購買的產品，也延伸到色彩、包裝、廣告與販賣化妝品的方式。官回想：

> 沒人考慮過用紅色、粉紅色或淡橘色之外的色彩來做唇膏，或用藍色、綠色或紫色外的顏色做眼影，因此化妝品並不靈活，也不有趣……在店裡販賣化妝品的人，也總是最像惡龍的女人：她們太嚇人了。她們會追著顧客，抓住對方……化妝品還困在戰時的概念[2]。

根據阿奇‧麥克奈爾的說法，起初三人找了瑪喬莉‧古德溫（Marjorie Goodwin）（娘家姓氏為卡森斯〔Cussons〕），她是卡森斯公司（Cussons Sons & Co）的行銷總監，最知名的產品是帝國皮革（Imperial Leather）香皂，她想跨足美容市場[3]。他們並未達成協議，但官很快就與史丹利‧皮克（Stanley Picker）簽署合約，皮克是盛會化妝品公司的美國老闆與總裁，該公司是麥倫‧皮克集團（Myram Picker Group）的一份子。皮克位於倫敦外瑟比頓的工廠，負責製作平價品牌，像是以年輕顧客為對象的礦工（Miners）與戶外女孩（Outdoor Girl），以及中價位的盛會產品。官花了18個月籌備化妝品發表會，這位設計師日後回憶此時為「最刺激的時期」：

> 我毫不質疑自己對色彩與產品的概念，因為對我而言，新元素的需求過於明顯，但當包裝與測試順利進行，看起來也很棒時，這是我一生中唯一相信風險投資會成功的經歷。[4]

官對化妝品的經驗影響了自己，她宣稱曾使用過畫筆、水彩顏料盒與蠟筆等藝術家工具，預示了日後的產品與名稱[5]。拍攝時，官觀察到模特兒使用為劇場開發的產品、筆刷和技巧自行化妝：「她們塗上暗色以創造出骨骼與纖細的鼻子，並用亮色突顯雙眼，並打亮顴骨。」[6]官想簡化化妝品，讓產品能相互配合，女性也能減少上妝時間，不需要隨身攜帶太多東西。在時尚中，官企圖創造「完整外型」，由可互換的配件構成，不只能加強彼此效果，還能營造出獨立組合[7]。她說服製造商製作針織品與緊身襪以補充色彩，現在她則將這種方法運用到化妝品上：

> 我要的一切色彩都彼此配合：牛頭牌（Colman's）芥末黃、紫紅色和油灰色，油灰米白色或帶有綠色色澤的相似色，還有黑與白。1965或66年時，我已經在處理化妝品了，也使用相同的色彩……我為指甲油帶來那些色彩，自然沒人看過那種顏色的指甲油。還有唇膏與眼影，因此那些顏色能夠與一切共用。這當然產生了整體性……[8]

於1966年3月28日參與首場發表會、或是一週後辦在瑪莉官家中第二場發表會的記者、採購人員與銷售代表，都見識到了化妝品革命：那是種全新的包裝概念。1960年代中期，有許多（但並非所有）美妝產品都裝在塑膠容器中販賣，這種設計是為了模仿牛角等價值更高的材料，或官口中「全粉紅的

'Make-up ideas all mixed up!' said Mary Quant watching top models floundering in the beauty jungle. Result: **MARY QUANT** make-up. Cut out for a big new swinging market! It's the missing link in make-up! Wait for it! Pièce de resistance tomorrow!

138 │ 瑪莉官化妝品媒體發表會的邀請函，1966年3月28日

照片由泰倫斯‧多諾凡拍攝

139 │〈瑪莉官給你最重要的產品〉

瑪莉官化妝品廣告，1966年

ADVERTISEMENT

MARY QUANT GIVES YOU THE BARE ESSENTIALS

MARY QUANT BRINGS MAKE-UP TO DATE! Everything you need, nothing you don't, for the face of the moment. The bare essentials.

It's a great breakthrough, based on what models actually use. Mary talked to dozens. They gave her the bare facts.

Planned for today's bare bony big-eyed look: Starkers, the nude make-up. Face Lighter, Face Shapers to bring out, minimise,

camouflage what you've got. Eye-Shapers, Liquid Shadow in unobvious colours like Grape, Slate. Blot-Out to give lips a fair bare start. Brown Lip Shaper. Brush Lipsticks. In fact chisel brushes for everything. Madly professional! Nail colours geared to today's clothes: Chrome, PVC White, Camel +. In pairs,

so you can combine them to make a third. Everything compact, portable, fussless. It's the quick commando beauty kit of the moment. The bare essentials for every girl who wants today's face.

Strip-cartoon instructions give you the know-how step by step; get them from Mary Quant, 3 Ives Street, London SW3.

縫料和假金子」[9]。官宣布了自己對平價材料的熱愛，包括它的氣味，她宣布自己的包裝會相當老實，「是100克拉的優質塑膠」[10]。

設計衣服時，官會畫朵雛菊，來指示服飾需要某些額外點綴，但還不清楚究竟需要什麼：「我經常到處畫這些雛菊，我很緊張，接著它們出現在衣服上，成為常規，也成為那朵雛菊。」[11]1966年1月，現已成為常規的五瓣黑雛菊圖案首度註冊成為商標。它大量出現在化妝品容器上，也出現在早期一份廣告中的裸體模特兒身上〔211〕[12]。盛會化妝品公司的顧問設計師大衛‧麥克米欽（David McMekin）曾與官在包裝上共事，他注意到她「最純粹的包浩斯（Bauhaus）椅子選擇，銀製餐廳和『正經八百』的態度，他則將之轉化為黑色或白色閃板上的五瓣銀雛菊。」[13]反映出官對誠實與效率的渴望，唇膏則存放在刷紋金屬管中。官想要某種「能從口袋或袋子中抽出的東西，彷彿那東西屬於閨房。我想，唇膏為何不能看起來像打火機呢？」[14]

產品宛如玩笑但踏實的名稱，暗示了它們的效果或目的。其中有「赤裸」，海外將之解釋為這是「英國對裸體的俚語」：這種粉底有淡，中，暗三種選擇[15]。「塑臉粉（Face Shapers）」用於修容：「蘑菇米白色」會創造出陰影，「象牙色」幫助打亮，「亮臉膏（Face Lighter）」則提供補強，那是用小管裝的乳霜類產品。半透明的「最終（Face Final）」粉則和海綿粉撲一同裝在粉盒中販售。顏色較淡的「眼蜜（Eye Gloss）」，是種珠光乳霜眼影，它形成液態「塑眼液（Eye Shapers）」或粉末「刷塑眼粉（Brush Eye Shapers）」的底霜，這兩種眼影具有三種彼此協調的色澤：憂鬱藍、綠與土黃色，組合在附有鏡子的粉盒中。官經常提供顧客兩種產品組合：客戶可以選擇塊狀睫毛膏（cake mascara）、或附上細棒的管裝睫毛膏，兩者都有黑、棕與藍三色可供

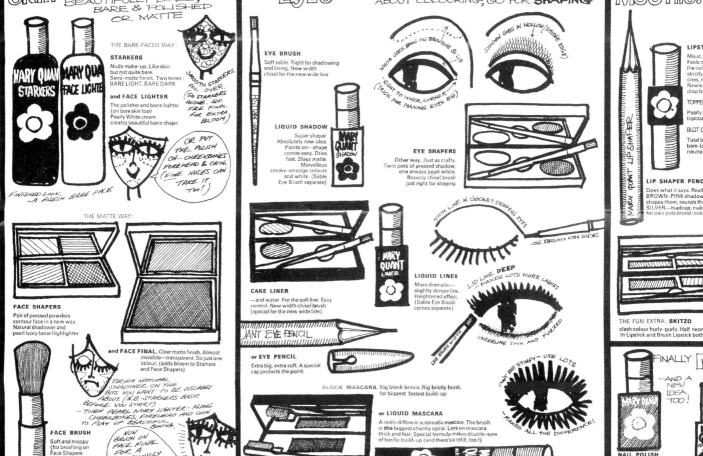

That's the lot—for now! Nothing fussy, no unnecessary bits and pieces, absolutely **nothing** old hat—just the essentials for todays when the look changes so will my cosmetics. Newies will happen all the time—so watch it! 🌸🌸🌸🌸🌸 🌸🌸🌸 **MARY QUANT COSME**

140 | 顧問主管喬伊・英格拉姆（Joy Ingram）和瑪莉官出席其中一場首波化妝品宣傳會，地點在伯明罕的拉克漢斯百貨公司，1966年

141 | 「瑪莉的好點子」，銷售點傳單，約1967年

由珍・帕克（Jan Parker）繪製

「塑臉粉」修容粉帶來了更多小技巧。珠光粉能加強顴骨上的光澤，我也將它抹在額頭和下巴。我在下巴點上較暗的眼影，讓我的下顎看起來短一點。

「最終」能鞏固這些效果，接著再度使用暗色塑臉粉來突顯我唇膏的外層邊緣。用「液態眼線（Liquid Liner）」，劃出明顯的眼線……（原文照登）也對在下眼瞼刷假睫毛很重要。我會把刷子沾進罐裡，在衛生紙抹一下，接著輕輕擦在睫毛。接下來則是睫毛膏，當然也需要一大疊衛生紙，總共需要七項物品！[18]

化妝品革命也延伸到銷售力上：為了取代「惡龍般的女人」，官在商品上市前找來6名年輕的化妝品顧問。於1966年成為她們主管的喬伊・英格拉姆（現在則姓德本漢姆－波頓），記得她們受僱時的狀況：「不只由於她們長得好看，也因為她們擁有個人魅力。」[19]銷售顧問們穿著黑色針織迷你裙裝，上頭有白色花邊，胸前口袋則有雛菊標誌，她們的角色是品牌代表，得讓消費者想「看起來像那個女孩」〔140〕[20]。狀況對主要是男性的銷售代表則較為複雜，他們得將自己可能還無法完全領會的激進新概念，兜售給心態經常保守的百貨公司採購人員，對方「往往依然固守原本的想法」[21]。

商品上市後，業務代表與女銷售員會去幾個英國城市巡迴宣傳。顧問會在百貨公司的臨時櫃替消費者的半張臉上塗抹化妝品，並在靠近一隻眼睛的位置畫上一朵小雛菊，介紹新產品給顧客。為了讓外界了解新產品線，以及正確的使用方式與順序，店家開發出了印在高級紙張上的四格漫畫，紙張還能折成小三角形〔141〕。派翠西雅（派特）・馬許（Patricia〔Pat〕Mash）（現改姓蓋翰〔Gahan〕）於1966年7月擔任官的顧問，也記得四格漫畫是種優秀的行銷工具：女性

選擇。可以用六種色號為嘴唇染色，有管裝與以「刷式唇膏（Brush Lipstick）」裝在盤中的兩種形式，都附有顏色相配的指甲油。

「表現自然」是為「新類型女性」打造的理想效果，也能擺脫粉底餅製造出的面膜[16]。1981年，記者瑪格麗特・艾倫（Margaret Allen）在文章中將這種「臉孔和雙唇上蒼白的素顏感，只聚焦於雙眼」，稱為「英國」或「倫敦」外型，該風格也迅速席捲世界[17]。

瑪莉官是她品牌的最佳大使，她在1967年《蜜糖》雜誌的特刊，描述了自己的化妝流程：

臉：類似「赤裸」的「底部」遮瑕膏，還有裸妝，再加上絲滑效果，就和皮膚一模一樣！

雙眼：眼窩後的棕色，和眉骨上的白色，來自「棕色」與「珍珠白」雙罐粉狀眼影。

嘴唇：從六根唇膏中選出兩根：最蒼白的，和最明亮的粉紅色——Q.1或Q.6（接著我可以將顏色塗濃或塗深）。

強調這三項重點後，就能營造出有意思的臉孔。可以同時或之後補上額外化妝品。妳可以試試雀斑，用「棕眼影筆（Brown Eye Shaper）」點上……」

142 | 瑪莉官美妝公車（Mary Quant Beauty Bus），1971年
盛會公司的員工扶著瑪莉官美妝公車（從左到右）：國際示範人員維琪．貝德福德（Vicki Bedford）；公關秘書羅溫娜．哈尼－威爾（Rowena Honey-Will）；國際示範人員席薇亞．帝特林頓（Sylvia Titterington）與莎莉．康普頓（Sally Compton）；公車司機與陳列藝術家大衛．諾特曼斯（David Notermans）；國際公關專員派特．馬許；瑪莉官國際業務與行銷經理崔佛．漢索（Trevor Henzell）。

可能會透過購買瑪莉官唇膏一窺現代滋味，「但她們會得到這份漫畫，回家看了漫畫後，下週就會回來買赤裸膏，再下周又會來買別的產品，就這樣建立起整套官產品收藏」[22]。

原本的6名女性銷售員編制很快就擴編了，負責在許多百貨公司的專櫃工作。在倫敦，能在賽弗里奇小姐（Miss Selfridge）、芬威克（Fenwicks）、哈洛百貨公司的「入口」精品店（Way In）、狄金斯與瓊斯百貨、DH．伊凡斯百貨（DH Evans）、約翰．路易斯百貨、彼得．羅賓森百貨（Peter Robinson）與博姿藥妝店（Boots）的攝政街分店，都買得到瑪莉官化妝品；但或許會令人感到訝異的是，在任何官分店中卻都買不到。

1966年4月到7月間，好幾個歐洲國家引進了這系列化妝品，8月時，派特．馬許和兩名同僚被派往美國。《女裝日報》報導，英國的「官產品系列」會在美國商店的成衣部門販售，而非美妝部門[23]。載銷售員出國最引人注目的方式，是官美妝公車：那是輛亮紅色的路霸（Routemaster），也是顯眼的倫敦雙層巴士，內部架構已全數拆除，並裝設化妝用長桌、鏡子和旋轉凳，用於化妝訓練與全面打扮〔142〕。1970到75年間，原本的公車與它的白色後繼者巡迴了歐洲、加拿大、美國和委內瑞拉。當它停在品牌大型零售店前時，來自倫敦的化妝師們與受訓過的當地專業人士便開始工作，最多能有24名顧客同時享受瑪莉官化妝體驗。1970年負責管理國際公關部門的派特．馬許回憶道：「公車上不會進行銷售，但年輕顧客們都會得到一份瑪莉官四格漫畫，上頭描繪如何使用產品，還加上一份適合每個人的產品清單。人們能去鄰近的店家或藥妝店購買商品。」[24]

廣告

和大多其他化妝品牌截然不同的瑪莉官化妝品強力廣告，出自湯姆．沃爾西之手，他於1960年在一份男性消費者期刊重新發行時，擔任該雜誌的藝術總監。在沃爾西的主導下，《小鎮男子》（Man about Town）（很快就簡化為《關於小鎮》〔About Town〕，接著則變成《小鎮》〔Town〕）的設計產生高度影響力，其內容重點在於大衛．貝里和泰倫斯．多諾凡等新銳攝影師的相片，泰倫斯還為拼圖拍了22位模特兒的相片[25]。沃爾西透過他成立並與之共事的好幾家廣告公司提供建議，但也會以個人名義進行，並成為官與普倫凱特．格林的朋友[26]。

沃爾西的手法非常類似他在《小鎮》時首創的作法：他經常利用一張引人注目的圖片，通常是裁切過的照片或近照，配上大膽、具衝擊性的標題，且經常使用雙關語，和不拘禮節的風趣文字。1967年「赤裸」與「亮臉膏」的廣告就是絕佳範例：一名盯著鏡頭的模特兒身上寫著「露骨騙子」，而在她微張的雙唇間，可以看到一顆金牙。她：「赤裸，纖瘦，美麗。新鮮。自然。騙子！是與否。」她的自然美感完全出自瑪莉官化妝品。同年防水睫毛膏的廣告更為驚人〔143〕。雜誌有半頁填滿了模特兒旁分的金色瀏海，髮尾碰觸到她左眼的睫毛，有滴淚水剛從該處落下。她能成為「哭吧，寶貝」，因為她使用了「瑪莉官新防淚睫毛膏」。沃爾西於1972年搬

到美國後，由其他廣告公司繼續為該品牌製作引人注目的廣告（見第164至171頁）。

新產品與香水

香水是此系列增加的第一項產品。瑪莉官描述她用自己對新氣味的看法，說服法國傳統香水故鄉格拉斯（Grasse）的保守男性調香師時遭遇到的困難。這件事確實有些矛盾：她的提議原本打算「和男用香水一樣開放且自信，但也帶有女性特質、性感、大膽且複雜」，並激發「與某種潔淨混合的情色」[27]。最後終於達成滿意成果，香水套組A.M.和P.M.於1966年10月上市〔145〕。根據派特・馬許的說法，「最重要的關鍵」是「以瑪莉官五瓣雛菊形狀打造大指節銅套戒，再用彩色玻璃「珠寶」覆蓋中央戒環」。打開戒指的蓋子，會露出裝有兩種口味的香水蠟[28]。湯姆・沃爾希設計的一個廣告裡，有位模特兒臉孔的正面與側面照，她的雙唇間

夾著一顆多面寶石和花朵。她是個「雙面女郎」，白天時「無辜地像朵木茼蒿」，到了夜晚，就開始「燃燒，並散發誘惑與威脅」[29]。1974年瑪莉官發行了另一款香水：浩劫（Havoc），那是「為喜歡玩耍的女孩」設計的香水與古龍水。

或許令人驚訝的是，原本的產品系列並不包括假睫毛，而那正是1960年代風格的主要特色之一。後來在1967年3月，不只一項、而是推出三項假睫毛產品：「翹睫」（Lashings），能用於上下眼瞼的睫毛，之後「你能一根根各自調整」；「自然睫」（Natural Lashes）只有「一絲不真實感」，另一項則是天差地遠的「女騙徒」（Vamps）[30]。該年稍晚，官最知名的化妝產品之一「大量睫毛！」（Loads of Lash!）上市了：一條8英吋（20.3公分）長的真實睫毛辮[31]。1968年增加的「下眼瞼睫毛」（Lower Lidders Lashes），則反映出轉向新類型自然風格的趨勢：「輕如鴻毛」的睫毛連到透

明細條，而非一般的黑色細條[32]。官繼續開發其他睫毛產品，包括可重複使用的「洗戴」（Wash'n Wear）睫毛，於1972年上市[33]。

官於1968年下旬首度進軍護膚界的產品是「皮思膚想」（Skin Think），該產品遵循著她化妝品「有用又好玩」[34]的概念。產品系列包括「徹底潔淨」（Come Clean）洗面乳、「清爽」（Get Fresh）化妝水、「皮膚飲」（Skin Drink）妝底乳液和「皮膚救星」（Skin Saver）「強力乳液」，以及一只裝了「陽光般金黃色藥丸」的小圓盒，裡頭含有維他命B和C，反映出官的信念：「化妝品的未來，就是從裡到外照顧身體。」[35]普倫凱特‧格林認為加入「亮黃色」藥丸的招數，是「上帝賜給行銷人員的禮物」，但並不喜歡他妻子「一再嘗試乳液」。官告訴記者榭拉‧布萊克（Sheila Black）：「我經常坐上好幾個小時，抹上乳液再擦掉。管家以為我瘋了。」[36]1960年代晚期與70年代早期，官發表了「急速古銅」（Topspeed Tan），那是種加入防曬油的曬黑乳液；「陽光油」（Sunshine Oil），用於讓皮膚準備好曬黑的噴霧產品；與「曬傷緩沫」（Redskin Relief），用於「舒緩曬傷皮膚的噴沫」[37]。

1966年10月，官就已發表了她第一只「顏料盒」，這是用單一容器呈現產品的有效方式：扁平白盒裡的蓋子裝了大鏡子，上頭放了三隻眼線筆（或眼影）、黑色塊狀眼線膏、塊狀睫毛膏、兩只唇刷、兩只眼刷和一把用於雙唇的寬大「鑿子」[38]。和女用化妝盒（miniaudieres）（1930年代相當風行的小型珠寶型盒子，內部備有化妝品夾層）不同的是，官的容器並不是用珍貴材料製成，而是塑膠，上頭飾以一朵銀製雛菊。其餘以同種方式製作的物品包括：上頭蓋著易擦黃色塑膠的長方型盒子，裡頭裝滿了過夜所需的一切物品。它兩塊可堆疊的內部托盤之一，裝載了樣品大小的護膚產品，另一塊則擺了化妝品。瑪莉官「工具組」（Toolkit）是

個較小的版本，裡頭將唇膏、「赤裸」、眼蜜、眉筆和睫毛膏等「所有基本工具」裝在黃色小塑膠袋中[39]。

官化妝產品的名稱與包裝持續使人感到開心：「厚臉皮」（Cheeky）是種「不油膩腮紅」、「臉紅寶貝」（Blushbaby）是種粉狀腮紅，「吉皮粉」（Jeepers Peepers）則是粉狀眼影[40]。剛開始，色彩是硬性編排，但很快就由「金潔波」（Ginger Pop）、「櫻桃波」（Cherry Pop）和「香蕉閃光」（Banana Shine）（1972年），以及1973上市的4種顏色「頑皮指甲」（Naughty Nails）：「性感藍寶石」（Sultry Sapphire）、「邪惡翡翠」（Evil Emerald）、「永恆琥珀」（Forever Amber）和「誘惑綠松石」（Tempting Turquoise）等名稱取代[41]。色彩一直是該品牌最令人印象深刻且傑出的特色。官的化妝品上市時，日後的歌手托亞‧威爾考斯只有8歲，住在伯明罕。不意外的是，家人在1960年代不允許她化妝，但她姊姊：

　　……會帶漂亮的瑪莉官指甲油圓瓶回家，包括金絲雀黃、閃爍的綠與夜色般的黑等驚艷的色彩。我可以花上好幾小

時盯著這些美麗瓶罐，那些設計是我見過最棒的東西之一。瑪莉官歌頌了各種色彩，這也對我造成莫大影響，讓我將化妝品視為自我探索和表達的工具[42]。

做愛時的化妝品

到了這十年尾端，美感理念改變為符合兩次戰爭之間逐漸流行的美感。崔姬記得自己想看起來「30幾歲又亮麗」，並讓頭髮變長，捨棄了假睫毛，也試著使用「糊掉的顏色」[43]。由芭芭拉·胡拉尼基（Barbara Hulanicki）創立的時尚商店碧芭跟上了這項趨勢，胡拉尼基於1969年發表了自己的化妝品系列，企圖在較平價且年輕的市場競爭。

官煽動了另一場革命：以黏膠為基底的化妝品系列，不只較不會傷害皮膚，也不需要太多染料，還擁有更強效的蜜粉。盛會化妝品公司的創意總監吉兒·勞德戴爾（Jill Lauderdale）曾與官在這個新產品線上合作，並描述它為「完美產品。它很前衛、也很透明，還能維持24小時。」[44]接任勞德戴爾職位的蘇·史都華（Sue Steward）在1971年回憶道：「我們想製作的產品，能讓女孩在帶著妝容接吻擁抱時，不用讓外表變得又髒又嚇人。通常如果女孩帶妝上床，起床時就會亂成一團。」[45]此想法啟發了它的名稱：「做愛時的化妝品（Make-up To Make Love In）」，就連「官組織內」某些成員，都認為這名稱「太危險了」[46]。1970年6月店家開賣前，官的顧問們在倫敦會議上見到這個新產品線，媒體則在「戴爾阿列圖沙（Dell'Aretusa）的午餐會」上鑑賞；那是國王路上的私人俱樂部，顯然也是瑪莉最喜歡的地方之一[47]。

新近廣告公司阿爾德斯－馬強特－懷恩萊赫公司（Aalders, Marchant, Weinreich），和攝影師貝瑞·拉特甘（Barry Lategan）一同製作廣告與宣傳材料[48]。有份傳單在封面刊登了一位有些蓬頭垢面的模特兒，上頭的標題是：「愛是美麗臉孔最強大的破壞者。」在裡頭，外表光鮮亮麗的模特兒倚著身穿高領毛衣的年輕人，而「愛無法扭轉的驚人嶄新化妝品」則得到解釋：「色棒」（Colour Stick）粉底和「紅棒」（Blush Stick）「看起來很暗，但在光源下看起來十分光滑」，它們提供了色彩，而非遮瑕效果。還有「藍色、水色、柔綠色、紫羅蘭色、黃色與古銅色」的「眼影（Eye Tints）」，以及黑色與棕色／黑色的不脫妝「睫毛色（Lash Colour）」睫毛膏。香水雙套組A.M.與P.M.（現在沒有縮寫點了）重塑為「藥水（Potion）」型態，加上「更長效的打底油（oil base）」。官考量到了一切，增加了一只加上「呼吸式酒精檢測儀（Breathalysers）」的漂亮小盒子：「讓妳的口氣保持清新的小香精藥丸」[49]。瑪格麗特·艾倫曾於1981年撰寫關於美妝產業的報導，她回想道：「那是該年一個行銷上的成功，也讓這條官產品線成為英國市場重要的生產者。」[50]

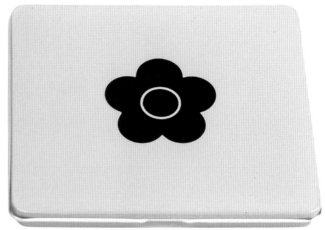

特別配方

1972年5月，官發行了「特別配方（Special Recipe）」系列，起初專注在化妝品上。產品與色彩名稱和六年前相當不同：強調了產品的天然性質，包裝則反映出維多利亞時代的時尚，不過是以官熱愛的塑膠所製。乳霜狀和液狀粉底提供了「5種自然膚色，包括淡油灰色（Pale Putty）、中土色（Middle Earth）、核果棕（Nut Brown）、鄉間黏土色（Country Clay）與天然赭色（Natural Ochre）」[51]。還有胭脂膏、睫毛膏與「眼蔭（Eyeshading）」（眼影液），「全都具有可愛的悲傷色彩，也充滿土質顏料、蔬菜萃取物、蜂蜜、小麥胚芽與杏仁油。」[52]官回憶道：「整個概念帶有懷舊感，包裝則是復古浪漫風。我想要黑金相間的笨重瓶罐，以及和諧的圓形圖像，顏色則有黑色、芥末黃與金色。」[53]商標上有舊式襯線體（serif）字型、一束麥子的繪圖和「保證純正」和「道地原創」等字眼。充滿藝術風格的廣告將商品擺在鄉村木桌上的蔬菜之間，或是撒落在真正的雛菊和青草間。接下來數年還增加了其他化妝品和護膚產品，包括冷霜、面膜、香精和沐浴產品[54]。

主要品牌也繼續發展。1973年9月，官聲稱「適用各處的20色蠟筆」是「我想過最棒的點子」。有白色、灰色與棕色，和黃色與橘色等亮色的纖細蠟筆，筆身以金屬包覆。2個月後，廣告中出現了1組10入的粉彩色蠟筆。這些筆更為笨重，也和藝術家的蠟筆一樣，放在金屬盒中販售，不過那是只亮黃色的盒子，上頭飾有黑色雛菊〔146〕[55]。

同年也出現了新的膠狀產品系列「果凍寶貝（Jellybabies）」，其中包括「膠膚色（Gel Skin Colour）」、「膠色（Gel Colour）」眼影和「膠睫毛膏（Gel Mascara）」。包裝也是天才之舉：白色容器的形狀像是細奶瓶，還加上了奶嘴。

「男性化妝品（Make-Up for Men）」可能比「做愛時的化妝品」更前衛，官記得「它引發了極度震驚」，但也在各地催生出「驚人的宣傳效果」[56]。1974年的美國版《柯夢波丹》刊登了一份廣告，上頭有一對化著同種妝容的夫婦，連邪惡翡翠指甲油都一樣。文字解釋，為了盡量變得好看，兩性都該「用小黑棒塗抹眼睛周遭，刷一兩下防淚睫毛膏，用瑪莉新的太妃糖色臉紅寶貝畫出眼線，再用沾滿清澈閃爍的唇蜜罐（Glosspot）手指塗抹嘴巴。」結果是：「男人看起來依然像男人，只是更好。」[57]產品擺在陽剛的黑顏料盒中販賣，裡頭也裝了「要不是無色版本、就是『健康』版本」的保溼霜，還有兩種修容粉[58]。1970年代，利物浦青少年荷利·強森（Holly Johnson），未來法蘭基到好萊塢樂團（Frankie Goes to Hollywood）的主唱，是「男性化妝品」的愛用者：「根據長久以來的青少年傳統，他會素顏離開房子，接著在第一處街角拿出他的粉盒」，將自己轉變為「妝容充滿異國情調、想仿效默西賽德郡（Merseyside）居民的人」[59]。

1977年，官發行了「肌膚計畫（Skin Programme）」，那是種新的護膚產品線，「不只最新，也擁有最有效的成分」。官帶著美妝廣告不常見的誠懇，聲稱她的產品

「並非青春之泉」，她也「不保證會有任何奇蹟」，但只要在使用新產品時遵循固定作法，「你會比沒使用時看起來更年輕」[60]。為了證明這點，官做出了至今她都避免做出的事：在廣告中亮相。

晚期

官發行「肌膚計畫」時，盛會化妝品公司已成為保健公司施樂輝（Smith & Nephew）的一部分。1980年，美國化妝品牌蜜絲佛陀（Max Factor）收購了該公司，寶僑公司（Proctor & Gamble Group）再於1991年併購蜜絲佛陀[61]。1970年，瑪莉官日本化妝品公司（Mary Quant Cosmetics Japan）成立，它是後來重新命名的俱樂部化妝品公司（Club Cosmetics）的子公司，它原本創立於1903年，販賣（日後也開始生產）化妝品與相關產品[62]。一開始瑪莉官日本化妝品公司在時裝店和百貨公司販售，1986年已擁有75家店，到了1996年則擴張到200家，官在那年用一本書向公司的執行長中山准一（Juichi Nakayama）致敬[63]。

官經常提及她對日本與該國人民的愛。根據阿奇·麥克奈爾的說法，雙方彼此仰慕：「日本女孩非常認同瑪莉，她們很愛她。」[64]中山說服官代言1980年代早期開賣的商品，而不是要她發明商品[65]。麥克奈爾相信日本公司反映出了「官風格」，猶豫後，官接受了這項改變，經常去日本處理新產品。這位設計師特別景仰日製產品的高品質，以及這些產品對細節的重視，和呼應她本身喜好的日本美感。1990年某場訪談，官告訴莉比·普維斯（Libby Purves）：「『妳應該看看那些店：它們就像甜點店，裡頭擺滿可口點心，小巧漂亮，包裝精美。』她把一件包在雛菊信封中的優美內褲丟給我，並從綠色雛菊布袋中拿出塑膠雨披。『看到了嗎？一切都包在另一件優雅物品中，就像是給自己的小禮物。』」[66]

拓展日本事業時，瑪莉官出版了好幾本美妝書。時尚記者費莉西蒂·格林寫的《官的顏色》（*Colour by Quant*）（當時她是維達·沙宣歐洲公司的總經理）於1984年出版，指引讀者如何在臉孔、頭髮和衣服上使用顏色。有些令人訝異的是，書中並未提到任何化妝品牌，拍攝產品的方式也使人無法辨識它們的來源[67]。1986年，記者維琪·班特利（Vicci Bentley）所著的《官說化妝：創意化妝完全指南》（*Quant on Make-up: A Complete Guide to Creative Make-Up*）隨後上市，當時她是《女性期刊》（*Woman's Journal*）的美妝編輯。引人注目的封面圖片就算在《i-D》雜誌上，也不會顯得突兀。它收錄了「圖像臉（The Graphic Face）」的中心部分，那是種戲劇化的歌舞伎風格妝容，也受到皮特·蒙德里安（Piet Mondrian）影響，是書中涵蓋的18種造型之一。出現在圖片中的化妝產品包括瑪莉官的「動態睫毛（Action Lash）」睫毛膏、「色光（Colourshine）」唇蜜、眼影粉和眼影筆，還有擦臉香粉（face powder）。

《終極化妝與美容》（*Ultimate Make-up & Beauty*）於1996年出版（1998年重新出版為《經典化妝與美容》〔*Classic Make-up & Beauty*〕）。儘管化妝的時尚已經改變，書中循序漸進的指示依然有用。服飾（書中沒有展示太多）與化妝品都來自位於艾佛斯街3號的瑪莉官色彩小舖（Colour Shops）[68]。這家店於1994年開幕，販售日本製化妝品與配件，日本公司在前一年收購了全球商標權與授權權利。即使少了她的意見（官在2000年就停止參與公司事務），她化妝品背後不少原初精神依然傳承了下去：它們的配方或許變了，但「眼蜜」眼影打底、「最終」蜜粉餅和「臉紅寶貝」腮紅依然在市面上販售，還加上了「隱形（Out of Sight）」遮瑕膏、「億萬睫毛（Billion Lashings）」睫毛膏與「會說話的雙眼（Talkative Eyes）」眼線筆[69]。

官與廣告：柯萊特・狄肯森・皮爾斯公司

珍寧・賽克斯

　　瑪莉官與她的品牌在廣告的黃金時代受到大眾關注。只要翻閱《Vogue》、《蜜糖》或任何宣傳她設計的時尚雜誌，特別是在1960年代，就能發現織品、長襪與化妝品製造商，都有能支付昂貴彩色圖片的預算。而且，它們能雇用擁有極具創意的藝術家與文案撰稿人的公司，進而抓住消費者的想像力，鼓勵對方購買自家產品。剛開始，作為獨立小公司，官與她的生意夥伴們精於創造行銷機會，不需要昂貴的廣告（不過有時能在雜誌中看到芭札爾的整頁廣告，或是當該品牌於1962年改名為瑪莉官時）[1]。他們也得到時尚編輯的大力幫助，那30年內廣泛地在雜誌上出現。官團隊從早期開始就了解，印有引人注目字樣的手提袋和信件抬頭、以及編織衣物標籤，都具有莫大潛力，能夠增加品牌知名度和忠誠度。當授權給製造商製造官設計的產品（像是青春線內衣、短吻鱷魚牌雨衣與坎戈爾貝雷帽）這種商業模式成形後，為了在店內販售官的設計，雜誌中的廣告就越趨重要。被授權人也有責任支付廣告費用，確保自己對官品牌的投資得到最大回饋。

　　官與普倫凱特・格林深入參與創作與許可不同的廣告活動，也和相關組織緊密合作。有些深具創意的廣告是為瑪莉官的化妝品所做（見第154至163頁），包括英國常見的48單（長6.096公尺，寬3.048公尺）大型告示牌，上頭的模特兒展示各種商品，像是國王路上的「哭吧，寶貝」和「帶睫毛回來（Bring back the Lash）」，或南肯辛頓地鐵站的「空擊（Shadow Boxing）」。官在2012年回憶道，自己首度看到「哭吧，寶貝」告示牌後，「撞毀了自己的小迷你車」。她寫道：「普普藝術把玩著比例與告示牌大小的圖片，我們則回以尺寸放大且誇張的街頭廣告。」[2]

　　1970年代晚期與1980年代，充滿創意的倫敦廣告商柯萊特・狄肯森・皮爾斯公司（Collett Dickenson Pearce & Partners，簡稱CDP，成立於1960年）負責化妝品廣告。這兩家公司恰好彼此適合：雙方都在自身領域扮演開闢新局的角色，也共同重新定義了時尚與廣告能取得的成果。本文追溯英國廣告在戰後時期的影響，包括麥迪遜大道的「廣告狂人（Mad Men）」，也就是所謂「創意革命（creative revolution）」的發起人[3]；英國美術教育的發展；與強化印刷科技，能用於印製畫質更高的雜誌和告示牌廣告。這使廣告成為想像生活與風格新願景的平台。

　　CDP是首批嘗試讓藝術總監與文案撰稿人團隊共事的英國廣告商之一，此舉仿效了美國廣告商恆美廣告公司（Doyle Dane Bernbach/DDB）發明的模式。此後，結合美術與文案，便成為大西洋兩側業界的習慣。恆美廣告公司出現前，特別是英國廣告商，文案撰稿的重要性高於美術設計，也經常由不同部門承擔這些工作。美國文案撰稿人比爾・伯恩巴克（Bill Bernbach）於1949年共同創立了恆美廣告公司[4]，此前他與商業藝術家保羅・蘭德（Paul Rand）合作過：兩人都了解結合美術與文案的重要性[5]。伯恩巴克重組了他的廣告公司，加入創意部門，其中的美術與文案團隊會共同合作，因此發展出強而有力的廣告，並在創意上做出新強調，特別是在「視覺」上。採用這些新架構後，CDP的作品在競爭者中變得獨樹一格，因為它們比之前更能清楚又扼要地傳達客戶的品牌訊息。

　　恆美廣告公司在溝通中掀起的劇變，是更廣泛的社會文化創意革命中的一部分，此革命從1950年代晚期就已開始發展。CDP與瑪莉官有限公司成為該產業中偉大創意的典範：這些公司將創造力擺在商業模式的最頂端。而且，這些組織激發並維繫了下一代創意人才，包括上奇兄弟。摩里斯・上奇（Maurice Saatchi）解釋道：「瑪莉官與亞

Mary's Brave Face.
Brave Faces from Quant. New eyes, cheeks, lips and nails for the civilised savage.

Deadly Day and Night Shades by Mary.
In Black, Green, Purple and Brown from Mary Quant.

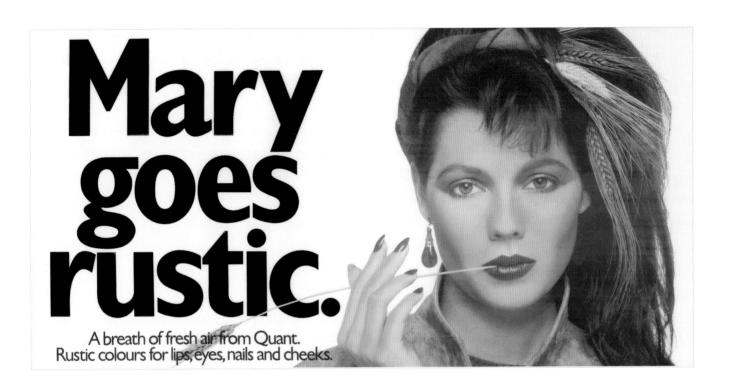

Mary goes rustic.

A breath of fresh air from Quant.
Rustic colours for lips, eyes, nails and cheeks.

歷山大・普倫凱特・格林是上奇廣告的靈感來源。他們是最原始的支持者，也是充滿創造力與原創性的組織所需要的模範。」[6]

創意廣告

　　在為慶祝《觀察家報》雜誌50年的展覽《不分售》（*Not To Be Sold Separately*）所寫的評論中，約翰・賀加提（John Hegarty）解釋1960年代的彩色增刊與其中的廣告，並不只是反映出戰後富裕的窗口，而是創意內容的代表；它們獨立出來，想像出挑戰並激勵讀者的新世界[7]。這是由於某些印刷廣告，包括48單（最大的街頭告示牌），都受到新一波的創意作品所強化，像是唐・麥庫林（Don McCullen）和大衛・貝里拍攝的照片，以及湯姆・沃爾西的藝術方向。

　　CDP贏得瑪莉官廣告權前，廣泛的媒體報導已經創造出瑪莉官品牌的概念，也象徵了為所有人製作的激進時尚設計，時尚雜誌也常常用廣告加強這點。其他品牌甚至雇用官和她丈夫，以名人夫婦或「開創當今趨勢的人物」身分宣傳。1960年5月《哈潑時尚》的長壽啤酒（Long Life）廣告就能看到這點，其中詮釋出讀者可能會欣賞的生活風格。

　　在某份1962年的廣告能看到一種創意手法：廣告中出現了西里雅・哈蒙德，它的傾斜結構突顯出活力感，文字（只需要「瑪莉官」這幾個字）則扮演了配件或手提包，位置擺在模特兒的左手下方〔40〕。同樣的，一份1967年的坎戈爾貝雷帽廣告，官的標誌取代了耳環，模特兒的頭則代替了文字中的字母「o」：「瑪莉官腦中靈光一閃」，象徵某種策略出現，歌頌了官的創造力[8]。隨後，為「受瑪莉官啟發」的賽綸大衣所製作的一份1966年廣告，就仿效了這種手法，模特兒的

中性姿勢顯示出武斷態度，這種特性經常出現在當年時裝攝影的美術設計，以及官的廣告中〔119〕。官化妝品廣告中最具一致性的元素，或許就是1967年「哭吧，寶貝」的經典海報中，一隻單眼有些玩世不恭的直接凝視，這或許也捕捉到1960年代的普普藝術美感〔143〕。另一項驚人範例，出現在1966年暑期的《狂歡派對》雜誌（Rave）中的廣告，其中提供了如何達到「絕佳臉孔」的指示，並讓讀者們享受優雅身材的超現實美感，模特兒身上只有官的雛菊標誌〔139〕。這種廣告從競爭者中脫穎而出，透過製作更精細的美術與文案散發出的力量，更迅速地吸引觀注。因此，它們傑出地宣傳了瑪莉官品牌。

盛會化妝品公司（製作瑪莉官化妝品的公司）的創意總監吉兒・薩克斯頓（Jill Saxton）注意到，在CDP之前，有許多廣告商曾承包瑪莉官化妝品的宣傳案，包括湯姆・沃爾西自己的公司，和阿爾德斯－馬強特－懷恩萊赫公司（AMW），不過到了1970年代中期，瑪莉官就出現在CDP的客戶名單上。在CDP存在的40年內，從1960到2000年，它贏得的創意獎項比其他英國廣告公司都來得多[9]。雷利・史考特（Ridley Scott）、亞倫・帕克（Alan Parker）、大衛・普特南（David Puttnam）和查爾斯・上奇（Charles Saatchi），都是曾在CDP工作過的創意人才。攝影師大衛・貝里也與CDP在許多活動中合作。

藝術總監朗恩・柯林斯（Ron Collins）[10]，和文案撰稿人琳達・麥克唐納（Lynda McDonnell）和藝術總監奈哲爾・羅斯（Nigel Rose），處理了廣告公司的許多創意作品。1969年起，創意總監柯林・米爾瓦德（Colin Millward）就負責管理CDP的整體創意發展，柯林斯則直接處理官的活動。米爾瓦德、柯林斯與官都是美術學校畢業生（不過來自不同學校），也曾經歷過特定類型

的教育，這或許影響了瑪莉官品牌的導向。

1946年，作為和平時期中一系列技術教育發展的活動之一，英國教育部（Ministry of Education）宣布美術學校必須為業界服務。英國政府對美術教育的目標，是在變革中的國內工業基礎上取得進步。這項英國美術教育的工業趨勢起源，可以追溯回更早的時期：20世紀初始，威廉・萊瑟比（William Lethaby）的事業。身為中央政府設計學校（Central Government School of Design，1896年成為皇家藝術學院）的設計系教授，萊瑟比將美術工藝運動（arts and crafts movement）的哲學體制化，並遵循中世紀研討會的傳統，這點與美術學院的傳統恰好相反。到了1948年，羅賓・達爾文（Robin Darwin）就職成為皇家藝術學院的校長，現代主義思想則從芝加哥的新包浩斯學校滲入英國美術學校，它著重在（科學）實驗的個人創造力上。

達爾文的改變在英國美術教育體系最高層級造成的主要影響，是提供所有產業的深度職業性課程。實驗、研究與設計，取代了戰前美術教育的美術語言。這些全新的創意價值，與1946年出現的國家設計文憑（NDD）等政府改革結合，徹底改變了英國美術教育體系的著重點，轉向新的自由主義，這對新興的創意產業相當重要[11]。

瑪莉官、柯林・米爾瓦德與朗恩・柯林斯都取得了國家設計文憑：米爾瓦德和官接受過繪畫與設計訓練，隨後則是為期一年的美術教學文憑；米爾瓦德於1949年從里茲藝術學院（Leeds College of Arts，現在是里茲藝術大學〔Leeds Arts University〕）畢業。官約於1949年來到金匠學院，米爾瓦德在隔年才展開廣告事業，後來在1960年加入CDP[12]。柯林斯於1958年從里茲取得平面設計的國家設計文憑，之後進入皇家藝術學院。米爾瓦德和柯林斯不只成為創意產業中

的管理階層，還和瑪莉官一樣成為改革者。在CDP為瑪莉官製作的廣告中，他們的事業才碰上了彼此。

在我們更仔細觀察一組瑪莉官告示牌前，該先注意到一項常見要素：髮型。1960年代，黑髮鮑伯頭成為新時代強而有力的符號，維達‧沙宣革新了女性髮型。1960年秋季創造瑪莉官的新短髮髮型時，沙宣改造了1920年代電影女星露意絲‧布魯克斯（Louise Brooks）的風格，這麼做時，他與其客戶一同投射出這種風格原始的重要性：女性解放的象徵。根據沙宣1968年的自傳，官帶了個問題來找他：她想要為自己模特兒們的髮型找出不同的髮型，在時裝秀時讓頭髮遠離衣物。沙宣的解決方式是剪掉頭髮，使用早已在官身上嘗試過的鮑伯頭髮型，「像她剪掉材料一樣剪掉頭髮。很省事，不用裝飾，只需要一條優雅的搖擺髮線。」[13]因此

她的黑髮鮑伯頭與造型，成為瑪莉官本人與其品牌強烈的符號，部分延伸自她的設計美感，也彰顯出她的獨立〔153〕。此處架構上的焦點，是充滿吸引力的女性模特兒，她的黑髮鮑伯頭與文案一同發揮功效，清楚表達出瑪莉官與她所代表的一切。文案中的「臉頰」代表一種心態，美術設計則提供了腮紅的產品展示。差異就在這裡：（官）品牌與（CDP）創意策略兩者的獨特性。和許多化妝品廣告不同的是，美術設計大膽地讓塗抹化妝品這種傳統上只在私下進行的過程，在公開場合進行，進而顛覆性地彰顯出這種行為。

約莫在這段時間出現的另一項廣告，也具有「官」名稱，顯然也包含了對一項歷史圖片的視覺影射：美術設計反映出曼‧雷（Man Ray）的經典照片《戴非洲面具的琪琪》（Kiki with African Mask）（1926

年）描繪出一只烏木面具，它擺在法國模特兒愛麗絲‧普林（Alice Prin）的臉旁邊〔151〕。這項以巴黎人為中心的前衛派表現手法，不只與雷的作品有關，也將激進藝術的想法移轉到廣告上。除了法國藝術外，標明「法國創作」的文案，也戰術式地將瑪莉的香水送進能追溯到文藝復興時期的法國香水業。因此，美術與文案的結合，產生了品牌價值，同時將官定位為激進份子，也讓她成為商業勢力。再者，在共六份告示牌化妝品廣告中，使用模特兒而非瑪莉官本人的決定，不只提供了觀眾靈感，還是成為如官一般的人的合理模式。

本文後續涵蓋的所有廣告，都讚揚了瑪莉官設計上的創意手法，特別是「實驗」概念，使用化妝媒介、材料與彩妝盒來改變個人外表。這點清楚出現在文案中：「瑪莉的閃亮眼影」〔147〕和「瑪莉的致命白日與黑夜修容餅」〔149〕。美術與文案以互文方式合作，將眼線筆轉化為光劍，觀眾早已在奧斯卡金獎電影《星際大戰》（Star Wars）（1977年）中看過這種道具。到了1980年代，透過持續保有創意的美術設計，瑪莉官化妝品維持了重要性，但捨棄了經典鮑伯頭，西蒙‧富比世（Simon Forbes）開發的觸角（antennae）風格髮型則取而代之[14]。富比世的觸角髮型與薇薇安，魏斯伍德1982年的「野蠻（Savage）」系列都是當代風格，「勇敢臉孔來自官。文明野蠻人的新雙眼、臉頰、雙脣與指甲」的美術與文案都影射了這兩者〔148〕。「致命白日與黑夜修容餅」告示牌〔149〕所使用的多元種族模特兒，不只在視覺上宣傳了化妝品帶有衝突感的色彩，也是時尚品牌進步且深具意義的行動。儘管在1970年代晚期其他流行文化領域中相當常見，通常多元種族模特兒在時裝照和廣告中十分少見，官的廣告並非如此。整體而言，這些48單化妝品廣告顯示官的想法如何穩定地進入1970和80年代，它們透過髮型或是使用看起來像年輕版官的模特兒，為品牌取得不朽感。

當代圖像、美術、文案和照片中極高的品質，確保了官品牌保有它的獨特性，並把「勇敢」或「強大」等概念傳達給渴求社會轉變的女性。這些CDP化妝品廣告繼續歌頌瑪莉官的創造力，並邀請觀眾成為和官一樣的人：大膽和創新地使用透亮質感與引人注目的彩妝盒。我們能夠追溯官、米爾瓦德和柯林斯得到的戰後美術教育（他們對形體、線條、顏色與材料的基礎研究），並看到這對他們的創意事業帶來的深度影響。

透過選擇CDP處理化妝品廣告，瑪莉官有限公司確保品牌依然與時俱進。這間得獎廣告商創作的每件化妝品廣告，都保有官的勇敢臉孔，也因此讚揚了瑪莉官改變時尚設計界與化妝品的過程。

第五部

1968-1975

解放時尚

　　1968年某份《Vogue》描述了時尚界在1960年代晚期發生的變化，在「能量與刺激的爆發」後，「一股新寂靜」掌控了全局。瑪莉官領導了朝向太空時代服飾的趨勢，但和她一樣的是，她的設計目標女性也長大了，需要用於「園藝、孩童、食物與晚上出門」的衣服[1]。在此同時，時尚變得更多元、更廣泛也更有包容性，但較不容易定義。有些設計師仿效了1930年代的電影明星魅力，倫敦碧芭服飾的奧西·克拉克（Ossie Clark）與巴黎的伊夫·聖羅蘭（他於1966年9月開設了時裝店「左岸〔Rive Gauche〕」）等設計師，創造出的衣物不只捕捉到當下氛圍，還滿足了大眾對設計師成衣的需求。

　　瑪莉官的設計變得更流動，也經常使用更輕盈的平織織料〔154〕。她的迷你裙與洋裝依然很短，但經常搭上修長的長版外套來分隔身材曲線。當商業焦點更著重於授權後，她的助理便經常一同設計激進派服飾，成員包括盧絲·巴萊特（Ruth Bartlett）、費歐娜·克拉克（Fiona Clark）、珍·馬許（Jane Marsh）、珍妮·倫哲（Janie Ranger）和已故的莉茲·瓦倫提（Liz Valenti）[2]。她們用不同色彩、印花與編織花紋和質地，一同開發了合成與天然織物的各種可能性〔155〕。官總是擁有每項設計的最終許可權。

　　官自己的形象變化，反映出素色平織單件服飾較為柔和流暢的感覺。她越來越常在照片中穿著長褲，有時打扮成陽剛風格，反映出她自身的品味，以及時尚中越趨廣泛的中性和非正式。為了布萊恩·歐爾根（Bryan Organ）於1969年為她繪製的肖像畫，她選擇穿上長版西裝背心，套在白色T恤外頭，再加上牛仔褲。皇家藝術學會（Royal Society of Arts）也在這年將她選為皇家業界設計師（Royal Designer for Industry）。

　　激進派的設計持續提供明亮又活潑的派對服飾，像是由某種螺縈製成的胸下迷你寬褲裝，那是用來印製或聚集成天鵝絨般彩色斑點的材料〔157〕。這件洋裝由南娜·比瓊森多提爾（Nanna Bjornsdottir）所穿著，她曾為瑪莉官化妝品擔任模特兒。她在特殊場合才會穿著這套衣服，最近她女兒們也穿它去參加宴會[3]。1971年，在英格蘭中部地區（Midlands）編織的極簡胸罩與內褲套組，已取代了青春線系列；這項產品由柯瑞兄弟為尼龍織品公司監督製作〔158〕。這些現代內衣經常有著大膽的條紋與花樣，表現出完全拒絕任何類型的身形與讓出控制權的根本態度，包裝上的圖片也確認了這點。

　　於1970年從坎戈爾轉入官公司（見第153頁）的海瑟·提爾伯瑞·菲利浦斯提到，官對時尚織料的興趣，反映在她對室內裝潢可能性的看法上：

157 | 瑪莉官激進派
迷你寬褲裝，1970年
嫘縈

由南娜・比瓊森多提爾穿著

158 | 瑪莉官
「陷阱（Booby Trap）」斑點內褲和胸罩，約1972年
V&A：T.94:1 to 2-2018

如果60年代因瑪莉官發行迷你裙而得到盛名，那她轉向居家設計，便是她70年代哲學的重要部分。帝國化學工業集團纖維部門（ICI Fibres）找她以與影響時尚的同種方式，嘗試刺激國內織品市場。儘管使用了「免燙（easy care）」新概念，但它們先前發行的尼龍布與男用「免熨（drip-dry）」襯衫並沒有完全成功。起初瑪莉用聚脂纖維和棉料設計了一系列成套睡衣，設計巧妙的床單、枕套與被套，結合花樣與顏色，並引進深染（deep dyes）：紫色、棕色、藏青色與紅色等色，都相當有開創性。床單經常帶有柔和的粉彩色澤，但臥房忽然成為了風格強烈的陰涼處，與具有多重用途的空間。多瑪公司早期的產品迅速加入了捲簾、油漆與壁紙（加上邊線的格子棉布特別受人喜愛），還有窗簾與沙發套等產品，都將影響力延伸到居住區域。住家忽然成了焦點，戰後世代正在成長與紮根，過去瑪莉在他們的服飾選擇上扮演了要角，現在則影響並指引其居住環境。

1968年10月，《金融時報》記者榭拉・布萊克報導了瑪莉官有限公司優渥的估計盈餘，零售業價值840萬英鎊，並追溯公司從1955年的1200英鎊利潤，到1961年的25萬4千英鎊和1967年的675萬英鎊之間的特異成長。麥克奈爾「腳踏實地」的授權金成長計畫，期望能在7年內取得1年3000萬英鎊的成績。布萊克與公司高層的訪談，揭露了奠基於共同敬意的完美三方關係，它駕馭了官的直覺與願景，麥克奈爾與普倫凱特・格林則迫使她為他們奮鬥，但三人基本上同意他們該「放手一搏，而非在大多狀況下心懷畏懼」。有人將麥克奈爾描述為「平衡」，他「規劃行程，達成期限，並確保一切順利。」官在訪談中承認，少了麥克奈爾，「我不可能讓事情成真，不可能像現在這樣。」[4]

到了1969年，3家芭札爾店鋪都已關門[5]，阿奇・麥克奈爾策劃了這項決定，他主張：授權所得到的可預計收入所帶來的財務安全性，較合乎商業邏輯。2014年受訪時，麥克奈爾回想到，官很難接受這件事，她認為和客戶在實體零售空間互動，是讓她的設計呼應他們需求必要的方式[6]。

麥克奈爾利用控股公司湯瑪斯・朱爾丹來管理公司財務，該公司擁有諸多獲利組織，包括瑪莉官有限公司，1975年，湯瑪斯・朱爾丹公司已成為上市公司[7]。不過，時裝依然是官品牌最重要的元素，激進派批發系列也持續發售到那10年中期（參見下述）。之後，公司推出了一個半高級時裝系

159 │〈你今年春天的櫻花季〉（It's cherry blossom time for you this spring）
《柯夢波丹》，1973年3月

照片由諾曼·伊爾斯（Norman Eales）拍攝

列，藉此維繫官在倫敦時裝週的存在感，並繼續擔任她其餘設計與產品的宣傳招牌〔159〕。

身為官團隊的一分子，海瑟·提爾伯瑞·菲利浦斯負責重點是在公關上與普倫凱特·格林合作。2018年，她描述了部分職責，以及為公司工作的經驗〔160〕：

我在1970年加入位於艾佛斯街的瑪莉官有限公司，在樓上有些混亂的氛圍中工作，瑪莉、潘蜜拉·霍華、亞歷山大和我都有各自的辦公室。裡頭還有瑪莉與潘蜜拉的秘書，依序是亞曼達、瑪格麗特、琳達和莎拉，她們在任期內都提供了莫大助力。工作方面而言，這個空間是棟公寓，備有小廚房、廁所和一座極度有用的壁櫥，壁櫥隔出了較大的房間，用來儲存當季服飾與配件選品。

我們是非常小的團隊。瑪莉、亞歷山大和阿奇是原本的三人組，每人都有另一名董事會成員與之共事。瑪莉有潘蜜拉·霍華，她負責處理設計、織料和工作室事宜。阿奇的左右手是約翰·羅勒森（John Rowlerson），他看顧商業層面，確保被授權人遵守仔細構思的合約；我和亞歷山大一同處理行銷和公關規範。亞歷山大善於為服飾與產品系列想出風趣又貼切的名稱，也會讓設計和宣傳活動變得相當有趣。

經常有在英國以外舉辦時裝秀的需求，美國市場的行銷重點主要是傑西潘尼百貨與郵購業務，這對其他被授權人而言也是關鍵背景，不只是為了增加服飾銷售量，也是為了確保媒體、業界與消費者能明確見識到瑪莉的整體風格。有許多紐約頂級商店囤起了瑪莉的服飾，並於9月1日前往氣溫已升至90度〔原文照登〕的大蘋果，在薩迪餐廳（Sardi's）舉辦媒體發表會。工作人員

在機場跟我碰面，直接將我帶到模特兒選拔會場，選拔一直進行到當天深夜。儘管似乎有數百人參與試鏡，希望能獲選，但只有少數幾個女孩會雀屏中選！測量尺寸也相當困難，找到擁有瑪莉偏好的男孩身材比例的對象，與理解如何展示正確的外觀與髮型成了莫大挑戰。這是我首度跨越大西洋，也對住在阿爾岡坤飯店感到興奮，但真正讓我感到驚訝的是，當時的紐約比起倫敦落後太多了。亞歷山大隔天抵達（瑪莉當時懷孕7個月，無法搭飛機），並由我們的模特兒莎拉·克里吉夫人（Lady Sarah Courage）陪同。隨後3天，我們的行程裡塞滿了大量訪問與媒體活動！

當然了，生活並不總是充滿明亮閃光燈與美食的媒體發表會，就和任何國際公司一樣，討論選品細節的漫長會議，與

160 | 海瑟・提爾伯瑞・菲利浦斯身穿利伯提百貨公司的印花伐樓拿羊毛（Varuna wool）設計，站在激進派辦公室外，南莫爾頓街9號，1973年

照片由東尼・波亞斯（Tony Boase）拍攝

服？」或「現代女性該如何在妻子、母親、管理家務和整天工作之間取得平衡？」等問題，還得在發表特別重要的產品前，先讓國際媒體之中的女強人們產生興趣。

瑪莉與亞歷山大的兒子奧蘭多於1970年11月4日出生，幾乎就是提出室內設計整體概念的同一天！她當然沒空，亞歷山大、潘蜜拉和我則巡迴英國，帶著由假床和裝潢展示品組成的「巡迴展示組」前往所有大型零售店。瑪莉的概念非常受歡迎且實用，以至於之後還延伸至廚房用品、餐具與地毯，甚至是床與床頭板。

即使到了今天，瑪莉傑出的能力幾乎仍透過了某種方式，觸及每個人的生活。她帶有先見之明的直覺，培養出野心、希望、自由感與機會，也反對了規範，而她對「妳不能那樣做！」的反應是：「我當然可以！」她也照做了[8]。

對於政策、策略和未來計畫的爭論接續發生。傾聽並試圖理解每個人的觀點相當重要，無論結果帶來多少爭議，這樣才能得到最恰當的決定。和被授權人更動排程、聯絡與溝通，持續應對零售商和媒體，以便準確發送訊息，這些都是我們日常生活的一部分。對瑪莉獨特設計能力、吸引人的個性與魅力的支持，加上她堅決要所有參與人員維持品牌誠信，使我們全都團結起來。

儘管得經歷長時間的考驗，瑪莉、亞歷山大與阿奇的魅力、啟發性與聰敏的動力，讓每天都新奇又好玩。每天都不一樣，有時得試著為拍攝工作找到正確配件，但配件風格太過前衛，根本還沒有上市！或是回應國際媒體關於新系列的訪談、報導與細節，五花八門的問題包括「50年後，我們會穿怎麼樣的衣

海瑟・提爾伯瑞・菲利浦斯擁有好幾項瑪莉官設計品，都來自她和這位設計師共事的時期，其中包括卡夫坦長袍（kaftan）般的兜帽長洋裝，名稱叫「曼哈頓（Manhattan）」，上頭印製的摩天大樓設計圖案，由華納織料公司（Warners）的艾迪・史奎爾斯（Eddie Squires）製作〔161〕。1973年結婚時，她穿了件由瑪莉官設計的蜜月套裝，包括軟質印花縐紗夾克、和印有重複花樣的裙子，花樣圖案則是穿著愛德華時代服飾的女性輪廓〔163〕。此範例圖來自提爾伯瑞・菲利浦斯的同事潘蜜拉・霍華・梅斯（Pamela Howard Mace）的收藏。

潘蜜拉・霍華・梅斯的教女琳達・克比（Linda Kirby），於2013年慷慨捐贈了由瑪莉官設計的大量服飾給V&A博物館。霍華・梅斯從1964年開始為瑪莉官有限公

161 ｜明月和哈佐‧柯林斯為瑪莉官的兜帽洋裝擔任模特兒，1973年

照片由維佐雷克（Wieczorek）拍攝

162 ｜瑪莉官與奧蘭多‧普倫凱特‧格林，約1972年

瑪莉官資料庫

163 ｜瑪莉官激進派夾克與裙子，1972年
印製嫘縈

由琳達‧克比贈與，以紀念她的教母潘蜜拉‧霍華‧梅斯
V&A：T.31:1 to 2-2013

司工作了一小段時間，接著離開了一陣子，於1968年再度回到崗位〔166〕。阿奇‧麥克奈爾在一封信中向她提出擔任官私人助理的要求，薪水為2600英鎊，還加上公司專車（福特Cortina 1500cc車款）和退休福利金[9]。這次，霍華‧梅斯在公司待到1970年代晚期，做到設計總監。她的故事描繪出在戰後時期追求時尚與設計工作時，可能得到的機會。她的同學桃樂絲‧克比（Dorothy Kirby），記得潘蜜拉「一開始就擁有風格與時尚上的莫大天分，儘管由於她父親的限制和配給券，使她甚至無法穿正確的制服上學。」

潘蜜拉16歲離開學校，加入了週刊雜誌《家庭筆記》（Home Notes）的美妝部門，這時她自己有錢了，就穿了「最時髦的裝扮」，震驚了她的朋友們，那是件「新風貌」風格的軟質灰裙，上半身套上短版王室藍夾克，加上相應的帽子[10]。

霍華‧梅斯買不起冬季大衣，這使她朋友的母親相當擔心，便給了霍華‧梅斯買衣服的錢。大約1951年時，19歲的霍華‧梅斯自己搬到南非的羅德西亞（Rhodesia，現名辛巴威），機票是羅德西亞資助，在那為當地政府工作。

待在南非時，她改行為服飾公司工作，1964年回國後，便開始為瑪莉官工作。和衣物一同捐贈的某張照片，其中出現了潘蜜拉宣傳1971年的官選品之一〔165〕。她站在一群打扮輕鬆的職員與模特兒中央，展示那年選品中的產品，包括普普風的燈籠褲和繫帶靴、軍事風格短褲與誇張的飛鼠褲（harem trousers）。

高品質織料依然是要務，而利伯提百貨公司的印花羊毛也經常是瑪莉官激進派選品的一部份〔168〕。V&A博物館擁有一項1971年的範例，名叫「愛麗絲」，上頭還附有馬歇爾‧菲爾德百貨（Marshall Field）的標籤，顯示出激進派選品依然會出口到美國百貨。為了對零售商宣傳，這件零售價為20塊英鎊[11]的洋裝在現場的鄉間背景中被拍了下來，文字則解釋它也適合在城裡用晚餐

164 | 瑪莉官
束腰外衣與燈籠褲，1974年
機織羊毛

由琳達・克比贈與，以紀念她的教母潘蜜拉・霍華・梅斯
V&A：T.28:1 to 2-2013

165 | 潘蜜拉・霍華・梅斯與瑪莉官的職員與模特兒們，
1971年

時穿著。許多瑪莉官喇叭長褲和裙子風格，都需要搭配1970年代的高厚底鞋，而1971年在倫敦馬歇爾與史奈爾葛洛夫百貨舉辦發表會後，一項授權產品系列就此誕生〔167〕[12]。

新授權產品於隔年上市：由維達・沙宣與麥可・帕金森（Michael Parkinson）等名人擔任模特兒的男用領帶，和製造商懷斯曼公司（Wiseman）製作的一系列眼鏡與太陽眼鏡，官還於1977年設計了寶麗萊（Polaroid）太陽眼鏡。國際授權合約包括南非的伯格河公司（Berg River）發行的床具系列，一家叫佛勒（Forer）的公司則為北美市場製作文具[13]。官也在1973年為包機公司柯特萊航空（Court Line）的員工設計制服。不過影響最深遠的事件，則是她前往日本參與「特別配方」護膚產品與化妝品系列的發表會；瑪莉官日本化妝品公司於1970年11月在東京成立後，她就與日本市場建立了日益頻繁的連結（見第163頁）。

瑪莉官激進派成為1960年代成立的許多品牌之一，它們為高街供給了更多選擇，情況一直持續到1970年代，但價格依然相

166 │瑪莉官
利伯提百貨公司印花洋裝，約1973年
印花絲綢與彈性抽褶

由琳達·克比贈與，以紀念她的教母潘蜜拉·霍華·梅斯
V&A：T.25-2013

167 │瑪莉官
厚底鞋，1972年

由克莉絲蒂·金頓－戴妮（Christy Kingdom-Denny）穿著與
出借

對偏高，這代表人們通常是為了特定理由購買激進派服飾。薇薇安·維爾林（Vivien Wearing）於1972年婚禮完成後，穿了件條紋瑪莉官激進派洋裝，作為她的「蜜月」服飾〔170，171〕。她將這件洋裝捐贈給V&A博物館時，也提到她在碧芭和傑夫·班克斯（Jeff Banks）等店家購買衣服，但從青少年時期開始，官就對她的衣著興趣產生特殊影響。在露西·克雷頓的模特兒學校上課後，維爾林為維洛納時尚公司（Verona Fashions）擔任駐店模特兒，那是家位於伯納斯街（Berners Street）上的批發公司。她於2018年解釋：「瑪莉官洋裝穿起來令人非常開心，那張照片也是我們46年來愉快生活起點的回憶。」[14]

1973年，斯諾登伯爵（官的朋友安東尼·阿姆斯壯·瓊斯）為了英國海外貿易委員會（British Overseas Trade Board）的活動流程，拍攝了10位英國頂級設計師的照片，該活動是為了認可時尚設計師們對出口的貢獻[15]。照片中的官位於團體最前方，身旁則是她歷久不衰的同輩設計師珍·謬爾、

168 | 瑪莉官激進派1971年秋季選品中的「愛麗絲」洋裝

倫敦時尚學院（London College of Fashion）與Woolmark公司資料庫

169 | 瑪莉官激進派
「愛麗絲」洋裝加上腰帶，1971年
利伯提百貨公司印花伐樓拿羊毛
（Varuna wool）

於芝加哥的馬歇爾．菲爾德百貨販售
V&A：T.84:1 to 2-2018

吉娜・福拉提尼（Gina Fratini）與席亞・波特爾（Thea Porter），周圍則是受到官與芭札爾啟發的年輕世代，包括約翰・貝茲、提姆・嘉德納（Tim Gardner）、比爾・吉布（Bill Gibb）、愛麗絲・波洛克（Alice Pollock）、珊德拉・羅德斯（Zandra Rhodes）和奧西・克拉克（國家肖像館〔National Portrait Gallery〕：P1937）。

根據海瑟・提爾伯瑞・菲利浦斯的描述，官最令人印象深刻的衍生產品之一，或許是1973年1月在哈羅蓋特玩具博覽會（Harrogate Toy Fair）上發行的雛菊娃娃〔172，173，174〕：

> 瑪莉經常偏好中性外觀，但她偶爾也會採用充滿少女心的洋裝與花邊，而她深愛的雛菊娃娃，自然也有一頭金色長髮：那是每個小女孩的夢想風格。瑪莉經常開玩笑說，名為「破壞（Havoc）」、身穿皮革夾克與長褲的雛菊「姊妹」娃娃，才是她真正的不同身分。娃娃們在玩具博覽會上市，第一場辦在哈羅蓋特，時間幾乎緊接在新年後（由於已經在聖誕節受到玩具包圍，每個人都覺得有些厭倦），接著則移到布萊頓（Brighton）。當地總是冰冷又颼著寒風，但看到即將在日後佳節時期出現的創意與聰明點子，還是令人感到興奮。

> 官常用的模特兒們在雛菊真人大小的衣櫥旁擺起姿勢，沿著伸展台舞動，某些相當沉著的採購員為此深深入迷，他們熱情地鼓掌並唱道：「雛菊，雛菊，把妳的答案告訴我！」之後，當帶著男孩子氣的紅髮娃娃破壞加入雛菊的行列時，她騎了台剛猛的機車，車身的震動還使天花板上的灰泥灑落到觀眾身上！！這種宣傳噱頭的娛樂性十足，但其實是無心之舉！[16]

這些娃娃是第二次世界大戰戰鬥機飛行員與企業家托奎爾・諾曼爵士（Sir Torquil Norman）的心血結晶，他於1980年創立的藍鳥玩具公司（Bluebird Toys），日後製造了某些大受歡迎的兒童消遣品，其中包括口袋波莉（Polly Pocket）。當他在芭札爾購物時，結識了官與普倫凱特・格林，他們成為了家族好友，諾曼後來也擔任奧蘭多・普倫凱特・格林的教父。1963年上市的辛蒂娃娃（Sindy）早已有瑪莉恩・福爾與莎莉・圖芬設計的時尚服飾，在1968年也成為暢銷玩具；雛菊則不同，讓更年輕的世代有機會擁有較小也較便宜、還穿著設計師服飾的娃娃，價格只要1.3英鎊。能使用可收集的雛菊標誌時裝組為娃娃們進行穿搭，產品從價值30便士的厚底靴、帽子和袋子等配件，到60便士的全套服飾，和90便士的豪華時裝包都有[17]。雛菊由香港的模型玩具公司製作，並由天賦玩具（Flair Toys）設計與行銷，該公司是英國柏維克・提姆波公司（Berwick Timpo）的子公司[18]。雛菊有9英寸（23公分）高，比辛蒂娃娃和芭比娃娃（Barbie）小了點，但頭部則由假人雕刻師阿黛兒・盧特斯坦（Adel Rootstein）製作，她結合了純真的金髮外型與完整的成人魅力。服飾經常是縮小版的正式官產品，

Lola
CS20.8

More
stunning
fashions for
Daisy by

MARY
QUANT

Internationally famous
designer, Mary Quant,
makes Daisy the best-
dressed doll in the world.

Fashions for Daisy by
MARY
QUANT

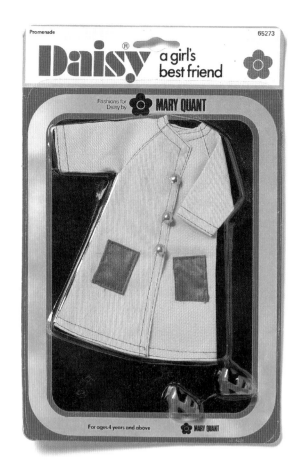

Daisy® a girl's
best friend

Fashions for
Daisy by MARY QUANT

For ages 4 years and above   MARY QUANT

Flossie
65221

More
stunning
fashions for
Daisy by

MARY
QUANT

Internationally famous
designer, Mary Quant,
makes Daisy the best-
dressed doll in the world.

Fashions for Daisy by
MARY
QUANT

For ages 4 years and above.

Huckleberry
CS20.7

More
stunning
fashions for
Daisy by

MARY
QUANT

Internationally famous
designer, Mary Quant,
makes Daisy the best-
dressed doll in the world.

Fashions for Daisy by
MARY
QUANT

172 |「蘿拉（Lola）」;「漫步（Promenade）」;「絨毛（Flossie）」;「哈克貝里（Huckleberry）」瑪莉官的雛菊時尚（*Fashions for Daisy by Mary Quant*）

173 |《雛菊搬進來》（*Daisy Moves In*），貼紙簿，約1974年

由喬安・柯拉斯繪製

174 |「時髦雛菊（Dashing Daisy）」雛菊娃娃，1977年
塑膠，纖料

香港模型玩具公司製作
V&A：Misc.92:1-12-1979

包括擁有像「熱鬧（Razzle Dazzle）」和「華麗裝飾（Frou Frou）」等名稱的社交禮服，以盧勒克斯金屬細線（Lurex）和緞布製成，還有人造皮草製的「泰迪熊（Teddy Bear）」短版夾克和厚底靴，以及亮紅色雨衣「在雨中歌唱（Singing in the Rain）」，所有衣物都附上了厚實的小型紅色塑膠拖鞋。這些服飾的小樣本，由製作正常尺寸版本的工作室員工所做，地點位於切爾西艾佛斯街上的官公司總部。

　　同時上市的貼紙簿和紙娃娃圖畫冊，則揭露了雛菊的生活風格，描繪她待在家中的松木廚房，還加上經典柳樹花紋瓷器和格紋棉布圍裙，或是在「舊衣店」試穿洋裝。有一系列書本在1973到77年間出版，增加了雛菊為女孩們帶來的啟發性吸引力，第一本是《我的時尚日記》（*My Fashion Diary*），隨後還有5本書，包括《我身為記者的刺激生活》（*My Exciting Life as a Reporter*）和《我身為芭蕾舞伶的華麗生活》（*My Glamorous Life as a Ballerina*）。繪者喬安・柯拉斯（Joan Corlass）為每塊背景創造出有趣又易於剪下的道具，全都恰如其分地顯示出瑪莉官的購物、外出與飲食等生活風格，時尚則穩坐雛菊生活要務的最上層。柯拉斯在澳洲受訓，但在倫敦享受漫長的職業生涯，起初在位於大理石拱門（Marble Arch）的C&A莫茲服飾公司（C&A Modes）廣告部門工作，之後成為自由工作者，為女性雜誌和貿易雜誌製作了風格廣泛的藝術作品，隨後則專注於製作書本插圖。

　　雛菊後來得到了一位於1974年上市、名叫破壞的叛逆妹妹，明顯代表了和官本人外型截然不同的另一種風格，據說她性格帶著男孩子氣，風格也更接近官本人。雛菊娃娃備有可攜式小屋，裡頭有搭配服飾的時髦家具;和娃娃與衣服一樣，這些配件由模型

175 ｜《瑪莉官的倫敦》的展品，倫敦博物館特展，1973年11月23日至1974年6月30日

176 ｜ 瑪莉官「阿倫德爾（Arendel）」套裝組合，1973年
羊毛平織布

由瑪莉官贈予
V&A：T.114 to C-1976

玩具公司在香港製作，公司則位於拉納克郡（Lanarkshire）的肖茲（Shotts）。

　　至少有一具雛菊娃娃出現在倫敦博物館的《瑪莉官的倫敦》特展中，於1973年11月開展〔175〕。博物館館長約翰·海斯於1971年3月首度向官提議辦展，該展覽包含了55套服飾，以時間排列的話，從一套1956年的斑點睡褲，到獲選為代表1973年當前選品的阿倫德爾系列〔176〕。海瑟·提爾伯瑞·菲利浦斯解釋了官一開始感到猶豫，之後則同意開展的過程：

　　　瑪莉生活中最難處理的層面之一，就是她的誠實，與受訪時所感到的痛苦。全球媒體持續要求約她會面，要她解釋目前產品發表會或選品系列幕後的思維，以及她對時事的觀點。無論是電影、電視、電台或只是英國報紙的友善記者，都讓她得極力抵抗自身的羞怯，因此，亞歷山大的支持才至關重要。他擁有強大的魅力、幽默感和輕鬆態度，能軟化氛圍，使瑪莉逐漸變得口齒伶俐，再度重拾令人愉快的自然信心。當她解釋自己對作品的製作原因所抱持的熱情與承諾後，先前的猶豫便隨之轉變。

　　這點的範例之一，便是當時倫敦博物館館長約翰·海斯博士前來找我們時。根據他的先見之明，在肯辛頓宮（Kensington Palace）閉展，能慶祝瑪莉的成就，而這卻引發了漫長的說服過程！「只有當人死了，他們才會給你那種程度的認可。」她回答。不過，她終究克服了猶豫，而從1973年11月辦到74年6月的展覽，不只大受歡迎，也造就了傑出成功[19]。

　　展覽型錄顯示，儘管許多服飾由捐贈者出借，其中有些人與公司有密切關聯（像是潘蜜拉·霍華·梅斯和海瑟·提爾伯瑞·菲利浦斯），其他衣物則是跟回應了先前公開募集官服飾的人們商借而來，呈現出關鍵設計品按時間順序的勘查。可理解的是，有鑑於官多年來的作品生產速度，公司並未考慮建立資料庫。不過大多數服飾是瑪莉官本人出借，有些衣服則是根據原版素描重新製作，許多是那些衣物首度問世時，就已在工作室上班的職員們所作[20]。這場展覽印製的型錄提供了符合整體概念的有用圖片，彰顯出當時的時裝攝影，以及芭札爾部分櫥窗陳列。展覽本身也融入時裝攝影，用擺出動感姿態的假人展示衣物。展覽設計師麥可·海恩斯也與官共同製作櫥窗陳列。展示品包括一座房間布景，裡頭佈置了一套官床鋪用品組的黃銅床架，和新藝術運動（art nouveau）時代的梳妝檯，上頭擺滿官的自然配方（Natural Recipes）化妝品，架上也擺了1970年代必要的蜘蛛蘭。

1974年，英國廣播公司第二台（BBC2）《生活風格》（Lifestyle）節目製作了片長1小時的瑪莉官紀錄片，內容拍下官與普倫凱特‧格林的行程，他們造訪工廠，開會評估各個計畫的進度。其中包括英國化學公司ICI：他們繼續合作，並在1975年發表了克林普綸裁縫織料（見第194頁）。《纖維郵報》（Fibres Post）在一篇文章提供了這些織料的預覽[21]，並稱讚它們「獨特又好賣」，也注意到它們協調的組合，和設計上的小比例，這代表「忙碌的家庭主婦或職業女性更容易使用」它們。瑪莉官珠寶系列與葡萄酒品牌帶來了進一步的多樣化，海瑟‧提爾伯瑞‧菲利浦斯如此描述道：

> 瑪莉總是會發現漏洞與機會——像是那牌葡萄酒。1974年，女性依然得為家人購買餐點。從街角商店或超市提回沉重的瓶子並不容易，透過郵購購買葡萄酒的方式就此誕生。身為家族好友與葡萄酒大師的大衛‧史帝芬斯（David Stevens），和官與普倫凱特‧格林（喝了一兩杯後）想出了這個點子，隨後則在週日彩色增刊刊登全版廣告來行銷，販賣基本，但好喝且受歡迎的葡萄酒，像是隆河丘（Côtes du Rhône）、伯恩丘村莊（Côte de Beaune Villages）、勃艮第阿里哥蝶（Bourgogne Aligoté）與白中白（Blanc de Blancs），甚至還有香檳。星期一早上（當時郵局會在週日早上收件）很難打開前門，因為外頭有大量郵件，甚至可能會有輛皇家郵政（Royal Mail）貨車載來好幾袋信封，裡頭附有訂單與支票。見到人們深信瑪莉推薦優秀產品的能力，令我感到驚奇，計畫也生效了[22]！

最後一項激進派選品系列於1975年春夏發行，南莫爾頓街的樣品間與辦公室都於那年關閉。官以小型半時裝選品系列，

持續投入時尚產業，瑪莉官女襪依然是時尚編輯心中的經典品牌。同樣在1975年，官的朋友雪莉‧康藍出版了《超級女子》（Superwoman），對職業妻子與母親而言，這是本鼓舞人心的指南。她請當時身為英國最知名職業婦女之一的官撰寫介紹文，慣常自卑悲嘆的官，居家生活毫無章法，工作與旅行宰制了她的生活。安排了更多前往日本的行程，以便開發販賣化妝品、緊身襪和室內裝飾品的授權生意後，瑪莉官的事業逐漸在全球市場投注更多心力[23]。

販賣整體外觀：官與室內空間

喬安娜・阿葛曼・羅斯

「我一點都不認為這會變成瑪莉官房間。排列有無限多種可能，所以我認為每個人都會想出自己的變化。我也覺得很容易為它增加特色，也能再多買一點東西。」[1]

1970年，英國化學公司ICI纖維公司發行了它與瑪莉官合作的首個居家用品系列：「好消息！ICI纖維公司與瑪莉官為居家布置帶來高端時尚！」刊登瑪莉官握了條英國尼龍（Bri-Nylon）織物的廣告如此寫道。第一個系列包括窗簾、百葉窗、家具的彈性套與寢具，第二年則透過ICI油漆公司（ICI Paints）加入油漆和壁紙。

目前已不復存在的ICI，20世紀時曾是英國最大的化學製造商之一，並由4家公司於1926年合併而成：卜內門（Brunner Mond）、諾貝爾企業（Nobel Explosives）、聯合鹼業公司（United Alkali Company）與英國染料公司（British Dyestuffs Corporation）[2]。該公司製造了種類廣泛的化學產品，從藥品到殺蟲劑都有，也在開發塑膠、油漆與合成纖料上佔有領銜地位。它和合夥方在1930年代開發了聚甲基丙烯酸甲脂（Perspex）、醇酸（alkyd）製油漆和聚乙烯（polyethylene），1940年代開發出聚脂纖維（Terylene）纖料，1950年代則製作了克林普綸。1960年代，瑪莉官用含有官時裝的廣告推廣聚脂纖維材質，且設計並宣傳一系列於1974年上市的克林普綸製服裝。1960年代晚期，瑪莉官和她的生意夥伴們與ICI討論推出一系列室內織品。「她已經在時尚業成功協調過，ICI也想讓國內織品獲得那種時尚經驗。」於1972年擔任ICI行銷經理的吉莉安・赫斯特（Jillian Hurst）在英國廣播公司的訪談中說道，採訪內容是關於官的新室內空間產品[3]。

生活風格配件的到來

室內空間產品代表了瑪莉官品牌全新的商業層面，也反映出室內設計風格和生活風格配件上更廣大的趨勢——這是戰後英國蓬勃發展的領域：「當消費者們越來越常在常去的店裡碰上想要的商品，並在每天都閱讀的報章雜誌上，看到充滿誘惑力的圖片時，會開始將這些人造產品視為生活風格配件。」[4]室內設計雜誌《房屋與花園》（House & Garden）於1947年在英國發行，傳統的社交雜誌《女王》於1957年轉型為以年輕讀者為對象的生活風格雜誌，1962年《星期日泰晤士報》則發行了英國報紙第一本彩色增刊，1964年《觀察家報》雜誌也隨之跟進。

儘管1950年代時，室內空間商品剛開始只是席爾斯（Heal's）與利伯提百貨公司等高端設計取向商店的專屬領域，它在1960年代卻透過棲居（設計師泰倫斯・康藍於1964年成立）等新企業和時髦的美食作家伊麗莎白・大衛（Elizabeth David）於1965年開設的同名商店（位於匹黎可〔Pimlico〕的包恩街〔Bourne Street〕，並販售進口廚具），吸引了種類更廣泛的年輕觀眾。「鐵架上擺了各種規格的錫模和裁切器，上釉和未上釉的陶罐，顏色傳統的碗盤，以厚鋁、鑄鐵、搪瓷和耐火瓷製成的普通鍋子和平底鍋，造型經典的樸素陶具，以及排列整齊的廚師刀、湯匙與叉子。」《觀察家報》的風格作家海瑟・史坦德林（Heather Standring）在1966年的文章中如此形容大衛的店[5]。更多知名設計商店試圖討好較年輕的顧客，於是舉辦了展覽和活動，把重點放在輕鬆便宜的家務活動。席爾斯於1965年4月寄出的邀請函清楚表達出了這點，並提及了康藍妻子雪莉的居家空間（她是位設計作家），與《觀察家報》的彩色增刊：「來席爾斯看看單純女孩的居家設計指南，展覽由雪莉・康藍發想，改編自她近期在《觀察家報》彩色雜誌上刊登的文章。」[6]

除了她身為獨特倫敦風格的提倡者所帶

來的廣泛知名度，整個1960年代瑪莉官也經常在雜誌上出現，對將住家視為個人風格的延伸做出評論。比方說，1967年《蜜糖》特別插頁，官在名為〈官談設計生活〉（Quant on Designed Living）的專欄中寫道：「一部分的反常是件好事，拿你房間的裝飾來說好了，人們想因它而感到驚喜，這代表你的個體性能使他們為之一振。」[7]1960年10月《Vogue》單元中，為了宣傳利伯提百貨公司舉辦的居家用品展，雜誌要求官挑選能反映出她娛樂習慣的桌面擺設。文章作者觀察道：

> 普倫凱特‧格林太太選擇了松木桌和非傳統的新舊混合用具，呼應了她對服飾抱持的高度原創天賦……它們對古典奉上無比敬意，並將來自斯堪地那維亞的色彩、質地與良好新事物，和歐洲的舊事物無拘無束地混合[8]。

官在1964年《理想家園》（Ideal Home）

雜誌單元中描述自己的切爾西公寓時，她說：

> 我喜歡空間，也覺得你得用些形態優美的荒誕物品，緩解簡單中的單調感。顏色對我而言當然重要，不過我會改變對它們的直覺。我去年設計這座公寓時，我的時尚色彩是猩紅色與薑黃，所以我在這用上它們，但和服裝設計一樣的是，我喜歡將色彩擺放在中性背景上，像是用於衣物的米色，和用在家具的油灰色[9]。

照片中的普倫凱特‧格林家，兼容並蓄地融合了古典與現代：維科‧馬吉斯特列帝（Vico Magistretti）的卡里馬泰椅（Carimate）（當時還是當代設計風格）圍繞著裝有大理石頂部的義大利圓桌，傳統的切斯特菲爾德（Chesterfield）紅皮革沙發擺在時髦的棲居牌茶几旁，吉歐‧龐蒂（Gio Ponti）的Superleggera椅（設計於1940年代晚期）的輕盈外型，與文中描述為「西班

The clients required a simple, unobtrusive design which would not conflict with the clothes on display, and a large number of storage and display units. This has been achieved by a combination of white walls, grey carpet, natural timbers and muted leather colours.
4. the shop front has an unusually low transom of Honduras mahogany.
5. louvred timber doors to the fitting rooms under the mezzanine.
6. the display fitting on the mezzanine and above it the pine slats of the false ceiling.
7. the staircase leading to the mezzanine display area and offices has teak treads, a Columbian pine string and steel brackets.
8. on the facing page, the central counter for jewellery display is of rosewood with brass trim and has a leather top. It is lit by a cluster of 35 lamps with the lamp-holders encased in brass sleeves.

牙地毯」的家具表現出良好的反差感。它反映出對現代的品味，而不會太過簡約或了無新意，也總對自己住家反映與塑造的個體身分，抱有特定觀點。作家露絲‧喬丹（Ruth Jordan）觀察道：「瑪莉官考量到，裝飾概念在這個國家不受歡迎，是因為許多人繼承了舊家具，也覺得他們得圍繞這些家具來打造房間……這名年輕女子仍活在20幾歲，像台小提琴般調整到當代水準，也經常譜出超前時代的想法！」[10]

打造芭札爾風格

芭札爾商店的室內風格設計同樣化為品牌的延伸，克里斯多夫‧布理沃德（Christopher Breward）在《時尚倫敦》（Fashioning London）中觀察道：「這種強烈街頭存在感，有部分來自對櫥窗陳列抱持的心態，視覺上的衝擊優先於銷售量的必要性。」[11]但儘管第一家芭札爾商店是公司內設計的結果，於1958年年底開設於騎士橋的第二家分店，則是更精細的計畫成品，企

圖為芭札爾與官品牌創造獨特風格，並反映出官的理念：「讓顏色與中性背景形成反差。」泰倫斯‧康藍和他剛成立的康藍承包公司（Conran Contracts）受雇來進行室內設計，官則對康藍的設計做出觀察：「這讓人感到非常興奮，他設計了一道通往上頭夾層的開放式樓梯，讓整個空間得到莫大的生命力。」[12]

根據 1959 年 4 月的《建築評鑑》（Architectural Review）：「客戶需要簡單、不張揚的設計，使它不會與服飾展品產生衝突。」這座空間擁有：「白色牆壁、灰色地毯和原木，也有低調的皮革色。」[13]樓梯裝設了柚木台階，雙倍挑高空間上頭波動般的板條天花板，則以松木製成。康藍記得：

> 我們設計了一扇大型厚玻璃窗，讓你能直接望進店內。它有雙倍挑高天花板，我們也添加了一座夾層，它和柚木樓梯是店裡最貴的東西。他們想讓它與更換衣服、上下樓梯的顧客和模特兒一同移動，也不想讓任何東西打亂時裝秀[14]。

181 |〈室內設計：騎士橋的一間店〉（Interior Design: A Shop in Knightsbridge）《建築評鑑》，1959年4月

飾創造了識別，而非店面設計。如《Vogue》的社論所強調：「周圍平穩無比，陰影平穩沒有稜角，加上中性顏色和黑色，使商品帶著色彩鮮活躍動。」[17]

「很容易為它增加特色，也能再多買一點東西。」

商品在這項設計中顯然位處中心，當季的色彩與花樣也影響了空間的氛圍〔181〕。騎士橋分店開幕前，康藍承包公司在1957年重新設計了騎士橋分店的櫥窗，櫥窗設計也採用這種削減手法。儘管官與康藍沒有提到這項設計，似乎可能曾有計畫要連結這兩家店的外觀，創造出芭札爾的識別。芭札爾切爾西店面的組合式系統，由康藍駐店設計師莉迪亞·夏曼（Lydia Sharman）設計，用黑色烤漆金屬棍作為立柱，加上替換式架子與板子，外頭覆上淺灰色毛氈來展示商品[15]。

近10年後的1967年，芭札爾在新龐德街上開第三家店時，便利用同種中性手法設計。店鋪由遊艇設計師喬恩·班南貝格所打造，而它開幕同月的《Vogue》一篇短社論將之描述為：「沒有多餘裝飾，但地上的花和驚人的中性色調，將為瑪莉官位於新龐德街113號的新店開創新局。」[16]假若如布理沃德所說，芭札爾首度在國王路上開幕時，重視視覺衝擊更甚於銷售量，現在店鋪似乎則逐漸成為宣傳官風格的媒介，對所有踏進店裡的人而言，商品才是焦點，而非建物。服

對嶄露頭角的企業家康藍而言，頭兩家芭札爾店鋪是靈感來源：「我記得自己想到：『天啊，如果他們能這樣處理時尚，或許我可以對家具依樣畫葫蘆。』我很清楚國內品味的變化，也明白就和服飾一樣，人們想要能夠帶走的家具。」[18]這種包含「帶走某物」的購物經驗，是康藍於1964年在富勒姆路77號開設的室內設計店棲居的關鍵特色。第一份棲居宣傳冊大多收錄廚房用具、毛巾、織料與大手提包，並風趣地將這種包形容為：「為了衝去店裡用的衝火雞包（Rush Turkey bag）」[19]。公司鼓勵店裡的女性員工穿著官服飾，因為如康藍所觀察：「重要的是，讓人們感到在店裡工作的人也參與了瑪莉官運動」〔87〕[20]。這點延伸到康藍為Summa組合式儲藏系統設計的宣傳廣告，廣告底部的文字寫道：「廣告由康藍設計集團（Conran Design Group）製作，洋裝由瑪莉官製作」〔182〕。

瑪莉官似乎成了特定時尚生活方式與態度的象徵。她體現了全新的時尚性，創造而非承襲，這點完美地捕捉到青春的時代精

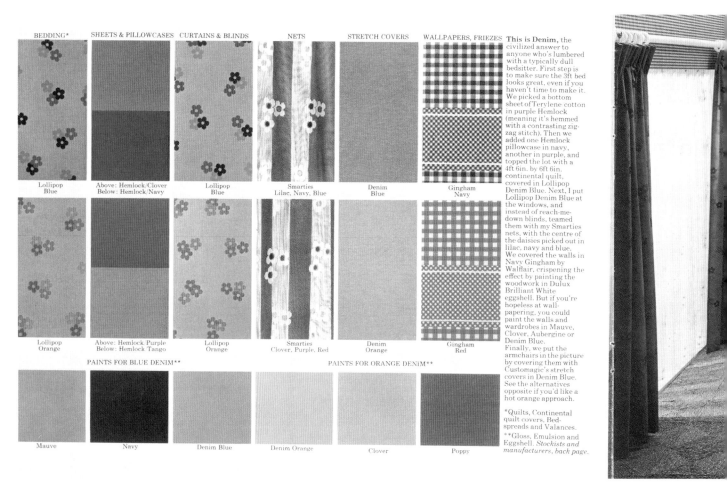

BEDDING* | SHEETS & PILLOWCASES | CURTAINS & BLINDS | NETS | STRETCH COVERS | WALLPAPERS, FRIEZES

Lollipop Blue — Above: Hemlock/Clover, Below: Hemlock/Navy — Lollipop Blue — Smarties Lilac, Navy, Blue — Denim Blue — Gingham Navy

Lollipop Orange — Above: Hemlock Purple, Below: Hemlock Tango — Lollipop Orange — Smarties Clover, Purple, Red — Denim Orange — Gingham Red

PAINTS FOR BLUE DENIM** — PAINTS FOR ORANGE DENIM**

Mauve — Navy — Denim Blue — Denim Orange — Clover — Poppy

This is Denim, the civilized answer to anyone who's lumbered with a typically dull bedsitter. First step is to make sure the 3ft bed looks great, even if you haven't time to make it. We picked a bottom sheet of Terylene cotton in purple Hemlock (meaning it's hemmed with a contrasting zig-zag stitch). Then we added one Hemlock pillowcase in navy, another in purple, and topped the lot with a 4ft 6in. by 6ft 6in. continental quilt, covered in Lollipop Denim Blue. Next, I put Lollipop Denim Blue at the windows, and instead of reach-me-down blinds, teamed them with my Smarties nets, with the centre of the daisies picked out in lilac, navy and blue. We covered the walls in Navy Gingham by Walflair, crispening the effect by painting the woodwork in Dulux Brilliant White eggshell. But if you're hopeless at wall-papering, you could paint the walls and wardrobes in Mauve, Clover, Aubergine or Denim Blue. Finally, we put the armchairs in the picture by covering them with Customagic's stretch covers in Denim Blue. See the alternatives opposite if you'd like a hot orange approach.

*Quilts, Continental quilt covers, Bed-spreads and Valances.
**Gloss, Emulsion and Eggshell. *Stockists and manufacturers, back page.*

神，以及象徵這點的新服裝需求。如我們在其他章節所見，透過授權交易，這點可以應用到大量不同商品上。康藍觀察道：「我想，有趣的是，瑪莉和亞歷山大非常清楚他們擁有價值不菲的品牌，但人們先前沒想過品牌會有價值。」授權的概念在當時的時尚業相對新穎，但官自然地將之應用在與時尚有關的化妝品、內衣和長襪上。相對而言，官的居家用品似乎沒有這麼新潮。1970年代早期，曾有一系列由斯塔弗德郡陶器有限公司（Staffordshire Potteries Ltd）製作的馬克杯，該系列包含了許多上釉茶杯，上頭的轉移印花（transfer print）設計，描繪出身穿最新時裝的時髦女孩。馬克杯底部的打印包括瑪莉官雛菊、名字和細節：「斯塔弗德郡陶器有限公司，鐵石，英格蘭製造」，但這項合作似乎相當短命[21]。相較之下，始於1970年的ICI合作案，計畫規模更大，一直持續到1980年代，還包括好幾個品牌，他們要不併入ICI集團，要不參與了聚脂纖維與英國

尼龍等合成織料的製作。產品包括多瑪布、梅拉洛與貝里（Mellalieu & Bailey）被子、桑菲爾德（Sunfield）織料窗簾、史提貝爾（Stiebel）網眼窗簾、卡斯托瑪吉克（Customagic）彈性套、ICI油漆公司的壁紙和簷壁飾帶與得利油漆。「1960年代晚期，ICI發現如果它們要讓自己的聚脂纖維成功，就得將它連結到市場和品牌。」彼得·懷特（Peter White）說，合作案開始時，他是主流英國床單製造商多瑪公司的總經理[22]。

這些產品合併後，能完整轉變一座房間，而不須改變家具，這反而營造出時髦「外觀」，能透過處理室內較不昂貴的部分，對空間進行無數次改造，官本人則倡導：「很容易為它增加特色，也能再多買一點東西。」在ICI與1972年產品系列一同發行的小冊子中（這是給零售商的宣傳工具，作為給顧客的免費贈品），文宣指示道：「這是丹寧，對

所有曾被迫面對典型無趣坐臥兩用室的人而言，這就是文明的答案。第一步是即使你沒時間鋪床，也能確保3英呎長的床看起來很棒。」〔183〕[23]。文字本身放鬆隨和，明顯鎖定了會自行處理裝飾的顧客（「但如果你對壁紙毫不在行，也可以為牆壁和衣櫥漆上淡紫色、三葉草綠、紫紅色或丹寧藍」）。為了輔助決策，每組寢具都有相對應的織料窗簾、網眼窗簾、油漆色彩和壁紙，提供了完整的官外觀。

官商品系列在英國國內的專賣店販售[24]，ICI則提供商店銷售材料（「瑪莉官令人熟悉的象徵，是時尚和良好設計的同義詞，一定能讓你的展示品獲得關注」）和大型廣告活動：「含有房間布置的彩色廣告，會出現在《好管家新娘》（Good Housekeeping, Brides）、《住家與花園》（Homes & Gardens）、《蜜糖》、《房屋與花園》、《理想家園》、《新星》、《讀者文摘》（Reader's Digest）、《她》

（She）、《女人》（Woman）和《女人，新娘與家》（Woman, Bride & Home）中」，在1972年發表會前，先提供了商業宣傳冊[25]。

寢具特別讓與官合作的製造商將技術能力發展到極致，因為她堅持在這些產品上使用深染，與當時市場上常見的粉彩色脫勾。她試著用濃烈的暗色，像是藏青色、紫色、鮮紅色、棕色、紅色和綠色代替，使設計與花樣變得協調。「這個系列在1970年上市時造成轟動，因為這是當時寢具產品中免燙的聚酯棉織料首度加入深染。」海瑟·提爾伯瑞·菲利浦斯回憶道，該系列首度上市時，她曾是瑪莉官公司的主管。「這在技術上相當困難，顏色經常會滲出，我們則得找方法把這種影響縮小到可接受的程度。這彰顯出瑪莉為了達到自己想要的外型且生成改變，是如何督促製造過程。」[26]彼得·華特解釋道，多瑪公司視寢具為其頂尖系列產品：「瑪莉的設計出類拔萃，討利基市場歡心的頂級品牌，只會選擇一小批顏色。」他繼續說：「就這方面而言，這點反映在價格上，官也只在特定管道零售。比方說，德本漢姆百貨是中間市場，經常將多瑪公司的標準調到中階範圍。有一兩次，他們帶瑪莉官……去店內發表聲明。」[27]ICI官產品的零售價佐證了這點。多瑪公司彩色聚脂纖維棉被套，雙人床款式的零售價是9.5英鎊（單人床款式則是8.5英鎊）。這等於現在的127.75英鎊。相較之下，棲居普通的單色雙人床被套幾乎只要半價，零售價則是4.9英鎊，等於現在的67.27英鎊。

毛毯的改變

大約在這時，羽絨被在英國變得越來越常見，取代毛毯成為人們偏好用來鋪床的用具，許多人也宣稱自己率先將羽絨被引進英國。懷特聲稱多瑪公司是第一家，康藍則說他在1960年代中期前往瑞典時發現羽絨被，

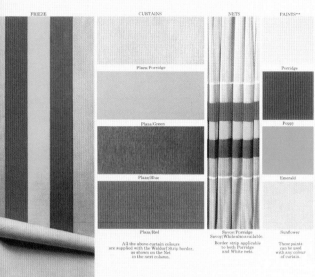

FRIEZE　CURTAINS　NETS　PAINTS**

Plaza/Porridge　　Porridge

Plaza/Green　　Poppy

Plaza/Blue　　Emerald

Plaza/Red

Savoy/Porridge
Savoy/White also available.

Sunflower

Waldorf Strip

All the above curtain colours
are supplied with the Waldorf Strip border,
as shown on the Net
in the next column.

Border strip applicable
to both Porridge
and White nets.

These paints can be used
with any colour
of curtain.

This is Ritz, and you couldn't get a more sophisticated living room if you stayed at one of the grandest hotels in the world. It all started with the Waldorf Strip of course. This comes with a yellow red green blue/yellow stripe, so there are plenty of colours to take the lead from. But as it happens, I wanted to play it 1930s cool, so provided myself with a neutral shell by picking an oatmeal carpet and painting the walls in Dulux Matchmaker emulsion. However, there's nothing to stop you using a coloured carpet and painting the walls in Dulux Sunflower or Emerald emulsion—even Poppy if you want your friends to see red. When it comes to the windows, there are Sunfield's Plaza curtains in Porridge, which complete the Waldorf panel when they are drawn—but for stronger stuff, try Plaza Red, Blue or Green. (The jumbo cushions are covered in Plaza Red and Green, for example.) And when it came to the Stiebel nets, I chose Savoy so they'd keep the Waldorf panel intact during the daytime. These nets are in subtle Porridge, but if your room's rich with colour, you'd probably better use White for a crispening effect.

**Gloss, Emulsion and Eggshell. Stockists and manufacturers, back page.

184 ｜「這是麗思（Ritz）……」
《瑪莉官房間設計指南》，1972年

並將它們帶回棲居販賣[28]。官後來回想，她和普倫凱特·格林曾「搭飛機從挪威運回一張龐大的羽絨被」[29]。1965年11月19日的《每日郵報》，則稱來自克勞利（Crawley）的克里斯多夫·瑞斗（Christopher Riddle）是最早的羽絨被進口者之一；他在1957年前往瑞典購買木材時找到它們。「但我發現英國人不喜歡讓別人干擾自己的習慣。我帶羽絨被去席爾斯和德本漢姆百貨，可是沒人急著來買。」瑞斗在文章中回想道。不過快轉到1965年，狀況就完全不同了：「現在席爾斯一週會賣出20套羽絨被；約翰·路易斯百貨一週則賣出30套。英國的主要供應商瑞斗先生估計，約有5萬套他的羽絨被在英國人床上。」[30]

「ICI想讓羽絨被在這變得受歡迎。」官在自傳中回憶道[31]。理由是，ICI為羽絨被製作了合成P3纖維（P3 fibre）填料，來替換天然羽絨填料，結果，羽絨被相關時尚配件產生了極大的行銷動力。「那段時期，你只能買到素色羽絨被套，商品藏在倫敦席爾斯某家商店一道深邃的抽屜中。」[32]相反的，官在素色平面上灑滿了漩渦花紋、種子袋和小精靈，當然還有雛菊。觀看官與ICI合作

案的宣傳照時就能明顯觀察到，他們企圖透過這些照片，巧妙地將羽絨被塑造為人們偏好的寢具選擇。棲居同樣急於向顧客宣傳羽絨被（或稱絨毛被〔slumberdown〕）的好處：「絨毛被和被套已取代了被單、毛毯和鴨絨被，只需要每天早上將它拿出去，讓它鼓起來，再將它鋪在床上。直到你試過這種鋪床方式，不然很難相信作法這麼簡單舒適。」[33]回溯起與ICI的合作，官也聯想到羽絨被的簡便與舒適，並將之連結到當時社會中更廣大的社會經濟變革：「ICI合作案的時機很完美，因為洗衣機正成為數量大增的新必要家具，羽絨被也讓鋪床變得簡單。新的職業婦女是我們的顧客，因此這對我而言，是個很棒的設計工作。」[34]

由官設計

在與ICI產品有關的許多消費者文獻中，官都是宣傳幕後的發言人。比方說：「我讓紙樣保持單純──沒什麼比格紋布更單純了。」或是：「起絨粗呢回歸，我用了3款。」以及，「基本上，我設計了6種花樣……」官身為設計師的概念，大致奠基於她的積極形象：

185 |「這是綠野仙蹤（Wizard of Oz）的房間……」《瑪莉官房間設計指南》，1972年

她參與了所有品牌相關事宜。「瑪莉不願發售任何自己沒設計的產品，這對我們以公司身分進行的業務，產生了龐大限制。」瑪莉官的生意夥伴阿奇·麥克奈爾在2004年的訪談中說[35]。但官似乎並沒有為ICI合作案設計所有花樣，隨著她公司的居家產品支線拓展，官隨之加強了她的勞動力。到了1970年代晚期，艾佛斯街上的瑪莉官總部已擁有了逐漸成長的設計工作室，負責處理奠基於她想法的作品。1977到85年在官設計工作室工作的珍·艾吉沃斯（Jane Edgeworth），回想道：「工作室女員工們和時尚計畫沒什麼關聯……我們專注於其他產品上：寢具、壁紙、地毯與文具等。」[36]此時設計工作室約有4到6名設計師，所有人都全心製作官授權的居家產品，1970年代晚期，美國授權事宜是透過奈哲爾·弗朗奇企業（Nigel French Enterprises）進行[37]。

> 有了店內工作室後，瑪莉對最終設計擁有更多控制權，也能更大膽創新……我的工作是確保瑪莉的要求順利進行，算是中間人，讓所有設計都能以格式正確的完成品狀態交給客戶，不允許它們離開艾佛斯街後還有後續變動[38]。

儘管官堅持她為ICI製作的諸多居家用品不會創造出「瑪莉官房間」，但那似乎就是合作案的特定計畫。不同花樣與顏色組合所產生的無限可能性，會透過解釋組合方法的小冊子提供的輔助而變得穩定。透過雛菊標誌、雛菊設計、她的照片與話語，使官本人無所不在。官如此介紹1972年的產品：「每個主題都有很多變化，所以你能自由表達自己，不須和平常一樣承受風險。」[39]有了寬廣可能性、還強調使用和應用上的簡便後，ICI產品便鎖定新的家庭主婦與剛萌生的女性DIY市場。或許這就是此合作案真正的成就：引述喬丹的話，便是官再度使用「譜出超前時代想法」的能力了。當許多與官－ICI合作案同期的廣告，將男人描繪為動手者，同時將女人描繪為被動又美麗的DIY支持者時，《瑪莉官房間設計指南》（The Mary Quant Book of Room Design）中的話語，卻呼籲女性們自行動手。

第六部

1975-2000

生活風格品牌

1970年代晚期，瑪莉官以當時英國最知名設計師的身分，獲得更多將時尚送入住家中的機會。1978年官為格拉斯哥（Glasgow）的坦伯頓公司（Templeton's）設計了一系列地毯，也在1979年為麥爾斯公司（Myers）設計了附有她雛菊標誌的床鋪，那年還為多瑪公司製造了成套的桌子與廚房織品。地毯得到獨特的廣告宣傳，和設計師的一句引言：「太多人的地毯變成乏味又無趣的必需品，因為比起其他家具，它們的設計與顏色都太落伍了。我打算和坦伯頓公司製造一系列阿克明斯特地毯（Axminster carpet），讓裝飾地板再度變得好玩，同時滿足真正消費者的需求。」〔187〕[1]。

　　由於能設計具功能性的精良單件服飾，官的名聲催生出與維耶拉集團的倫敦之光品牌之間的合作案，並於1976年製作一系列經典單件服飾。《女人》等女性週刊雜誌宣傳了這些產品，全國百貨公司也都有販售。這張時裝照上的文字，顯示斜紋印花維耶拉磨毛棉（brushed cotton）上衣名叫「吉普賽女郎（Gitanes）」，要價9.95英鎊（大約是現在的75英鎊）；以羊毛／安哥拉毛混製的圍裹裙「親親抱抱（Hugs and Kisses）」，零售價則是16.5英鎊（約為現在的125英鎊）〔189〕[2]。維耶拉產品也包括了一系列女孩洋裝和男孩的時髦衣物[3]。柯瑞兄弟製造的織品持續蓬勃發展（見第136頁），1981年製造了50項產品，國際化妝品事業每年則帶來6千萬英鎊的收入[4]。其他在1980年代生效的授權，包括瑪莉官文具、1981年為美國的薛恩費德工業（Schoenfeld Industries）製作的產品與英國的K鞋（K shoes）；1982年則發行了一個名為MQ家庭客串（MQ At Home Cameo）的產品，其中包括強森兄弟（Johnson Brothers）提供的晚餐服務，還有墨菲·理查茲（Morphy Richards）製作的吐司機與熨斗。同年，一系列受維多利亞時代啟發的時髦派對禮服，以及男孩與女

MORE FLOOR EXERCISES BY MARY QUANT

孩的成套單件服飾，則透過波麗安娜公司（Pollyanna）銷售，它是富勒姆路上的高級商店，也是郵購型錄公司，它將瑪莉官的姓名再度引進兒童零售業的世界〔188〕。

　　阿奇·麥克奈爾繼續為他的投資公司湯瑪斯·朱爾丹開發利益，該公司包含了全英國性質多樣的各種「實質性」公司。這些公司包括路燈基座和輪胎製造機器的製造

前頁

186 ｜瑪莉官設計的限量版迷你汽車，1988年6月15日

187 ｜《瑪莉官的地板練習》（ *More floor exercises by Mary Quant* ）坦伯頓公司製造的阿克明斯特地毯，1978年

27. **Crumpets**
A beautiful velvet full floral dress with frilled hem and collar, lined and edged in contrasting plain cotton. Colours: (a) Floral on dark ground and (b) Floral on light ground. Fabric: 100% cotton velvet
Ages: 4, 5, 6 £34.00 / 7, 8, 9, 10 £37.00

28 **Sugar and Spice**
Delightful, full frill hemmed dress, leg o' mutton sleeves with button fastening. Made in top quality Viyella floral print. Colours: Floral on Cream and Floral on Navy. Fabric: Viyella's 55% wool / 45% cotton mixture. Ages: 4, 5, 6 £33.00 / 7, 8, 9, 10 £36.00

VIYELLA

27.

28.

188 │「波麗安娜公司的瑪莉官獨家設計」
波麗安娜公司型錄，
1982年秋冬

商，但最重要的產品是寇比熨褲機（Corby trouser press），該製造商將大量產品販售與租借給旅館[5]。對瑪莉官有限公司而言，1980年代的重要性在於逐漸聚焦於日本。在日本女性依照傳統性別角色生活的年代，官是首批到該國做生意的女性之一，而日本社會正迅速經歷西化轉型。她的風格與日本消費者產生連結，富有先見之明的官，開發出服飾與織品系列，還有家用織品，以及她的化妝品。隨著瑪莉官色彩小舖於1983年開幕，這些產品在當地取得莫大成功。隨著《官的顏色》（1984年）和《官談化妝》（*Quant on Make Up*，1986年）的出版，官身為化妝品關鍵權威的名聲便水漲船高。攝影師吉兒·肯寧頓先前曾是官模特兒，以她和約翰·科旺創造的動感照片而聞名，她於1987年拍下瑪莉官一張氣氛怡人的照片〔190〕。

1988年，問世30年的莫里斯迷你車（Morris Mini），與瑪莉官經歷長達10年的討論後，雙方合作終於有了成果，將英國流行文化的兩項經典融合[6]。官在2006年回想，自己的第一輛車是經典款迷你（Mini Classic）：「那是輛擁有黑色皮椅的黑車……我感到徹底自由和解放，因為有裝滿汽油的油箱後，我想去哪就去哪，還有行動式屋頂能遮風避雨。有了桶狀座椅旁的車門滑道後，裡頭就有空間能放雙靴子、一瓶葡萄酒、牙刷、火腿三明治和泳衣」〔186〕[7]。她白色的1988年「限量版經典款迷你（Limited Edition Mini Classic）」由路華（Rover）製造，擁有歐普藝術風格的黑白條紋座椅，加上紅色滾邊，方向盤中間還有個雛菊標誌，現在也成了搶手的收集品。1980年代晚期，當許多年輕女子（可能大多是學

生）穿著經典馬汀大夫（Doc Martens）繫帶鞋，搭配平織短裙時，便再度鞏固了官與迷你裙之間的緊密關聯。官於1988年和2名模特兒一同為《時人週刊》（*People Weekly*）入鏡，示範這種外型〔192〕。

騎士橋芭札爾分店開幕30年後，接近1988年年底時，阿奇·麥克奈爾從瑪莉官有限公司退休，大約同時，他在倫敦遭到計程車衝撞，受到重傷並得移除脾臟。他搬到自己位於南西班牙的房子，度過了活躍的退休歲月，直到他在2015年6月逝世於倫敦，享年96歲，幾乎正好是他妻子凱西（Cathy）過世一年後。1990年代初，亞歷山大·普倫凱特·格林便悲劇性地逝世，享年58歲。

瑪莉官有限公司這個3位合作融洽的企業家手下的產物，持續以瑪莉官的名字營運，但這位年屆60的設計師開始更獨立的工作。1990年10月，由於官對時尚業的貢獻，她贏得了英國時裝協會（British Fashion Council）的「名人堂（Hall of Fame）」獎。1990年代初期，她發行了一系列在機場販賣的免稅商品，包括太陽眼鏡、色彩明亮的印花T恤、海灘紗籠（sarongs）和遮雨斗篷。接下來數年，官對英國設計的獨特貢獻得到更多認同，她成為皇家藝術學院的資深院士（Senior Fellow），也獲頒金匠學院與皇家學會的榮譽院士，並成為工業藝術家與設計師學會（Society of Industrial Artists and Designers）的會士。1997年起，官擔任福來莎百貨（House of Fraser）的非執行董事，蒙彼利埃街（Montpelier Street）上也開了家瑪莉官色彩小舖，靠近騎士橋的芭札爾第二間分店，這些事務取代了瑪莉官日本有限公司在卡納比街和艾佛斯街上時日不長的企業投資。巴黎的聖日耳曼區（St. Germain）波拿巴路（Rue Bonaparte）（1996年）和紐約的麥迪遜大道（1998年）也都開設了店面。2000年，官從瑪莉官有限公司（現在設立於日本）的董事長職位退休，但依然擔任公司顧問。

結論：
大眾時尚

21世紀，官持續因她非凡的職業生涯受到表揚，獲頒溫徹斯特藝術學院（Winchester School of Art）（2000年）和威爾斯大學（University of Wales）（2001年）的榮譽博士學位。2006年，官在白金漢宮參與成就女性（Women of Achievement）招待會，並於2007年1月在V&A博物館擠滿人的演講廳中，發表了生動演說，這是服飾學會（Costume Society）「重建60年代時尚」學習日的一部份。同年，V&A博物館慶祝南肯辛頓館區開幕150周年，官是受邀的150位藝術家與設計師之一，也為收集博物館如何提供靈感的簽名紀念冊貢獻內容〔191〕。官的回覆（描繪細緻的一件白色泳衣設計，有淡紫色的拉鍊胸罩式上衣）附上風格獨特的注解，從她捐贈給博物館的諸多設計素描中都能看出這點。她1967年的「香蕉船」迷你洋裝，於2009年獲選出現在一系列皇家郵政特別郵票（Royal Mail Special Stamps）中，該系列褒揚了20世紀的英國經典設計（收錄的還有哈利·貝克〔Harry Beck〕的倫敦地鐵圖、賈爾斯·吉伯特·史考特爵士〔Sir Giles Gilbert Scott〕的電話亭和喬治·卡沃丁〔George Cowardine〕的Anglepoise燈）。官繼續接受記者訪談，也於2012年2月出現在廣播四台（Radio 4）的《女人時刻》（Woman's Hour）。這年她出版了第二本自傳：那是她透過當前觀點，對設計與生活風格提出的一連串回想與想法[1]。2015年，官在元旦授勳名單（New Year Honour's List）上受封女爵士，離她在1966年獲頒大英帝國官佐勳章還不滿50年。

瑪莉官的故事和她從美術學校到國際品牌之間的旅程，無疑幫助塑造了我們今日所知的英國時尚。2018年9月的英國時裝週，英國時裝協會（BFC）報告說，時尚業在2017年對英國國內生產毛額貢獻了323億英鎊，比前一年增加了5.4％。BFC將英國時尚定位為年輕、新穎又具有多元文化特色，反映出英國大學所提供的世界領導地位時尚教育，並將倫敦時裝週宣傳為「全市對個體性、開放性與多元性的歡慶……是創造力與發明力的大熔爐。」[2]

發展年輕刺激的量產英國時尚（與它的出口潛力）概念時，官所扮演的角色是她品牌的關鍵精神遺產之一。另一項或許具有無遠弗屆影響的成就，則是理解並巧妙地運用行銷手法，提供了可讓他人仿效的典範。品牌推廣專家馬克·騰蓋特（Mark Tungate）曾寫道：「衣服離開製造工廠時，它們只是『服裝』或『服飾』。等到行銷人員取得它們時，它們才會神奇地化為『時裝』。」[3]有了她兩名生意夥伴的幫助，在網路購物出現的數十年前，但也是處於一場早期媒體革命中，官成功打造出充滿創意與商業性的國際品牌，不需因經營工廠而受限，不用仰賴咄咄逼人的銷售員或大量的連鎖零售店家。1966年，商業雜誌《行銷》（Marketing）已將她的品牌視為成功案例[4]。

這項成功的核心，是官的設計與產品，它們完美符合全球年輕職業女性的現況。為了販賣這些作品，她創造出令人興奮的零售環境，也用上充滿想像力的櫥窗陳列，並宣傳現在被稱為「商品陳列展示（visual merchandising）」的手法。她雇用穿著自家風格與設計的員工，也察覺到一致的標籤與包裝帶來的價值；這些額外小花樣，推動品牌在競爭中脫穎而出。具有新聞價值的點子、動感時裝秀上充滿創意的服飾呈現方式與親自出席的設計師，為她的產品與想法鞏固了大量公關宣傳與媒體報導。瑪莉官品牌具一致性，風格強烈，使她授權產品的宣傳，總是仰賴對瑪莉官本人的普遍認知，包括她的長相和她代表的創意想法。這些元素組成了她品牌識別的一部分，這一切對當今的時尚品牌而言都相當重要，特別是加上了21世紀社群媒體的額外影響後。官與其團隊也了解標誌的力量。包裝上的簡單雛菊元

素，讓授權產品能引發和瑪莉官洋裝相同的情感刺激。這鼓勵了大量消費者貼近官本人、品牌精髓和性格，甚至能刺激他們購買指甲油或一雙緊身襪。《官照自己》的出版，確保消費者能完全理解她從學校教師女兒到富有時裝設計師之間的旅程，並增加她品牌的真實感。最重要的是，官和雛菊標誌代表了嬉戲精神，是對抗建置派與老一輩所做出的反應。標誌與品牌確保消費者對這概念與產品產生忠誠度，而數千名呼應V&A博物館的「#WeWantQuant」活動標籤的人，顯示這種忠誠度如今仍然有效[5]。

趨勢預測（trend prediction）是發展於19和20世紀的法則，也成為今日快時尚文化中重要的力量，並鞏固了時尚行銷[6]。官覺得她容易迅速感到無聊的傾向，是讓她能迅速行動、並持續處於當前趨勢前頭的幕後動力。但當年和現在一樣，取決於將時間花在能觀察街頭文化的地方：「……去夜店，看看街道上的色彩，那是我某種天賦。」[7]官「預測氛圍變化」的能力，對控制年輕世代與女性的全新消費力十分重要，因為她們現在能自行賺取收入[8]。

官預見了兩性通用時尚的普遍性，特別是牛仔褲，並說這是她希望自己曾設計出的服飾[9]。「時髦的女人會穿衣服，而不是讓衣服穿她。」她寫道，搶先奪得象徵創造力的個人主義，以及當今「Z世代」所穿的無規則時裝：他們正是現在的青年市場。近代研究顯示，和官世代相同的是，這群人也對主流體系和大品牌感到幻滅，反而重視獨特性，並倡導多元性[10]。

儘管並非政治女性主義者，官支持女性解放，也為服裝改革與發展工裝提供了選項。她反對巴黎的設計師，並說對方採用「抽象的建築式型態，並把女人塞進裡頭……我要自由飄動的陰柔線條，它能突顯女性體型，不試圖將之扭曲。我要放鬆的衣服，適合正常生活的動作那種。」[11]1966年，官認可了一項研究，它顯示衣物能提供心理動力：「它是能在居家生活外用於競爭的工具。」她聲稱，穿正確的衣服並非小事一件，而是具有功能性與啟發性的。除了品牌外，身為善於大聲疾呼的知名職業女性，並始終流露出直接的堅定眼神的官，依然是時尚界身為女性賦權動力的代表形象。

附錄
瑪莉官標籤

伊莉莎白‧莫雷

對今日的時尚史學家而言，服裝標籤是判別（經常加上判定日期）設計師作品的重要方式。它們在19世紀中期到晚期首度使用，查爾斯‧弗瑞德里克‧沃斯經常被視為將獨特的編織「招牌」標籤縫在自己洋裝內的首批時裝設計師之一，他把標籤當作品牌魅力中低調但強烈的元素[1]。

瑪莉官的服裝標籤，為她事業與品牌的發展提供了獨特見解。現存的官標籤有超過40種不同風格，反映出官為了加強品牌身分，而與充滿創新精神的平面設計師之間的合作。透過研究V&A博物館與官資料庫中超過200件物品，和其他收藏中的範例，使人們得以拼湊出以下年表。

這份樣本中最早期的官作品範例，是件約來自1956年的粉紅色棉質女用襯衫，或許不令人訝異的是，它並沒有標籤。作為小規模生產週期中的一部分，官早期的作品可能都沒有標籤。因此，幾乎不可能追蹤官最早期的設計，除非它們的起源十分明確，或依然留在原本穿戴者的收藏中。我們調查中最早的標籤服飾來自1959年，標籤設計相當簡潔，店鋪名稱芭札爾用黑色文字印在白色背景上。不過到了1960年，官的名字打開了知名度，成了此品牌重要的部分。1961年時，一只上頭寫了「由瑪莉官設計」標語的新芭札爾標籤，便強調了這點。除了一項例外，所有後續標籤都加上了官的名字。

早期芭札爾標籤描繪出新公司如何創造出品牌概念，也反映出適中的生產週期。從1959到61年，官至少製造了4份不同的標籤設計，並同時使用某些標籤。反之，1963年開幕的批發公司瑪莉官激進派，有了歷史悠久的製造商史坦伯格公司資助後，卻只有一個標籤設計，當時激進派的設計生產了成千上萬件產品。此品牌的生命週期中，標籤只重新發行過2次，也只加入些微變化，彰顯出充滿信心且深思熟慮的品牌視覺識別，以及

維繫它的工廠和基礎設施。

除了芭札爾標籤外，1960年代也出現了不同的「瑪莉官」標籤。受到平面設計更蓬勃的發展影響，這些標籤使用強烈色彩與粗體文字。有項特別引人注意的版本約莫出現在1962年，將瑪莉官的「M」與「Q」結合在一起，這些標籤的顏色不同，但擁有相同的視覺識別。這類與芭札爾標籤分開的「瑪莉官」標籤，有可能和官於1961年開始販賣的批發商品有關。這些服飾有部分擁有來自零售商的第二道標籤，像是英國的德本漢姆與福里波迪百貨，與紐約的羅德與泰勒百貨。其他設計可能只會出現在芭札爾分店，這些商品可能也擁有不同的彩色標籤。

從概念開始，官的事業發展就反映在服飾標籤上。1970和80年代並未改變，也製造出許多新的「瑪莉官」標籤設計，官的合作案也催生出十多個以上的標籤設計。這些設計重申了流行狀態，和瑪莉官的名字所代表的「品牌真實感」。

以下年表中，日期範圍出自擁有日期紀錄的服飾，至於沒有日期紀錄的服飾，年表則提供了可能的十年範圍。有些標籤的存在時間可能比此處紀錄更久，現存的標籤設計數量也更多。這點只強調了官事業的快速成長，以及公司的規模與多樣性。

1959-61，印花
V&A：T.55: 1-2018

1961-2，印花，時裝
巴斯博物館：BATMC I.09.869

可能是1961-2年，編織
私人收藏

1961-2，印花
V&A：T.41-2013

1961-3，編織
V&A：T.22-2013

1963-6，編織
私人收藏

瑪莉官

到了1960年代，官的名字已成為她品牌識別的關鍵要素。「瑪莉官」標籤約於1962年開始生產。擁有這些標籤的服飾在芭札爾店鋪和零售店販賣，包括獨立小店和百貨公司。標籤在1970年代初重新設計，從大型彩色標籤轉為纖細低調的黑白設計。1980年代則逐漸將重點擺在日本市場，加上許多新標籤設計，顏色和尺寸也各有不同。

1962-4，編織
V&A：T.52-1985

1962-5，編織
私人收藏

1962，編織
V&A：T.42-2013

1962-3，編織
V&A：T.34:1-2013

1964-6，編織
V&A：T.30: 1-2007

1970-5，編織
V&A：T.23-2013

1970-5，編織
V&A：T.100-1976

可能是1980年代，編織，巴斯時尚博物館：BATMC.2003.41

可能是1980年代，編織
私人收藏

可能是1980年代，編織
私人收藏

可能是1980年代，編織
私人收藏
還有粉紅色與白色配色

可能是1980年代，印花
私人收藏

可能是1980年代，印花
私人收藏

可能是1980年代，印花
私人收藏

瑪莉官激進派

瑪莉官激進派於1963年開幕，將她的設計行銷給更廣大的受眾。它使用了新穎有趣的標籤設計，用薑黃色來裝飾名稱，還有個頑皮的顛倒「i」。這系列標籤唯一的改變，是增加了「英格蘭製造」的字眼（不過許多設計事實上都在威爾斯的工廠製作），之後則加入商標符號®。

1963-5，編織
V&A：T.40-2013

1964-5，編織
V&A：T.383-1988

1965-72，編織
V&A：T.86-1982

瑪莉官：其他產品

官是位多產的設計師，也為她的額外產品線製造了獨特商標，產品包括領帶、帽子和內衣。

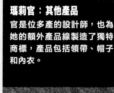

領帶：約1970-5，編織
V&A：T.76-2018

帽子：來自1960年代，編織
V&A：T.77-2018

內衣：1970-1980年代，印花
V&A：T.93: 2-2018

合作商品

官所有合作商品都附有獨特標籤，也經常有符合官視覺識別的設計。比方說，有份早期的傑西潘尼百貨標籤，顯然與同時期的「瑪莉官」標籤有相同設計。「瑪莉官製作：短吻鱷魚牌」標籤上，也有同種風格。

針織合作商品，約1961 -1966年，編織，V&A：T.1707-2017

傑西潘尼百貨合作商品，範本來自約1965 -1967年，編織，私人收藏

傑西潘尼百貨合作商品，範本來自約1968 -1969年，編織，私人收藏

傑西潘尼百貨合作商品，範本來自約1970年代，編織，私人收藏

內衣合作商品，來自1965年，印花。V&A：T.442-1988

普利頓時裝合作商品，來自1965年，編織，私人收藏

塔弗斯公司，澳洲合作商品，1965年，編織，私人收藏

短吻鱷魚牌雨衣限量合作商品，來自1965年，編織
V&A：T.89-2018

毛巾布服裝，德國製造，約1966年，印花
V&A：T.96-2018

倫敦航空（London Air）合作商品，範本來自1967年，印花，曼徹斯特美術館（Manchester Art Gallery），1985.187

倫敦之光合作商品，來自1976年，編織，私人收藏

維耶拉集團合作案，來自1976年，編織，私人收藏

維耶拉集團合作案，來自1976年，編織，V&A：Misc.91-1979

維耶拉集團合作案，來自1976年，編織，V&A：Misc.86-1979

波麗安娜公司合作案，來自1982年，編織，私人收藏

注釋

前言：打造時尚歷史

1 For discussion of the historical development of lifestyles, see Ashmore 2008, pp.73–90.
2 'Miss Kooky OBE', *Daily Mail*, 11 June 1966.
3 Quant 1966, p.66.
4 Ibid.
5 Ibid., p.30.
6 Pringle 1988.
7 *Women's Wear Daily*, 19 August 1959.
8 Fashion Museum, Bath: BATMC I.24.73 A–C.
9 The development of the mini skirt is explored in detail on p.126.
10 Ernestine Carter, 1962; this features the second wholesale collection.
11 Breward and Wilcox 2012.
12 Liz Tregenza, *London Before it Swung: British Ready-to-Wear Under the Model House Group and Fashion House Group 1946–66*, V&A/RCA History of Design Postgraduate Programme. Thesis/ dissertation 2014. Thanks to Liz Tregenza for sharing several useful images and information relevant to sizing from her forthcoming PhD thesis, University of Brighton, 2018.
13 An advertisement for Ginger Group appears in *Vogue*, 15 September 1963, p.112.
14 In the early 1960s the company manufactured garments in an underwear factory on the Fulham Road, this closed after the agreement with Steinberg & Sons to manufacture the Ginger Group line. See Harry Miller, 'Secrets of Success: Quantrary Mary OBE', *Marketing*, July 1966
15 McNair and O'Neill, 2008, track 1.
16 Available on www.youtube.com.
17 'Already, a Mary Quant Retrospective', *New York Times*, 12 December 1973.
18 *Annabel: The New Magazine for the Young Wife*, April 1966, p.29.
19 Email from Barbara Fowkes to the author, 18 June 2018, responding to #WeWantQuant. Barbara Fowkes is a writer, designer, and consultant to the fashion and creative industries.
20 Suzy Menkes, 'If Clothes Could Talk', www.harpersbazaar.com, 28 May 2013 and 'In My Fashion: The Suzy Menkes Collection', Christie's New York, 11–22 July 2013.
21 All three shops are listed in the 1969 Post Office directory, however this probably published data collected in 1968.
22 Cecil Beaton, *Fashion: An Anthology*, exh. cat., V&A, 1971, p.39 featured four Mary Quant dresses of 1966 and 1967, all incorrectly dated to 1964.
23 Brian Morris, *Mary Quant's London*, exh. cat., London Museum, 1973.
24 Exhibition files at the Museum of London. Tickets cost 20 pence, about the same as a paperback book. Concessionary tickets for children and 'OAPs' were 10 pence.

25 Ernestine Carter, 'Introduction', *Mary Quant's London*, exh. cat., London Museum, 1973, p.11.
26 Email from Kevin Roberts to the author, 7 July 2018. See also Kevin Roberts, *Lovemarks: The Future Beyond Brands* (New York, 2006).
27 Quant 1966, p.82.

第一部：芭札爾創立前1919-1955

1 Veronical Horwell, Archie McNair obituary, *The Guardian*, 17 July 2015 and McNair and O'Neill, 2008, track 1. Thanks to Hamish McNair and Camilla Mair for generous access to eulogies by family and friends.
2 McNair and O'Neill, 2008, track 1. Thanks to Charlie Morgan, Oral History Archivist, National Life Stories, British Library.
3 General Register Office; United Kingdom; Marriage Register Indexes at www.ancestry.co.uk.
4 Quant 1966, p.3. No relevant records survive at Goldsmiths College to confirm the dates of Quant's or Plunket Greene's attendance. Thanks to Lucy Nagar, Senior Development Manager, Goldsmiths, University of London. In Quant 1966, p.3, the author states that she met Plunket Greene at Goldsmiths when they were both 16, while she was probably 20 and he 18, as Quant was in fact two years older than Plunket Greene. In Quant 2012, she states 1953 as the year she met Plunket Greene. From the evidence of articles in magazines Quant's age is quoted variously as younger than she actually is from at least 1957, and by 1962, they are stated as both being 28 in the *Sunday Times* colour supplement (rather than 32 and 30). This may have been agreed to disguise the age gap between the two, to comply with conventions of the time, and also to heighten Quant's youthfulness, or to increase her appeal to her market. At the time, it was not considered socially acceptable to enquire about or discuss a woman's age.
5 Quant 1966, p.3.
6 General Register Office; United Kingdom; Marriage Register Indexes at www.ancestry.co.uk.
7 Quant 2012, pp.21–3 and Quant 1966, p.23.
8 Quant 1966, p.23.
9 Quant 1966, p.23. See also Georgiana Blakiston, *Woburn and the Russells* (London, 1980) and *Letters of Conrad Russell 1897–1947* (London, 1987).
10 Conversation with Esther Fitzgerald, who worked as Orlando Plunket Greene's nanny, 7 June 2018.
11 Quant 2012, p.23.
12 Ibid., p.10.
13 General Register Office; United Kingdom; Marriage Register Indexes at www.ancestry.co.uk.
14 Email from Tony Quant to Heather Tilbury Phillips, 9 August 2018.
15 Quant 1966, p.5.
16 Ibid., p.14.

17 John Steeran, *Introducing Sam Rabin* (Dulwich Picture Gallery, 1985), p.30.
18 'Mary Quant "student" sketchbook auctioned', www.bbc.co.uk/news.
19 AIM25, Archives in London and the M25 Area, Goldsmiths College identity statement, www.aim25.com.
20 Patricia Stacey, 'Recollections from my time working for the milliner, Erik Muller', as told to Alison Collyer-Bristow, 11 April 2018 (unpublished).
21 Ibid.
22 Ibid.
23 Ibid.
24 London, England, Electoral Registers, 1832–1965 at www.ancestry.co.uk.
25 Quant 1966, p.31.
26 Ibid., p.30.
27 Ibid., p.32.

第二部：從店鋪到批發1955-1962

1 Quant 1966, pp.32–7.
2 Adburgham 1964, p.18. For information about the origins of the boutique see Michelle Majer, 'Boutique', in Valerie Steele (ed.) *Encyclopaedia of Clothing and Fashion* (Farmington Hills, MI, 2005), p.179.
3 Quant 1966, p.53.
4 'London's Young Designers: Two Shops Offer "Chelsea Look" for British Beatniks', *Women's Wear Daily*, 19 August 1959, p.4.
5 McNair and O'Neill, 2008, track 3.
6 The 1950 Shop Act, consolidating previous legislation, attempted to regulate and restrict opening hours especially on Sundays. For detailed discussion about the campaigns for relaxation of trading laws and anti-secularisation movement see Lynda Nead, 'An English Sunday Afternoon' in *The Tiger in the Smoke: Art and Culture in Post-War Britain* (New Haven and London, 2017), pp.277–305.
7 Quant 1966, p.42.
8 Thanks to Tereska and Mark Peppe who donated a hat (V&A: T.77–2018) and shared a scrapbook and slides from the time. Mark Peppe, an artist and illustrator, worked at 85a King's Road in the studio of Enzo Plazzotta.
9 Email from Shirley Conran to Heather Tilbury Phillips, 18 June 2018.
10 Leonard S. Marcus, *The American Store Window* (New York, 1978); Yasuko Suga, 'Modernism, Commercialism and Display Design in Britain: The Reimann School and Studios of Industrial and Commercial Art', *Journal of Design History*, vol. 19, no. 2, 2006, pp.137–54; Bernard Lodge, 'Natasha Kroll: Brilliant designer who brought about a style revolution at BBC Television', *The Guardian*, 7 April 2004. Thanks to Edwina Ehrman and

Dr Mirsini Trigoni, London College of Fashion at the University of the Arts, London.

11 Quant 1966, p.41. See also www.universaldisplay.co.uk/news. John Bates (1937–2018) began his career in what became the field of visual merchandising in 1954, at the age of 17, at John Lewis on Oxford Street, in a temporary building as the shop had been bombed and the new building was not completed until 1960. After four years at Liberty on Regent Street, Bates worked for Barway Display, becoming friends with Quant and Plunket Greene. He went on to become display manager for the innovative chain Wallis shops, and then for Bata Shoes in the Netherlands. In 1973 John Bates purchased Gem's Wax Models and renamed it Gemini Mannequins, and the company became known for high end mannequins for retail and museum displays. This company was later bought by Proportion London. With many thanks to Thomas Swinburne Sheldrake for sharing the eulogy read at John Bates's funeral by his business partner Joe Jacquest. Michael Haynes also assisted with window displays in the 1960s; he went on to design the London Museum's 1973 exhibition 'Mary Quant's London'.

12 Quant 1966, p.36.

13 Thanks to Juliet Nicolson and *Harper's Bazaar* for finding this reference.

14 Quant 1966, p.39.

15 Ibid., p.67.

16 MacCarthy 2006, p.57.

17 Anne Fogarty, 'Wife Dressing No.5: Look out Ladies, Men do notice', *Woman and Beauty*, July 1960, pp.70–1. Thanks to Liz Tregenza for sharing this article. Price converted at www.nationalarchives.gov.uk/currencyconverter.

18 See Beatrice Behlen, 'London & UK' in de la Haye and Ehrman (eds) 2015, p.213.

19 'The Young Face of Old Chelsea', *Tatler and Bystander*, April 1959.

20 Ibid.

21 Paul Gorman, *The Look: Adventures in Rock and Pop Fashion* (London, 2006). Joan Bakewell describes her arrival at Cambridge University in 1951 with her meagre wardrobe of mostly homemade clothes, chosen and paid for by her mother, and her later acquisition of the black polo neck sweater, tight black trousers and flat pumps of the Beatnik look glamorized by Juliette Greco. Joan Bakewell, *The Centre of the Bed* (London, 2003), pp.87 and 91. See also Brigid Keenan, *Full Marks for Trying: An Unlikely Journey from the Raj to the Rag Trade* (London, 2016), chapter 6.

22 Dylan Jones, quoted by Paul Gorman, 'À la mod: how the Jam and mod style transcended fashion', *The Guardian*, 12 August 2015.

23 Conversation with the author, 20 September 2018.

24 Janey Ironside, 'The Young Outlook in Fashion Design', *Harper's Bazaar*, July 1957, pp.48–51.

25 *Vogue*, December 1958; Quant 1966, p.84. An invitation to the official opening on 19 November 1958 is illustrated in Geoffrey Rayner and Richard Chamberlain, *Conran/Quant: Swinging London – A Lifestyle Revolution* (Woodbridge, 2019), p.36.

26 Quant 1966, p.79.

27 Ken and Kate Baynes, 'Behind the Scene', *Design*, 1966, pp.18–29.

28 Bazaar and Mary Quant were rarely promoted by paid-for advertisements, but some appeared in *Queen*, 1960 and *Tatler*, September 1962, *Harper's Bazaar*, October 1962. Wolsey's full influence as an art director has yet to be the subject of extended study. See Mike Dempsey's blog 'Tom Wolsey: no compromise',14 August 2015, www.mikedempsey.typepad.com and Tom Wolsey, *New York Times*, death notice, 12 May 2013. Quant discusses the development of the daisy logo in Quant 2012, pp.82–3.

29 Gwen Robyns, 'Oh! The Chic of the Girl: Miss Quant finds it pays to be quaint', *Daily Mirror*, 24 October 1960.

30 'Young Idea: Double Take', *Vogue*, December 1960.

31 Gwen Robyns, 'Oh! The Chic of the Girl: Miss Quant finds it pays to be quaint', *Daily Mirror*, 24 October 1960.

32 'Beat the Beatniks', *Queen*, February 1960.

33 Telephone conversation with Nicky Hessenberg, 2 August 2018.

34 Michael Pick, *Shoes for Stars* (Woodbridge, 2015), p.126.

35 Rough sketches and cotton toiles labelled 'Mary Quant designs for S. London', V&A Furniture, Textiles and Fashion department archive. Thanks to Susan North for bringing these to our attention.

36 Email from Shirley Conran to Heather Tilbury Phillips, 18 June 2018.

37 Bernadette Snell, who worked for Mary Quant from 1962 until 2003.

38 Shirley Shurville, 'How it all began for me' unpublished memoir, 17 November 2017.

39 Email to the V&A, 25 June 2018.

40 'Tutti Frutti', remade for the 1973 exhibition, V&A: T–104 to D–1976. Another example is at the National Museums of Scotland, K.2004.222.1&2. 'Greenery Yallery' design, V&A: E.253–2013. Other designs in this group include 'Tantrum' and 'Feckless', V&A: E.250 to 256–2013.

41 Miller 1966, p.1067; McNair and O'Neill, 2008, track 6.

官的模特兒

1 Caroline Evans, *The Mechanical Smile: Modernism and the First Fashion Shows in France and America, 1900–1929* (New Haven and London, 2013).

2 For more see Valerie Mendes, *John French Fashion Photographer* (London, 1984), pp.19–26.

3 Brigid Keenan, *The Women We Wanted to Look Like* (London, 1977), p.146.

4 Shrimpton 1964, p.37.

5 Mary Quant, quoted in Keenan 1977, p.127.

6 Shrimpton 1964, p.58.

7 Quant 1966, p.46.

8 Quant 2012, p.96.

9 Shrimpton 1964, p.157.

10 *Sunday Times*, 4 February 1962.

11 Coddington 2002, p.44.

12 Ibid., p.74.

13 Ibid.

14 Quant 2012, p.163.

15 Coddington 2002, p.67.

16 www.vogue.co.uk/article/grace-coddington-on-her-iconic-vidal-sassoon-haircut.

17 Mary Quant interview with John Pepper, ITV Cymru, 1966.

18 Twiggy 1975, p.7.

19 *Daily Express*, 23 February 1966.

20 *Paris Match*, 8 April 1967.

21 Jill Kennington interview with author, 2018.

22 *Newsweek*, 10 April 1967.

23 Quant 1966, p.78.

24 Ibid., p.81.

25 Ibid., p.83.

26 Coddington 2002, p.67.

27 Quant 1966, p.94.

28 Mary Quant speaking on BBC2 documentary, *The Real Blow Up: Fame, Fashion and Photography*, 2002.

29 Mary Quant interview with John Pepper, ITV Cymru, 1966.

30 Pamela Howard Mace, Mary Quant Design Director, 1968–79.

31 Heather Tilbury Phillips interview, 2018.

32 Quant 1966, p.165.

33 Ibid., p.175.

34 Ibid., p.187.

35 Lucie Clayton, *The World of Modelling and How to Get the London Model-Girl Look*, (London, 1968).

36 Beverly Johnson was the first black woman to appear on the cover of US *Vogue*, in August 1974.

37 *Time*, 1 April 1966.

38 Suzy Menkes, *How to be a Model* (London, 1969), p.106.

39 Amanda Lear, *My Life With Dali* (London, 1985).

40 April Ashley, *The First Lady* (London, 2006), p.106.

41 Quant 2012, p.70.

42 *Sunday Telegraph* magazine, 25 May 1973.

攝影詮釋

1 MacInnes 1959.

2 Ibid.

3 Archie McNair obituary, see www.telegraph.co.uk/news/obituaries.

4 Mary Quant interviewed by Hilary Alexander, 12 January 2009, see www.youtube.com.

5 Mary Quant in conversation with Philippe Garner, September 1998, published in Garner 1999, p.12.

6 Garner 1999, p.9.

7 Ibid.

8 Martin Munkácsi, 'Think While You Shoot', *Harper's Bazaar*, November 1935.

9 Models are discussed in greater detail in Stephanie Wood's essay, see pp.61–79.

10 Shinkle 2017, p.118.

11 Garner 1999, p.8.

12 Ibid., p.47.

13 Quant 1966, p.127.

14 Ibid., p.129.

15 Robin Muir, *Norman Parkinson: Portraits in Fashion* (London, 2004), p.109.

16 Quant 1966, p.75.

17 MacInnes 1959.

18 The image was first used to illustrate a *Daily Mirror* article by Felicity Green celebrating the launch of the cosmetics line and Quant's world-wide success. Felicity Green, 'From rags to rouges', *Daily Mirror*, 6 April 1966, p.15.

19 Hugo Vickers (ed.), *Beaton in the Sixties: More Unexpurgated Diaries* (London, 2004), p.303.

20 Shinkle 2017, p.89.

21 BBC2 documentary, *The Real Blow Up: Fame, Fashion and Photography*, 2002, 9:40.

22 Ibid., 18:07.

23 Nicky Haslam, 'How Bailey changed my life in a flash', *Daily Mail*, 20 January 2012, see www.dailymail.co.uk.

24 BBC2 documentary, *Fame, Fashion and Photography: The Real Blow Up*, 2002, 43:45.

25 Grace Coddington and Robin Muir, 'The Fashion Photographs of Terence Donovan, *Daily Telegraph*, 2 November 2012.

26 Twiggy photographed on 3 June 1966, image published in *Woman's Mirror*, 27 August 1966.

27 *Daily Mail*, June 1965, quoted in Garner 1999, p.17.

28 Bosley Crowther, 'Blow-Up', *New York Times*, 19 December 1966.

29 Marion Hume and Tamsin Blanchard, 'Fashion Through a Lens Backwards', *The Independent*, 28 April 1993.

30 Stephen Gundle, *Glamour: A History* (Oxford, 2009), p.295.

31 *Vogue*, 1 October 1966 and 15 September 1967.

32 *Vogue* cover, 1 March 1966, Donyale Luna photographed by David Bailey.

第三部：步入大時代1963-1964

1 *Vogue*, 1 October 1963.

2 Quant 1966, p.113.

3 Ibid., p.121. A shortlived collaboration with a brand called Aquasprite in 1964–5 produced photographs by Jamie Hodgson now in the Getty archive, although no identifiable surviving garments have been found.

4 Ken and Kate Baynes, 'Behind the Scene', *Design*, 1966, pp.18–29.

5 Further details about Ames Mill, which may have been located in the Midlands, have not been possible to establish so far.

6 Quant 1966, pp.124–6.

7 See Betty Keep, 'Styled by the With-It Girl', *Australian Women's Weekly*, 15 March 1964; with thanks to Paola di Trocchio, Senior Curator, Fashion and Textiles, National Gallery of Victoria.

8 Jill Butterfield, 'A girl like this makes you want to gamble', *Daily Express*, 6 November 1963, p.8.

9 Felicity Green, *Sex, Sense and Nonsense: Felicity Green on the 60s Fashion Scene*, p.12.

10 Annabel Taylor (Mackay), *Some memories of a career in the Rag Trade*, unpublished, 1 February 2018.

11 Quant 1966, p.159.

12 www.butterick.mccall.com/our-company/ butterick-history and Joy Spanabel Emery, *A History of the Paper Pattern Industry The Home Dressmaking Pattern Revolution* (New York, 2014), p.181.

13 Anna Buruma, *Liberty & Co in the Fifties and Sixties: A Taste for Design* (Woodbridge, 2008), pp.124–5.

14 For example, see *Tatler*, November 1964, p.152, Grace Coddington modelling an ankle-length dress reproduced with Victorian style graphics.

15 Quote from a 1992 interview with Alistair Gauld who was a designer in the Trowbridge weaving mill McCalls between 1959 and 1974. The interview is part of the oral history interviews made with previous mill workers in the beginning of the 1990s, held at Trowbridge Museum. From

Hanne Dahl, 'Research into Mary Quant garments Made of West of England cloth Woven in Trowbridge' unpublished report, February 2018.

16 These 'West of England' labels have been found on a dress at Leeds Museums and Art Gallery and others in private collections.

17 The design comes from the horse blankets used originally at Tattersall's horse market in London, which became used for riding waistcoats, and waistcoats in general. See Wiltshire and Swindon History Centre ref 1387/880.

18 Elizabeth Gibbons correspondence with V&A, 2013. Coddington 2002, p.67.

19 Quant 2012, pp.168–9.

跨大西洋時尚產業：瑪莉官的經驗

1 'U.K. Designer Mary Quant in Penney Tie-in', *Women's Wear Daily* [hereafter cited as *WWD*], 19 September 1962; Mort Sheinman, 'Giant Fashion Step Taken by Penney's', *WWD*, 3 October 1962.

2 'New York Dress Market Dominant, Survey Shows', *WWD*, 8 December 1954.

3 Bobbie Brooks, Inc., *Annual Report for the Year Ended April 30, 1961*, pp.17, 19, folder 3, box 1, Ms. 5157, Research Library, Cleveland History Center, Cleveland, Ohio.

4 Apparel and Fashion Industry's Association, *London Presents* (London 1957), MSS222/ AP/4/2/2, Modern Records Centre, University of Warwick.

5 Blaszczyk 2006.

6 Mark Abrams, 'Spending on Clothes', *Financial Times* [hereafter cited as *FT*], 6 October 1956.

7 'London Group Bases Fashion Show on Teen Preferences', *WWD*, 9 November 1955.

8 'Fashion Comes to the Market', *FT*, 20 May 1960; 'Women's Clothing – How the Money Is Spent', *FT*, 31 March 1960.

9 The sizing story can be traced in *WWD*. Some of the history is also summarized in Florence H. Forziati, 'Changes in Body Sizes of Young Women', address presented at the Second Annual Conference of the Apparel Research Foundation, Washington, D.C., 8 October 1968, in folder: Sizing Studies, accession 2215: DuPont External Affairs, Hagley Museum and Library, Wilmington, Del.

10 Forziati, 'Changes in Body Sizes of Young Women'; Board of Trade, *Women's Measurements and Sizes: A Study Sponsored by the Joint Clothing Council Limited* (London 1957); Geoffrey Henry, 'Trade Lines', *The Maker-Up*, vol. 48, 1943, p.856; Julia Felsenthal, 'A Size 2 Is a Size 2 Is a Size 8', *Slate*, 25 January 2012. See www.slate.com.

11 JC Penney Company, *Sizing Up Women's Fashions* (1965; revised 1966), JC Penney Collection, DeGolyer Library, Southern Methodist University, Dallas, Tex. (hereafter cited as Penney-SMU). The role of home economics can be traced Penney's magazine for teachers, *Fashions and Fabrics*; Penney-SMU.

12 Rachel Worth, *Fashion for the People: A History of Clothing at Marks and Spencer* (London, 2006).

13 See, for example, 'Steinberg & Sons (London & South Wales)', *FT*, 11 September 1952.

14 'Office Will Assist U.S. Buyers at London

Openings', *WWD*, 19 October 1955; 'Britain Pushes Ready-to-Wear Exports to U.S.', *WWD*, 16 January 1956.

15 'Group in London Credits Showing for Export Rise', *WWD*, 18 January 1962.

16 'Frederick Starke Heads London Group', *WWD*, 14 December 1959; 'Fashion House Group of London Ceases Activities', *WWD*, 28 January 1966.

17 Starke quoted in 'The American "Mind" Is Ripe for British Fashion', *WWD*, 21 July 1965.

18 'British RTW Firms Cast Eager Eye on U.S. Market', *WWD*, 2 June 1965.

19 'Frederick Starke Operates on Two Distinct Price Levels', *WWD*, 3 October 1960.

20 Blaszczyk 2018b.

21 JC Penney Company, *Annual Report 1960*.

22 John McDonald, 'How They Minted the New Penney', *Fortune*, July 1967, reprint, Penney-SMU.

23 Blaszczyk 2018a.

24 *Penneys Fall and Winter 63*, Penney-SMU.

25 Quant 1966 (2012 edn), pp.101–2; Quant 2012, p.68; 'Mary Quant Visits N.Y.O and West Coast Stores', *Penney News*, vol. 28 (September 1963), p.5, Penney-SMU.

26 'Looking Back – into the Future', *Penney News*, 30 August 1965, pp.10–11, Penney-SMU.

27 The 'Chelsea Girl' line of apparel that Quant designed for JC Penneys predated and was unrelated to the Chelsea Girl apparel chain that operated on the British high street from 1965 to 1991, when it was rebranded as River Island. James Hall, 'From Chelsea Girl to Concept Man: History of River Island', *Telegraph*, 20 March 2011.

28 *Penneys Fall and Winter 63*; JC Penney Company, *Sizing Up Women's Fashions*.

29 'Mary Quant Designs New Collection for Spring and Summer', *Penney News*, vol. 28 (April 1963), pp.1, 10, Penney-SMU.

30 Blaszczyk 2018b, p.107; Quant 1966 (2012 edn), pp.104–5; *Penneys Spring and Summer 64*, pp.8–9, Penney-SMU.

31 *Penneys Fall & Winter 1964*, pp.88–9; *Penneys Fall and Winter 1965*, pp.6–8; *Penneys Spring and Summer 1966*, pp.2–9; *Penneys Fall and Winter 1966*, pp.2–31, all in Penney-SMU.

32 Quant 2012, p.69.

33 Blaszczyk 2018b, p.109; *Penneys Fall and Winter 1965*, pp.2–31; *Go Young in Spring and Summer 1967 Penneys*, pp.2–13; *1969 Penneys Spring & Summer American on the Go*, pp.58–65, all in Penney-SMU.

34 'New Fashion Company Formed', *FT*, 21 February 1963; 'Steinberg & Sons (London and South Wales)', *FT*, 9 October 1963.

35 'The Far-Out Stockings', *Daily Mail*, 2 May 1963.

36 Felicity Green, 'Girls Will Be Boys', *Daily Mirror*, 21 August 1963.

37 'Burgeoning Quant', *WWD*, 27 August 1963.

38 'Sure-Footed for Spring', *Tatler*, 29 January 1964.

39 'Better Prospect for Steinberg & Sons', *FT*, 17 September 1964.

40 Tom McDermott, 'The Swingingest Giant of Them All', *WWD*, 17 August 1966; 'Puritan Confirms Young Appointment', *WWD*, 14 April 1965; Robert S. Taplinger Associates, 'YOUTHQUAKE', press release (June 1965),

Mary Quant Archive.

41 McDermott, 'The Swingingest Giant'; 'Puritan Confirms Young Appointment'; Paul Hanenberg, 'First of 25 Paraphernalia Shops to Bow in May Co., Cleveland', *WWD*, 7 March 1966.

42 Mort Sheinman, 'Puritan Swings', *WWD*, 17 March 1965; Mort Sheinman, 'Puritan Keeping Its Eye on Durable Press, Youth', *WWD*, 20 May 1965.

43 'Minneapolis Units Go "Feminine" in Dress Sections', *WWD*, 22 July 1965.

44 'What They Really Buy', *The Economist*, 20 November 1965, p.862.

45 'Spring Check-Up', *WWD*, 1 December 1965.

46 Sheila Black, 'G.B. Britton to Make Women's Shoes', *FT*, 14 March 1967.

47 'Current Problems at Steinberg', *FT*, 20 March 1968.

48 Sheila Black, 'Fashion: No Place for the Amateur', *FT*, 28 January 1966; Carol Bjorkman, 'Carol', *WWD*, 17 September 1965; 'WWDeadline', *WWD*, 2 August 1967; 'New Names – In London RTW', *WWD*, 3 October 1967; 'In Philadelphia: Gimbels and Clairol Reveal How London Sees Blondes', *WWD*, 3 November 1967.

49 'Mary Quant Deal', *FT*, 13 March 1970; 'Quant Is Back', *WWD*, 15 April 1970.

50 'More Stores Are Buying But Orders Are Small', *WWD*, 28 April 1971; Sheila Black, 'British Fashion Needs Quality to Go with Its Style', *FT*, 6 October 1972; 'Steinberg & Sons (London & South Wales) Ltd', *FT*, 11 October 1973.

51 Tom McDermott, 'Puritan Fashion's Rosen: Revolution Toward Youth', *WWD*, 28 October 1971.

52 *JC Penney Fall and Winter 1971*, pp.4–5, Penney-SMU.

53 *JC Penney Fall and Winter 1972*, author's collection.

54 'Archie McNair Obituary: London Entrepreneur Whose Vision Transformed King's Road, Chelsea', *The Guardian*, 10 July 2015.

55 Grumbach 2014, p.212.

56 'In Fashion the Name Is the Game', *The Economist*, 17 March 1984.

57 For *WWD* quotation, see 'In Fashion the Name Is the Game'.

第四部：膝上裙的衝擊1965-1967

1 Quoted in Dominic Sandbrook, *Never Had It So Good: A History of Britain from Suez to the Beatles* (London, 2005), p.465, who is in turn quoting from Asa Briggs, *The History of Broadcasting in the United Kingdom*, vol. 5, 1995, p.204.

2 *Life*, 5 December 1960.

3 Telephone conversation, Nicky Hessenberg and the author, August 2018.

4 John Ayto, *Twentieth Century Words*, (Oxford, 1999), p.422. Ayto quotes from *The Economist*, 1965, but doesn't give a precise reference.

5 Quant 1966, p.175.

6 Quant 2012, pp.275–8.

7 Email from Toyah Willcox to V&A, following announcement of #WeWantQuant campaign, 8 June 2018.

8 Patricia Peterson, 'Courrèges Is Star of Best Show Seen So Far', *New York Times*,

3 August 1964. See also Roma Fairley, *Bomb in the Collection: Fashion with the Lid Off* (London, 1969), p.47.

9 *Vogue*, January 1965.

10 Alexander Fury, 'Does it matter who invented the mini? Fashion's a free-for-all', *The Independent*, 11 January 2016.

11 Quant 1966, pp.66–7.

12 Shrimpton 1996, p.109. The Furniture, Textiles and Fashion department at the V&A sometimes receives enquiries about the dress Shrimpton wore in Melbourne, however it is not at the V&A. In 1974 Jean Shrimpton donated a short white skirt, c.1966, with a label from the New York store Henri Bendel, V&A: T.68–1974.

13 See 'Mod Fashions made in Australia', *Australian Woman's Weekly*, 29 April 1965, (with thanks to Paola di Troccio, National Gallery of Victoria), and *Crossroads: The Memoirs of Sidney Sernack*, 'The Man For Your Wardrobe' as narrated to Linda Bermeister (Canberra, 2014), pp.170–1. With thanks to Tracey Sernack-Chee Quee.

14 Green 2014, pp.114–5.

15 Fashion Museum, Bath: BATMC 94.23; V&A: T.110–1976.

16 Ernestine Carter, 'Quantuples of Four', *Sunday Times*, 11 April 1965; thanks to Hanne Dahl for bringing this to my attention.

17 Beatrice Behlen 'London & UK' and Ben Whyman, 'Hardy Amies' in de la Haye and Ehrman (eds) 2015, p.204; p.162.

18 Interview with Gerald Farraday, 26 May 2015.

19 Email from Jack Isenberg to Heather Tilbury Phillips, February 2018.

20 Ernestine Carter, 'Introduction', *Mary Quant's London*, p.11; see also Alexandra Palmer, *Dior*, (London, 2009), p.92; *M&S News* (in house magazine) February 1963. Thanks to Katie Cameron, Archive and Outreach Officer, M&S Company Archive, Leeds.

21 An early mention of Mary Quant stockings is found in US *Vogue*, 15 September 1964, p.164.

22 Email to author from Roger Curry, 29 June 2018.

23 Interview with Derry Curry, June 2015.

24 See 'Corset making' A Tale of One City, www.ataleofonecity.portsmouth.gov.uk (accessed 22 August 2018); thanks to Edwina Ehrman for helping to identify the Weingarten Brothers factory as manufacturers of the Qform underwear line, and Alison Carter for further references.

25 'Yiperoonee it's party time', *Petticoat*, 3 December 1966.

26 Black rabbit fur with leather trimmings, private collection.

27 *Tatler*, 19 January 1965.

28 www.nationalarchives.gov.uk/currency-converter.

29 *Honey*, October 1966, p.101.

30 Examples have been found in two private collections.

31 Reverse of design headed 'Coat length & very short', private collection.

32 *Vogue*, 1 October 1966 p.135. Price converted at www.nationalarchives.gov.uk/currency converter.

33 V&A: T.72:1&2–2018 and V&A: T.73:1&2–2018. Donated by Diane Harris.

34 V&A: T.56–2018. Donated by Sue Robertson.

35 'Odd gear at the Palace', *Daily Mail*, 16 November 1966

36 For example see V&A: T.353–1974. The cost of these dresses at 8½ guineas (about £157 today) was about twice the price of a similar dress from the high street chain Marks and Spencer. Price converted at www.nationalarchives currencyconverter. Thanks to Katie Cameron, Archive and Outreach Officer, M&S Company Archive, Leeds.

37 Discussion with Suzanne Isaacs (now Russell) with the author and Stephanie Wood, 22 May 2018.

38 Various websites suggest that Stevcoknit was located in North Carolina. More research is needed to establish any further links with Mary Quant's designs.

39 Quant 2012, p.74, also email from Shirley Shurville to the author, 25 September 2018.

40 Christopher Laverty, *Fashion in Film* (London, 2016), pp.144–7.

41 *On the Quant Wavelength – a Honey special*, (London, 1967), p.1.

42 Suzy Menkes, 'The Daisy Trail', *The Times*, 16 August 1967, p.9, where prices are quoted at between £2 9s 11d and £3 19s 11d (£44 and £70 today, www.nationalarchives.gov.uk/currencyconverter.)

43 Alison Adburgham, 'Mary Quant talks to Alison Adburgham', *The Guardian*, 10 October 1967.

44 Quant 2012, pp.117–8. Quant mentions that historic clothing at the house was given to the V&A. All files relating to the Plunket Greene and Russell family have been checked and no mention of these garments being offered to the Museum has been found. See V&A archive, file MA/1/R/2092 (Lady Dorothea Russell), MA/1/R/2097 (Miss Flora Russell), and MA/1/B.1632 (Mrs Noel Blakiston).

45 www.gracesguide.co.uk/File:Kangol3-1955.jpg.

46 *Vogue*, 1 October 1967, p.53.

47 Heather Tilbury Phillips, 'I first met Mary Quant', unpublished, 28 May 2018.

官與化妝品

1 CBC (Canadian Broadcasting Corporation), *British Fashion Icon Mary Quant*, 1968, CBC Archive.

2 Oral History Interview, Mary Quant and Marketa Uhlirova, 15 September 2004, Museum of London 2008.64.

3 McNair and O'Neill, 2008, session 5, track 8.

4 Oral History Interview, Mary Quant and Marketa Uhlirova, 15 September 2004, Museum of London 2008.64; and Quant 2012, p.109.

5 Oral History Interview, Mary Quant and Marketa Uhlirova, 15 September 2004, Museum of London 2008.64; and Quant 2012, pp.108–9.

6 *On the Quant Wavelength – a Honey special* (London, 1967), p.3, italics in original; see also Quant 1986, p.ii.

7 Ibid.

8 Oral History Interview, Mary Quant and Marketa Uhlirova, 15 September 2004, Museum of London 2008.64.

9 Prudence Glynn, 'The package deal', *The Times*, 28 November 1967, p.9.

10 CBC, *British Fashion Icon Mary Quant*, 1968, CBC Archive.

11 Ibid.

12 Intellectual Property Office, Trade Mark Number UK00000888980.

13 www.trademarks.ipo.gov.uk. Helen Quin, 'The image is the message', *The Guardian*, 3 April 1969, p.9. According to another source the packaging was designed by Tom Wolsey: Ken and Kate Baynes, 'Behind the Scene', *Design*, 1966, p.23.

14 Prudence Glynn, 'The package deal', *The Times*, 28 November 1967, p.9.

15 'Mary Quant Starkers', *Cosmopolitan* NY, October 1966, vol. 161, issue 4, p.44.

16 *On the Quant Wavelength – a Honey special*, (London, 1967), p.3.

17 Allen 1981, p.79.

18 *On the Quant Wavelength – a Honey special*, (London, 1967), pp.3–4.

19 Joy Debenham-Burton (née Ingram) during conversation with Patricia Gahan (née Mash) and Heather Tilbury Phillips, all formerly working for Mary Quant/Gala, on 21 January 2018.

20 Ibid.

21 Ibid.

22 Patricia Gahan (née Mash) during conversation with Joy Debenham-Burton (née Ingram) and Heather Tilbury Phillips formerly working for Mary Quant/Gala, on 21 January 2018. The cartoons might have been inspired by the successful 'cookstrips', recipes drawn in black and white that Len Deighton produced for *The Observer*, 1962–6.

23 'The Beauty Part – It's a Barefaced Happening', *WWD*, vol. 112, issue 124, 24 June 1966, p.9; see also Angela Taylor, 'Mary Quant Makes Make-up for Mods', *New York Times*, 8 September 1966, p.78.

24 Notes provided by Patricia Gahan via email on 11 May 2018.

25 Anne Braybon, 'About Town: A Case Study from Research in Progress on Photographic Networks in Britain, 1952–1969', *Photography and Culture*, vol. 1, issue 1, 2008, pp.95–106, DOI: 10.2752/175145108784861446. The advertisement appeared in *Vogue*, June 1966.

26 Paul Jobling, *Advertising Menswear: Masculinity and Fashion in the British Media Since 1945* (London, 2015), n.23, p.51; Felicity Green, 'The Magical Miss-Tree-Tour', *Daily Mirror*, 21 March 1968, p.15; email to the author from Heather Tilbury Phillips on 6 August 2018.

27 Quant 2012, p.132.

28 Patricia Gahan (née Mash) and Joy Debenham-Burton (née Ingram) during conversation with the author attended also by Heather Tilbury Phillips formerly working for Mary Quant/Gala, on 21 January 2018.

29 A.M. P.M. perfume advertisement, *Vogue*, December 1967, p.15.

30 'Hers: Mug's game a success', *The Observer*, 12 March 1967, p.28.

31 'Help!', *The Times*, 13 June 1967, p.9; see also examples at Museum of London: 74.330/32x and 74.330/32y, see www.collections. museumoflondon.org.uk.

32 'The lure of the lash', *Women's Wear Daily*, vol. 153, issue 4, 15 February 1969, p.44.

33 Patricia Gahan (née Mash) and Joy Debenham-Burton (née Ingram) during a conversation with

the author attended also by Heather Tilbury Phillips formerly working for Mary Quant/Gala, on 21 January 2018.

34 Simon 1971, p.17.

35 Sheila Black, 'Trio who put the Quant theory into practice', *Financial Times*, 24 October 1968, p.13; Jo-An Jenkins, 'Inside Out – Mary Quant', *Women's Wear Daily*, vol. 117, issue 125, 27 December 1968, pp.14–15; for an extant box of the vitamin pills see Museum of London: 74.330/32as.

36 Sheila Black, 'Trio who put the Quant theory into practice', *Financial Times*, 24 October 1968, p.13.

37 Advertisement: Mary Quant's Beach Paints, *Harper's Bazaar*, New York, vol. 102, issue 3088, March 1969, p.80; see also 'Variations on a Tan', *Harpers and Queen*, London, May 1972, p.89. See copy on examples in Museum of London's collection: 74.330/32an and 74.330/32ao; *The Chemist and Druggist*, 19 May 1973, p.648.

38 'Beauty Bulletin', *Vogue*, 1 October 1966, p.128; also: From a London Correspondent, 'Changing face an art form', *Canberra Times*, 4 October 1967, p.18.

39 Examples of each product are in the Museum of London's collection: 74.330/32lla and 74.330/32llc.

40 'The Cosmetics: The Beauty Part' sections in *Women's Wear Daily*, vol. 117, issue 73, 11 October 1968, p.28 and vol. 121, issue 47, 4 September 1970, p.18.

41 Katie Stewart, 'Counterpoint', *The Times*, 11 February 1972, p.9; *The Chemist and Druggist*, 19 May 1973, p.648.

42 Email from Toyah Willcox to V&A on 8 June 2018.

43 Twiggy 1975, p.94.

44 Notes provided to the author by Jill Saxton (née Lauderdale), Creative Manager at Gala 1968–9, 25 July 2018.

45 Simon 1971, p.65.

46 Ibid., p.66.

47 Jody Jacobs, 'Fall Cosmetics: Make-up To Make Love', *Women's Wear Daily*, vol. 120, issue 109, June 1970, p.20; *Gala Gossip*, company's inhouse magazine, sent by Patricia Gahan, 1970, p.30.

48 Notes provided to the author by Jill Saxton (née Lauderdale), Creative Manager at Gala 1968–9, 25 July 2018.

49 *Make-up To Make Love In*, sales brochure, c.1970 (in the possession of the author).

50 Allen 1981, p.80.

51 Mary Quant Special Recipe advertisement, 1976, Alamy Stock Photo.

52 Prudence Glynn, 'The natural thing', *The Times*, 14 May 1972, p.9.

53 Quant 2012, p.140.

54 Special Recipe advertisements: *Harpers and Queen*, June 1973, p.42; *Women's Wear Daily*, vol. 129, issue 56, 18 September 1974, p.3; *Seventeen*, November 1975, p.131.

55 Advertisements in *Seventeen*, September 1973, p.53 and November 1973, p.33. Already in 1967 Quant had launched 'Shadow Shapers, fine thin sticks of solid colour for the lids', 'British Beauty Firsts', *Harper's Bazaar*, vol. 76, issue 5, pp.56–7.

56 Quant 2012, p.137.

57 Stanley Reynolds, 'Bronze age', *The Guardian*,

29 January 1974, p.13.

58 Anthony Parkinson, 'Mainly for Men: Charlie is a darling with his mascara', *Newcastle Evening Chronicle*, 26 May 1975, p.4; Angela Taylor, 'Best Face Forward', *New York Times*, 30 April 1976, p.35.

59 Alastair Thain, 'Warrior of the wasteland', *The Times*, 10 April 1993, p.9.

60 Quoted in Allen 1981, pp.82–3.

61 Margaret Pagano, 'Max Factor busy three UK brands', *The Times*, 13 November 1980, p.19; Margaret Dibben, 'Max Factor buys Mary Quant', *The Guardian*, 13 November 1980, p.17.

62 Kasai Usui, *Marketing and Consumption in Modern Japan*, (London, 2014), p.49; 'Brand Story', see Club Cosmetics company website, www.clubcosmetics.co.jp.

63 Roger Berthoud, 'Encounters: The Two Sides of Woman', *Illustrated London News*, 1 April 1986, p.63; Libby Purvis, 'From mini skirts to maxi millions', *The Times*, 13 October 1990, p.4; Noreen Taylor, 'The woman who refuses to stay stuck in the Sixties', *The Times*, 4 January 1996, p.15.

64 McNair and O'Neill, 2008, session 6, track 11.

65 Ibid.

66 Libby Purvis, 'From mini skirts to maxi millions', *The Times*, 13 October 1990, p.4.

67 Mary Quant and Felicity Green, *Colour by Quant*, (London, 1984).

68 Mary Quant, *Classic Make-up & Beauty* (London, 1998) originally published as *Ultimate Make-up & Beauty* in 1996.

69 Mary Quant Cosmetics Ltd website, www.store.maryquant.co.uk.

官與廣告：柯萊特・狄肯森・皮爾斯公司

1 Mary Quant is in *Harper's Bazaar*, October 1962 and *Tatler*, September 1962

2 Quant 2012, p.112

3 The 'creative revolution' in advertising refers to the time when creative talent became known to be the most valued asset of agencies, as modelled by DDB – where art and copywriting teams worked in intuitive, rather than formulaic ways. This new creative approach is outlined most thoroughly in Cracknell 2011 – a publication that informs this essay, along with writings by Sir John Hegarty.

4 Bill Bernbach, Ned Doyle (1902–1989) and Mac Dane (1906–2004) co-founded Doyle Dane Bernbach (DDB) in 1949.

5 Bernbach had previously worked on the 1939 New York World Fair and for various agencies. See Cracknell 2011, p.55.

6 Maurice Saatchi, email to Jenny Lister, 10 July 2018.

7 Hegarty 2011, p.33; 'John Hegarty on the Power of Advertising' in 'Celebrating Five Decades Of The Observer Magazine' *The Observer Magazine*, 31 July 2018.

8 *Honey*, February 1967.

9 Daniel Farey-Jones, 2012. 'D&AD honours 50 years of industry talent' see www.campaignlive. co.uk/article.

10 Co-Founder of Wight Collins Rutherford and Scott (WCRS), 1979–99.

11 Ministry of Education, 'Art Education' Pamphlet No. 6. His Majesty's Stationery Office London, 1946.

12 According to *Quant by Quant,* Mary Quant left Goldsmiths before graduating, p.25.
13 Sassoon 1968, pp.120–5; Jones 1990, p.53.
14 Simon Forbes established Antenna hair salon in London in 1981.

第五部：解放時尚1968-1975

1 *Vogue*, September 1968, p.73.
2 Interview with Janie Ranger, June 2015 and responses to the V&A #WeWantQuant campaign.
3 Discussion with author, 26 June 2018.
4 Sheila Black, 'Trio who put the Quant theory into practice', *Financial Times*, 24 October 1968. Thanks to Regina Lee Blaszscyck.
5 According to London telephone directories, thanks to Camilla de Winton for meticulous research.
6 McNair and O'Neill, 2008, track 5.
7 'Thomas Jourdan recovery', *Investors Chronicle*, date illegible, p.690, from a scrapbook kept by Archie McNair, thanks to Camilla Mair for sharing this.
8 Heather Tilbury Phillips, 28 May 2018.
9 A copy of this letter, dated 16 July 1968, is held in the V&A acquisition file, 2012/841.
10 Correspondence with the V&A, acquisition file, 2013.
11 Decimal day had taken place on 15 February 1971, converting the British currency from pounds, shillings and pence to the current system.
12 Timeline of Mary Quant Ltd, Heather Tilbury Phillips (unpublished).
13 Ibid.
14 Email from Vivien Wearing to V&A.
15 Programme for 'Designs on Fashion' event, foreword written by Lord Thorneycroft, Chairman of the BOTB. Thanks to Gerald Farraday for sharing this.
16 Timeline of Mary Quant Ltd, Heather Tilbury Phillips (unpublished).
17 Daisy promotional poster, Museum of Childhood, V&A: B.144–2017.
18 Frances Baird, *British Teenage Dolls 1956–1984* (London, 2004), pp.85–95.
19 Timeline of Mary Quant Ltd, Heather Tilbury Phillips (unpublished).
20 Museum of London files. Many thanks also to Naomi Tarrant and Valerie Osborne.
21 *Fibres Post*, 12 July 1974.
22 Timeline of Mary Quant Ltd, Heather Tilbury Phillips (unpublished).
23 Shirley Conran, *Superwoman: Everywoman's Book of Household Management* (London, 1975), pp.9–10.

販賣整體外觀：官與室內空間

1 Undated BBC interviews, marking the launch of the second Quant–ICI interior design range, c.1972.
2 Julia Kollewe and Graeme Wearden 'ICI: from Perspex to paints', *The Guardian*, 18 June 2007.
3 Undated BBC interviews, marking the launch of the second Quant–ICI interior design range, c.1972.
4 Penny Sparke, 'At Home with Modernity: The New Domestic Scene' in Christopher Breward and Ghislaine Wood (eds), *British Design from 1948: Innovation in the Modern Age* (London, 2012),

p.131.
5 Heather Standring, 'Cook's Tour', *The Observer*, 19 June 1966, p.28.
6 Found in Heal's archive at the V&A Archive of Art and Design: AAD/1994/16/2869.
7 'Quant on Designed Living' a special insert in *Honey*, 1967, p.6.
8 'Talk Round the Table', *Vogue*, October 1960, p.118.
9 Quote in Ruth Jordan, 'The Ginger Touch', *Ideal Home*, September 1964, p.69.
10 Ibid.
11 Christopher Breward, *Fashioning London* (London, 2004), p.155.
12 Nicholas Ind, *Terence Conran, the Authorized Biography* (London, 1995), p.106.
13 'Shop in Knightsbridge', *Architectural Review*, April 1959.
14 Interview with Terence Conran by the author, 10 April 2018.
15 Interview with Lydia Sharman by the author, 3 July 2018, in which Sharman showed her Conran Contract drawings for the window display system, dated 12 November 1957. She will give more detail in a forthcoming book.
16 'Quant by Bannenberg', *Vogue*, February 1967, p.15.
17 Ibid.
18 Interview with Terence Conran by the author, 10 April 2018.
19 Folded broadsheet with illustrations by Juliet Glynn-Smith and text by Caroline Conran, found in V&A Archive of Art & Design: AAD/1995/12/5/1.
20 Interview with Terence Conran by the author, 10 April 2018.
21 Email interview with Janie Ranger, 16 August 2018.
22 Interview with Peter White by Heather Tilbury Phillips, 18 June 2015.
23 *The Mary Quant Book of Room Design – From ICI*, 1972, in the Daphne Sanderson Archive at the V&A Archive of Art and Design: AAD/2009/5.
24 While this essay focuses on the impact on the UK market, Peter White told the author in an interview on 20 September 2018 that this range was also distributed in France, Germany, Holland, Switzerland, the USA and Japan where Quant altered some of her ranges to fit the Japanese market.
25 ICI marketing booklet for retailers, 1971, in the Daphne Sanderson Archive at the V&A Archive of Art and Design: AAD/2009/5.
26 Interview with Heather Tilbury Phillips by the author, 3 September 2018.
27 Interview with Peter White by Heather Tilbury Phillips, May 2015.
28 Interview with Terence Conran by the author, 10 April 2018.
29 Quant 2012.
30 Desmond Zwar, 'I'm as snug as a duck in my duvet', *Daily Mail*, 19 November 1965.
31 Quant 2012.
32 Ibid.
33 Habitat catalogue, 1971, p.96, in the Habitat archive at the V&A Archive of Art and Design: AAD/1995/12/5/5.
34 Quant 2012.
35 McNair and O'Neill, 2008, track 5.

36 Interview with Jane Edgeworth by Heather Tilbury Phillips, May 2015.
37 Regina Lee Blaszszcyk and Ben Wubs (eds), 'Beyond the Crystal Ball', *The Fashion Forecasters: A Hidden History of Color and Trend Prediction* (London, 2018), p.22.
38 Interview with Jane Edgeworth by Heather Tilbury Phillips, May 2015. Edgeworth also added that she worked closely with Pamela Howard and Pay Hyduk on interpreting Quant's wishes for the homeware designs.
39 *The Mary Quant Book of Room Design – From ICI*, 1972, in the Daphne Sanderson Archive at the V&A Archive of Art and Design: AAD/2009/5.

第六部：生活風格品牌1975-2000

1 'Friday Gem from the Stoddard-Templeton Design Archive: Mary Quant' see: www.universityofglasgowlibrary.wordpress.com.
2 National Archives Currency Converter
3 Museum of Childhood: Misc.86,87 and 91–1979.
4 *Sunday Telegraph* magazine, 29 March 1981, pp.28–34.
5 Veronica Horwell, Archie McNair obituary, *The Guardian*, 17 July 2015.
6 Heather Tilbury Phillips, in discussion with the author.
7 BMW, *MINI The Book* (Hamburg, 2006), p.69.

結論：大眾時尚

1 Quant 2012.
2 'Fashion boss hails £32bn earner for UK as London labels take centre stage', *The Metro*, 13 September 2018, p.8. See also LFW February 2018 Facts and Figures: www.britishfashion council.co.uk/pressreleases
3 Mark Tungate, *Fashion Brands* (London, 2012), p.1.
4 Miller 1966, pp.1066–70.
5 www.vam.ac.uk/blog/news/we-want-quant.
6 Regina Lee Blazszcyck, *The Color Revolution* (Boston, Mass., 2012).
7 Quant 1966, p.66; J. Aitken, *The Young Meteors* (London, 1967), p.15.
8 Christopher Breward, 'Clothing Desire: The Problem of the British Fashion Consumer c.1955–1975', *Cultures of Consumption Working Paper Series*, Royal Society, public lecture, 17 March 2004.
9 Mary Quant perfume sample packaging, c.1970, Mary Quant Archive.
10 Sarah Owen, WGSN, Senior Editor, Digital Media & Marketing, 'The Gen Z equation', WGSN www.lp.wgsn.com/en-download-gen-z-equation.
11 'Young Marrieds Today: Mary Quant and Alexander Punket Greene', *Annabel: The New Magazine for the Young Wife*, April 1966, p.29.

附錄：瑪莉官標籤

1 Elizabeth Ann Coleman, *The Opulent Era: Fashions of Worth, Doucet and Pingat* (London, 1989).

圖書資料

Adburgham 1964
Alison Adburgham, *Shops and Shopping 1800–1914*, London 1964

Allen 1981
Margaret Allen, *Selling Dreams: Inside the Beauty Business*, London, Melbourne, Toronto 1981

Ashmore 2008
Sonia Ashmore, 'Liberty and Lifestyle: Shopping for Art and Luxury in Nineteenth-Century London' in David Hussey and Margaret Ponsonby (eds), *Buying for the Home: Shopping for the Domestic from Seventeenth Century to the Present*, London 2008, pp.73–90

Blaszczyk 2006
Regina Lee Blaszczyk, 'Styling Synthetics: DuPont's Marketing of Fabrics Wand Fashions in Postwar America', *Business History Review*, vol. 80 (2006) pp.485–538

Blaszczyk 2018a
Regina Lee Blaszczyk, 'The Rise and Fall of European Fashion at Filene's, in Boston', in Regina Lee Blaszczyk and Véronique Pouillard, eds., *European Fashion: The Creation of a Global Industry*, Manchester, 2018, pp.170–200

Blaszczyk 2018b
Regina Lee Blaszczyk, 'What Do Baby Boomers Want? How the Swinging Sixties Became the Trending Seventies', in Regina Lee Blaszczyk and Ben Wubs, eds., *The Fashion Forecasters: A Hidden History of Color and Trend Prediction*, London, 2018, pp.102–5

Breward and Wilcox 2012
Christopher Breward and Claire Wilcox, *The Ambassador Magazine: Promoting Post-War British Textiles and Fashion*, London 2012

Coddington 2002
Grace Coddington, *Grace: A Memoir*, London 2002

Cracknell 2011
Andrew Cracknell, *The Real Mad Men*, London 2011

de la Haye et al 2014
Amy de la Haye, Jeffrey Horsley and Judith Clark *Exhibiting Fashion: Before and After 1971*, London 2014

de la Haye and Ehrman 2015
Amy de la Haye and Edwina Ehrman, eds, *London Couture 1923–1975: British Luxury*, London 2015

Drewniany and Jewler 2014
B. Drewniany and J.A. Jewler, *Creative Strategy in Advertising*, London 2014

Frayling 1987
Christopher Frayling, *The Royal College of Art. One Hundred and Fifty Years of Art and Design*, London 1987

Garner 1999
Philippe Garner, *John Cowan: Through the Light Barrier*, Munich 1999

Grumbach 2014
Didier Grumbach, *History of International Fashion*, Northampton, Mass., 2014

Hegarty 2011
John Hegarty, 'Celebrating Five Decades of the Observer Magazine', *The Guardian*, 31 July 2011

Jones 1990
Dylan Jones, *Haircuts: Fifty Years of Styles and Cuts*, London 1990

Lewis 2000
David Lewis, *The Incomplete Circle: Eric Atkinson, Art and Education*, Aldershot 2000

London Museum 1973
Mary Quant's London, exh. London Museum, 29 November 1973– 30 June 1974

MacCarthy 2006
Fiona MacCarthy, *Last Curtsey: The End of the Debutantes*, London 2006

McInnes 1959
Colin MacInnes, *Absolute Beginners*, London 1959

McNair and O'Neill 2008
Archie McNair interviewed by Alistair O'Neill, *An Oral History of British Fashion*, British Library, 2008

Ministry of Education, *Art Education Pamphlet No. 6.*, London 1946

Outside Collett Dickenson Pearce, exh. Leeds Arts University, Leeds 2015

Pringle 1988
Alexandra Pringle, *Very Heaven: Looking Back at the 1960s*, London 1988

Quant 1966
Mary Quant, *Quant by Quant*, London 1966

Quant 1986
Mary Quant, *Quant on Make-Up*, London 1986

Quant 2012
Mary Quant, *Autobiography*, London 2012

Quant and Green 1984
Mary Quant and Felicity Green, *Colour by Quant*, London 1984

Salmon and Ritchie 2000
J. Salmon and J. Ritchie, *Inside Collett Dickenson Pearce*, London 2000

Sassoon 1968
Vidal Sassoon, *Sorry I Kept You Waiting, Madam*, London 1968

Shrimpton 1964
Jean Shrimpton, *The Truth About Modelling*, London 1964

Shinkle 2017
Eugenie Shinkle, *Fashion Photography: The Story in 180 Pictures*, London 2017

Simon 1971
Rosemary Simon, *The Price of Beauty*, London 1971

Twiggy 1975
Twiggy, *Twiggy: An Autobiography*, London 1975

Wilcox 2004
Claire Wilcox, *Vivienne Westwood*, London 2004

Mary Alexander, 'Women, Clothes and Feminism', *Feminist Arts News*, no.9, August 1982, pp.4–7

Beatrice Behlen, 'A Fashionable History of the King's Road' in Anjali Bulley (ed.), *Cadogan & Chelsea: The Making of a Modern Estate*, London 2017

Barbara Bernard, *Fashion in the 60's*, London 1978

Christine Boydell, *Horrockses Fashions: Off-the-Peg Style in the '40s and '50s*, London 2012

Christopher Breward and Ghislaine Wood (eds), *British Design from 1948: Innovation in the Modern Age*, London 2012

Christopher Breward, David Gilbert and Jenny Lister (eds), *Swinging Sixties: Fashion in London and Beyond 1955–70*, London 2006

Caroline Charles, *Caroline Charles: 50 Years in Fashion*, Woodbridge 2012

Becky E. Conekin, 'Eugene Vernier and "Vogue" Models in Early "Swinging London": Creating the Fashionable Look of the 1960s', *Women's Studies Quarterly*, vol. 41, no.1–2 (2012) pp.89–107

Max Décharné, *King's Road: The Rise and Fall of the Hippest Street in the World*, London 2005

Marnie Fogg, *Boutique. A '60s Cultural Phenomenon*, London 2003

David Gilbert (ed.), 'Shopping Routes: Networks of Fashion Consumption in London's West End 1945–1979', *The London Journal*, vol. 31, no. 1 (2006)

David Gilbert and Sonia Ashmore, 'Mini-skirts, Afghan Coats and Blue Jeans: Three Global Fashion Happenings of the Sixties' in Mirjam Shatanawi and Wayne Modest (eds), *The Sixties: A Worldwide Happening*, Amsterdam 2015, pp.162–77

Paul Gorman, *The Look Adventures in Rock and Pop Fashion*, London 2001

Felicity Green, *Sex, Sense and Nonsense: Felicity Green on the 60's Fashion Scene*, Woodbridge 2014

Martin Harrison, *Shots of Style: Great Fashion Photographs Chosen by David Bailey*, London 1986
–, *Appearances: Fashion Photography Since 1945*, London 1991
–, *Young Meteors: British Photojournalism 1957–1965*, London 1998

Barbara Hulanicki and Martin Pel, *The Years 1963–1975*, London 2014

Brigid Keenan, *Full Marks for Trying: An Unlikely Journey from the Raj to the Rag Trade*, London 2017

Richard Lester, *John Bates: Fashion Designer*, Woodbridge 2008
–, *Photographing Fashion: British Style in the Sixties*, Woodbridge 2009
–, *Boutique London: A History King's Road to Carnaby Street*, Woodbridge 2010

Joel Lobenthal, *Radical Rags: Fashions of the 1960s*, New York 1990

Phyllis Magidson, *Mod New York: Fashion takes a Trip*, New York 2017

Geoffrey Rayner, Richard Chamberlain and Annamarie Stapleton, *Pop! Design, Culture, Fashion 1956–1976*, Woodbridge 2012

Geoffrey Rayner and Richard Chamberlain, *Conran/Quant: Swinging London – A Lifestyle Revolution*, Woodbridge, 2019

Dominic Sandbrook, *Never Had It So Good: A History of Britain from Suez to the Beatles, 1956–63*, London 2005
–, *White Heat: A History of Britain in the Swinging Sixties, 1964–70*, London 2006
–, *State of Emergency: The Way We Were: Britain, 1970–4*, London 2010
–, *Seasons in the Sun: The Battle for Britain, 1974–9*, London 2012

Penny Sparke (ed.), *Did Britain Made it? British Design in Context 1946–86*, London 1986

Iain R. Webb, *Foale and Tuffin: The Sixties. A Decade in Fashion*, Woodbridge 2009

Richard Weight, *MOD: From Bebop to Britpop, Britain's Biggest Youth Movement*, London 2015

撰稿者注記

喬安娜・阿葛曼・羅斯，策展人：V&A博物館20世紀與當代家具與產品設計部門

碧翠絲・貝倫，資深策展人：倫敦博物館時尚與裝飾藝術部門

蕾吉娜・李・布雷茲克，里茲大學商業史教授

蘇珊娜・布朗，共同策展人：V&A博物相片、文字與圖像部門

珍妮・李斯特，策展人：V&A博物館家具、織品與時尚部門

伊莉莎白・莫雷，策展人：V&A博物館家具、織品與時尚部門

珍寧・賽克斯，里茲藝術大學資深講師，創意廣告與課程領導人，策展管理系

史蒂芬妮・伍德，展覽計畫策展人：V&A博物館家具、織品與時尚部門

索引

插圖頁碼以斜體標註，圖碼則以粗體顯示，比如：*68*（**49**）。內容的瑪莉官是MQ，亞歷山大·普倫凱特·格林則是APG。

192 | 瑪莉官
《時人週刊》，1988年
照片由泰瑞·史密斯拍攝

Demi-Couture 001

瑪莉官：時尚革命者

Mary Quant

作者 珍妮·利斯特（Jenny Lister）

堡壘文化有限公司
總編輯｜簡欣彥
副總編輯｜簡伯儒
責任編輯｜簡欣彥
行銷企劃｜許凱棣、曾羽彤
封面設計｜IAT-HUÂN TIUNN
內頁構成｜IAT-HUÂN TIUNN

出版｜堡壘文化有限公司
發行｜遠足文化事業股份有限公司
地址｜231新北市新店區民權路108-2號9樓
電話｜02-22181417
傳真｜02-22188057
Email｜service@bookrep.com.tw
郵撥帳號｜19504465 遠足文化事業股份有限公司
客服專線｜0800-221-029
網址｜http://www.bookrep.com.tw
法律顧問｜華洋法律事務所　蘇文生律師
印製｜呈靖彩藝有限公司
初版1刷｜2022年5月
定價｜新臺幣1280元
ISBN 978-626-7092-33-0

有著作權　翻印必究
特別聲明：有關本書中的言論內容，不代表本公司/
出版集團之立場與意見，文責由作者自行承擔

The moral rights of the authors have been asserted.
English edition © Jenny Lister
Complex Chinese edition produced under
licence by Infortress Publishing Ltd.
Arranged with Andrew Nurnberg Associates
International Limited

Originally published in English © Victoria and
Albert Museum 2019

Designer: Raymonde Watkins
Origination: DL Imaging, London

國家圖書館出版品預行編目(CIP)資料

瑪莉官：時尚革命者/珍妮.李斯特(Jenny Lister)
著; 李函譯. -- 初版. -- 新北市：堡壘文化有限公司
出版：遠足文化事業股份有限公司發行, 2022.05
　面；　公分. -- (Demi-couture；1)
譯自：Mary Quant
ISBN 978-626-7092-33-0(精裝)

1.CST: 官(Quant, Mary) 2.CST: 服裝設計師
3.CST: 展覽 4.CST: 傳記

784.18　　111006282

照片所有人 照圖碼排列，除非有另行注記